Eva-Maria Faber

Doutrina católica dos
SACRAMENTOS

Tradução
Werner Fuchs

Edições Loyola

Título original:
Einführung in die katholische Sakramentenlehre
© 2002 by Wissenschaftliche Buchgesellschaft, Darmstadt
ISBN: 3-534-15147-X

Preparação: Carlos Alberto Bárbaro
Diagramação: Flávio Santana
Revisão: Renato da Rocha

Edições Loyola Jesuítas
Rua 1822, 341 – Ipiranga
04216-000 São Paulo, SP
T 55 11 3385 8500/8501 • 2063 4275
editorial@loyola.com.br
vendas@loyola.com.br
www.loyola.com.br

Todos os direitos reservados. Nenhuma parte desta obra pode ser reproduzida ou transmitida por qualquer forma e/ou quaisquer meios (eletrônico ou mecânico, incluindo fotocópia e gravação) ou arquivada em qualquer sistema ou banco de dados sem permissão escrita da Editora.

ISBN: 978-85-15-03495-6

© EDIÇÕES LOYOLA, São Paulo, Brasil, 2008

Doutrina católica dos
SACRAMENTOS

Sumário

Prefácio 11
Introdução 13

Seção I — Doutrina geral dos sacramentos

capítulo I
Sacramentos a serviço do encontro entre Deus e ser humano 23
    1 – A guinada antropológica na teologia dos sacramentos 23
    2 – Sacramentos como mediação entre Deus e ser humano 27

capítulo II
Fundamentação bíblico-teológica 35
    1 – O conceito de *mystérion* na Sagrada Escritura 35
    2 – A estrutura sacramental da criação e da história da salvação 38

capítulo III
Desenvolvimentos na história da teologia 43
    1 – A visão integral da Igreja antiga 43
        1.1 – O evento da salvação e seus mistérios: a patrística grega 44
        1.2 – Compromisso pessoal e sinal da graça: a patrística latina 45
        1.3 – As controvérsias em torno da execução válida dos sacramentos 50
    2 – Clarezas através da teologia escolástica 53

2.1 – Transformações culturais no início da Idade Média 53
2.2 – A caminho da definição de sacramento: a teologia escolástica 54
3 – Os questionamentos dos Reformadores 57
4 – O Concílio Vaticano II e iniciativas preparatórias 62

capítulo IV
Exposição teológico-sistemática 65
1 – Premissas antropológicas 66
2 – A fundamentação teológico-cristológica dos sacramentos 68
3 – Igreja e sacramentos 72
   3.1 – A influência recíproca entre Igreja e sacramentos 73
   3.2 – A dimensão eclesial dos sacramentos e sua importância para os indivíduos 75
   3.3 – Sacramentos e liturgia 76
4 – As dimensões temporais do sacramento 78
   4.1 – Recordação e atualização do evento Cristo 78
   4.2 – Asserção da salvação para a situação atual da vida humana 81
   4.3 – Dimensão escatológica: sinais de esperança 83
5 – Sacramentos como eventos de salvação 84
   5.1 – O agir de Deus no sacramento 85
   5.2 – O evento da salvação: evento dentro de eventos 88
   5.3 – Sacramentos como encontro pessoal 90
   5.4 – A forma dos sacramentos 92
6 – Questões específicas 98
   6.1 – O número sete e a ordem dos sacramentos 98
   6.2 – O caráter indelével 98
Sugestões de leitura 99

SEÇÃO 2 — DOUTRINA PARTICULAR DOS SACRAMENTOS

capítulo I
Batismo e confirmação 105
1 – Introdução 105
2 – Fundamentação bíblica 106
   2.1 – Purificação e iniciação na fé judaica 106
   2.2 – O batismo no Novo Testamento 97
3 – Desenvolvimentos histórico-teológicos 116

  3.1 – A prática de iniciação e a teologia batismal na Igreja antiga 116
  3.2 – A iniciação na prática e teologia da Idade Média 121
  3.3 – Batismo e confirmação desde a Reforma 123
 4 – Desdobramento teológico-sistemático 126
  4.1 – O batismo 126
  4.2 – A confirmação 134
 Sugestões de leitura 136

capítulo II
Eucaristia 137
 1 – Introdução 137
 2 – Fundamentação bíblica 137
  2.1 – A prática da ceia em Jesus 138
  2.2 – A Última Ceia de Jesus 138
  2.3 – O partir do pão na Igreja primitiva 144
 3 – Desenvolvimentos histórico-teológicos 146
  3.1 – A Igreja antiga 146
  3.2 – Transformações até a Idade Média e síntese da evolução posterior .. 148
 4 – Desdobramento teológico-sistemático 149
  4.1 – Eucaristia como celebração da memória de Jesus Cristo 150
  4.2 – O sacrifício de Jesus Cristo e sua presença na Igreja 151
  4.3 – Acerca da compreensão da presença real somática 156
  4.4 – Comunhão eucarística e eclesial 164
 Sugestões de leitura 169

capítulo III
Sacramento da penitência 171
 1 – Introdução: Crise e renovação da prática penitencial 171
 2 – Fundamentação bíblica 175
  2.1 – Pecado, confissão e perdão divino no Antigo Testamento 175
  2.2 – Perdão dos pecados no Novo Testamento 176
 3 – Desenvolvimentos histórico-teológicos 177
  3.1 – A luta pela possibilidade de um segundo arrependimento no período antigo 177
  3.2 – O procedimento penitencial canônico na Igreja antiga 178
  3.3 – A crise do instituto canônico da penitência 179
  3.4 – A "confissão" como forma reiterável do sacramento da penitência 180
  3.5 – A controvérsia em torno da sacramentalidade do arrependimento e as obras penitenciais na época da Reforma 183

  3.6 – *Pluralidade renovada no século XX* 185
 4 – Desdobramento teológico-sistemático 186
  4.1 – *Vida no horizonte do perdão, a multiplicidade de formas de arrependimento cristão e o sacramento da penitência* 186
  4.2 – *A relação entre dimensão eclesial e individual do sacramento da penitência* 191
  4.3 – *Os momentos do acontecimento sacramental da penitência* 193
 Sugestões de leitura 198

capítulo IV
Unção dos enfermos 199
 1 – Introdução: Enfermidade na perspectiva antropológica e teológica 199
 2 – Fundamentação bíblica 201
 3 – Desenvolvimentos histórico-teológicos 202
  3.1 – *Sagração do óleo e prática da unção na Igreja antiga* 202
  3.2 – *O desenvolvimento até o sacramento da extrema-unção* 203
  3.3 – *A Reforma e o Concílio de Trento* 204
  3.4 – *Os esforços reformatórios do Concílio Vaticano II* 204
 4 – Desdobramento teológico-sistemático 205
  4.1 – *A questão de quem ministra o sacramento* 205
  4.2 – *Sacramento de enfermos ou de moribundos?* 206
  4.3 – *Acerca da relevância da unção dos enfermos* 208
 Sugestões de leitura 209

capítulo V
Ordenação 211
 1 – Introdução: A perspectiva eclesiológica 211
 2 – Fundamentação no Novo Testamento 214
  2.1 – *Jesus e seu grupo de discípulos* 215
  2.2 – *Formas do ministério nas congregações do Novo Testamento* 216
  2.3 – *Linhas teológicas de fundamentação do ministério no Novo Testamento* 219
 3 – Desenvolvimentos histórico-teológicos 221
  3.1 – *A Igreja antiga* 221
  3.2 – *O desenvolvimento na Idade Média: sacerdotalização* 224
  3.3 – *A controvérsia em torno do ministério ordenado sacramental na época da Reforma* 225
  3.4 – *Transformações no século XX* 227

4 – Desdobramento teológico-sistemático 234
    4.1 – A relevância do ministério sacramental para a Igreja (LG 10) 234
    4.2 – O sentido da ordenação 237
    4.3 – Indicação significante do Cristo 239
    4.4 – Carisma e ministério 242
Sugestões de leitura 246

capítulo VI
Matrimônio 247
1 – Introdução: O matrimônio na perspectiva antropológica 247
2 – Fundamentação bíblica 248
    2.1 – *Matrimônio em Israel: entre direito humano, instrução divina e interpretação teológica* 248
    2.2 – *Palavras de Jesus sobre a separação matrimonial e sua acolhida no Novo Testamento* 250
    2.3 – *Matrimônio e celibato no Novo Testamento* 251
3 – Desenvolvimentos histórico-teológicos 253
    3.1 – *A evolução do matrimônio na Igreja latina até o século XII* 253
    3.2 – *A sacramentalidade do matrimônio: esclarecimentos e controvérsias*. 255
    3.3 – *A concepção cristã do matrimônio no mundo moderno* 257
4 – Desdobramento teológico-sistemático 258
    4.1 – *Amor e matrimônio na perspectiva da antropologia teológica* 258
    4.2 – *O matrimônio como sacramento* 261
Sugestões de leitura 270

Epílogo: "Pausas definidas" da reconciliação em Cristo 271

Referências bibliográficas 275
    1. Fontes 275
    2. Bibliografia-padrão sobre a doutrina dos sacramentos 278
    3. Bibliografia elucidativa no contexto da teologia dos sacramentos 279
    Referências bibliográficas para a Seção I: Doutrina geral dos sacramentos 280
    1. História da Teologia 280
    2. Contribuições mais recentes 281
    Referências bibliográficas para a Seção II: Doutrina particular dos sacramentos 283
    I. Batismo e confirmação 283
    Eucaristia 285

Sacramento da penitência...288
Unção dos enfermos 290
Teologia do ministério ordenado sacramental..291
Teologia do matrimônio 294
Abreviações..296
Obras..296
Referência de fontes..296
Documentos do Concílio Vaticano II..296

Índice remissivo...297

Índice temático...301

Prefácio

Uma introdução à doutrina católica romana dos sacramentos defronta-se com o desafio de apresentar uma imensidade de conteúdos em espaço limitado, adaptado às condições do leitor ou da leitora. Dificilmente outro tratado da dogmática reúne tantas informações. Cada sacramento apresenta uma história própria e sua configuração específica. Além disso, a categoria da literatura de introduções requer que se exponham novamente muitas informações básicas que outras também já reuniram. Agrega-se ainda a dificuldade de que cabe analisar *teoricamente* uma área central da *prática* da fé.

Espero ter explorado na presente obra os necessários conteúdos com ponderação tal que os detalhes se encaixem em um todo convincente. Embora tenha frisado alguns pontos que me pareceram importantes, não reivindico apresentar uma concepção *nova* da doutrina dos sacramentos.

Como teóloga sistemática preciso me limitar a assinalar apenas aspectos pastorais e litúrgicos da teologia dos sacramentos. No entanto, nas asserções sistemáticas tentei não esquecer a que elas se referem: a uma prática eclesial da fé. Se for parte do mandato científico fazer justiça, com os métodos e as afirmações pessoais, ao respectivo objeto tratado, então a dogmática, particularmente a teologia dos sacramentos, não poderá prescindir do fato de refletir sobre a fé vivida e praticada. Ao mesmo tempo, espero proporcionar de minha parte, com a perspectiva sistemática, também impulsos para a prática, ainda que esse não tenha sido o objetivo principal neste volume de uma série científica. Se apesar disso foram inseridas tangencialmente alusões à prática, evidencia-se que o livro surgiu durante o primeiro ano de minha atividade na Escola Superior de Teologia de Chur. De bom grado me apropriei de seu lema de fazer teologia primordialmente com vistas ao aconselhamento pastoral.

Quero agradecer neste momento a Matthias Mühl e Antje Hetterich por muitos valiosos impulsos.

Chur, Alemanha, 31 de Julho de 2001
Eva-Maria Faber

Introdução

Quem se debruça sobre os sacramentos no âmbito da teologia cristã, normalmente não se aproxima de mera teoria, mas de uma prática já adotada que constitui o pré-texto pessoal do ser cristão. Isso corresponde à história da doutrina dos sacramentos, que igualmente se desenvolveu posteriormente à celebração litúrgica da Igreja. Tem por objetivo certificar-se dos fundamentos do agir pessoal e entender melhor o que foi celebrado. Terá maior sucesso nisso se permanecer estreitamente orientado conforme a própria prática sacramental. Nesse caso, porém, a percepção da riqueza do que se revela na perspectiva bíblico-teológica como dádiva dos sacramentos também poderá ser inversamente uma chance para aprofundar o convívio pessoal e eclesial com os sacramentos. A *reflexão* pode, portanto, tornar-se estímulo tanto para a *prática* sacramental como para esforços catequéticos de conduzir até os sacramentos.

Reflexão e prática

Na interface entre reflexão e prática, porém, aguardam-nos também colocações de problemas que desafiam a doutrina dos sacramentos a partir da pastoral. Dessa maneira, o foco cai desde já sobre a inserção dela no todo da fé. Porque a raiz

Questões pastorais

do fato de que hoje muitas pessoas somente conseguem acessar com dificuldade a prática sacramental reside com freqüência em questões de fé localizadas mais fundo. Isso é flagrante no caso do conteúdo cristológico dos sacramentos. Sacramentos são acontecimentos que levam a participar da pessoa e da trajetória de Jesus Cristo. Como tais, pressupõem a fé na relevância salvadora de morte e ressurreição do Filho de Deus que se tornou ser humano. Por isso não causa surpresa que pessoas que não assumiram pessoalmente a confissão ao Cristo se posicionem com estranheza diante dos conteúdos da liturgia e da proclamação das celebrações sacramentais. Muitos denotam dificuldades com o caráter eclesial dos sacramentos: por exemplo, há certas restrições a que na celebração do batismo de uma criança ocorra um intensivo envolvimento com a Igreja. Algo análogo vale, por fim, para a dádiva escatológica dos sacramentos, que, quando falta a esperança da ressurreição, é conseqüentemente suprimida.

Do mesmo modo, não são óbvias as premissas da teo-logia e da teologia da graça em sentido restrito, às quais cumpre dedicar uma atenção maior. Porque em vista delas não apenas está em jogo a sondagem total do teor dos sacramentos, mas a própria relevância dos sacramentos como eventos da salvação.

Agir de Deus? A fé cristã considera que no agir sacramental e na celebração da Igreja está engajado o próprio agir de Deus. Onde se celebram sacramentos, onde, portanto, a Igreja insere, em sua ação de culto, por meio de ritos específicos, certas pessoas no contexto vivencial aberto por Jesus Cristo, ali — conforme a compreensão da fé — Deus mesmo está operando, ali ele próprio inclui essas pessoas de maneira singular em sua vida. Isso, porém, constitui uma reivindicação que muitas pessoas hoje já não conseguem acompanhar. Em sua obra *Handelt Gott, wenn ich ihn bitte?* [Será que Deus age quando lhe peço?] Karl-Heinz Menke fala de uma "transcendência progressiva de Deus" (54, p. 11)[1], que faz com que a oração peticionária e a esperada intervenção conseqüente de Deus pareçam duvidosas. Essa

---

1. As referências feitas neste livro são vinculadas numericamente às listas de obras e autores enumeradas no final do livro, na seção "Referências bibliográficas".

problemática diz respeito, de forma aguçada, também à teologia dos sacramentos. De forma mais direta que na prece "comum", não apenas se espera, mas até mesmo se pressupõe nos sacramentos o agir de Deus. Porque a Igreja os celebra na certeza de que, para essas celebrações axiais, Deus assegurou atendimento à oração dela e que o cumpre fielmente.

Contudo, será possível contar seriamente com um agir desses de Deus na história? Na medida em que Deus não for mais necessário para explicar fenômenos naturais e históricos, sua atuação também perderá plausibilidade em contextos religiosos. Ademais, a prática sacramental que reivindica mediar o favor de Deus parece ter por base uma concepção mágica da possibilidade de influência humana sobre Deus e, consistentemente, uma idéia questionável de Deus. Não será desmedido supor que Deus consente em agir justamente no instante em que são realizados determinados gestos e pronunciadas certas palavras? Particularmente a fé de que para as pessoas resultaria de um procedimento desses uma vantagem de salvação soa discriminatória para o pensamento contemporâneo, que busca a maior igualdade de direitos possível. Isso se explicita singularmente no batismo. É difícil tornar compreensível que entre batizados e não-batizados haja uma diferença que ultrapassa as estruturas deste mundo e altera a situação do ser humano perante Deus. Para além do batismo, igualmente se pode constatar uma crescente insegurança quanto ao valor específico de sacramentos. Após a superação de uma fixação unilateral da vida eclesial nos sacramentos, um certo nivelamento leva a que, no extremo oposto, já não se saiba dizer por que ainda deveria ser atribuído aos sacramentos um valor específico entre as múltiplas formas de liturgia.

Se por um lado é questionável até que ponto os sacramentos engajam a Deus, por outro lado se indaga até que ponto eles engajam o ser humano. Pessoas que solicitam um sacramento estranham às vezes a insistência com que a Igreja demanda um período de preparação compromissiva e exorta para conseqüências. A problemática pode ser iluminada com base em um fenômeno que, como tal, parece ser útil para a compreensão dos sacramentos: o novo interesse por rituais. Enquanto há poucos anos o conceito de rito ainda tinha uma conotação preponderantemente depreciativa, hoje os rituais novamente estão na moda. A objetividade do rito

Estranhamento com a reivindicação

inaugura um espaço acolhedor que é sentido como benéfico na opacidade da vida. Ainda que o novo faro pelo significado dos ritos possa abrir acessos ao sacramento, há necessidade de discernir os espíritos. Um ritual meramente antropológico, como é buscado na sociedade pós-moderna, ainda não é o rito sacramental do encontro com Deus, que visa desencadear o diálogo entre liberdades. Isso não somente significa que a objetividade dos sacramentos não foi compreendida quando não é embasada no fato de que Deus se doa espontaneamente. Além disso, os sacramentos desafiam os crentes a, com sua liberdade, se envolver existencialmente com eles e a encontrar sua resposta pessoal. Os sacramentos, justamente, não são jeitos cômodos para se eximir da vivência subjetiva cristã, mas visam ser encampados individualmente na vida pessoal. Isso contraria tanto uma mentalidade de consumo que debilitou o eu como diversas práticas tradicionais dos sacramentos.

Viver por graça?

Cumpre também clarear melhor a modalidade de desafio que se achega às pessoas nos sacramentos. Porque eles demandam que a vida pessoal seja determinada e conformada por aquilo que somente pode ser recebido: são pontos altos do viver por graça, isto é, da nova vida não produzível pelo ser humano, ao se tornar participante de Deus. Enquanto hoje se esperam dos rituais primordialmente a estabilização e a confirmação do que é humano, os sacramentos pretendem levar a existência humana à perfeição justamente por a conduzirem para além de si mesma.

Olhar sobre áreas problemáticas

As mencionadas áreas pastorais problemáticas dizem respeito à substância fundamental cristã. A transcendência progressiva de Deus desemboca em uma idéia deísta de Deus, isto é, que mantém Deus afastado do mundo, e que é incompatível com a asserção específica do sacramento, de que Deus se volta de maneira pessoal aos humanos. Aqui não apenas foi colocada em cheque a liberdade de Deus, de ir ao encontro de sua criação, mas também a dignidade do ser humano interpelado por ele. O convite de se envolver de forma receptiva e ao mesmo tempo altamente engajada no encontro com Deus e na nova dimensão da vida nele concedida constitui por excelência o desafio próprio da fé cristã.

Considerando que, por conseqüência, se tornam perceptíveis na prática sacramental linhas básicas da vida e fé cristãs, evidenciando-se simultaneamente como problemáticas, é tanto mais premente o desafio à teologia dos sacramentos para que dê atenção a esses questionamentos. Já agora cabe fixar algumas constelações de problemas que o esboço subseqüente terá de levar em consideração: 1) Como se pode falar responsavelmente de um *agir histórico concreto de Deus*? 2) Como se relacionam no sacramento *a atuação divina e a resposta humana*? 3) Essas perguntas são correlatas, ainda que não idênticas, com a pergunta pela relação entre o *acontecimento sacramental objetivo e a apropriação e correspondência subjetiva por parte dos fiéis*, que devem comprovar o acontecido na vida. Embora a objetividade do acontecimento sacramental se refira em primeira linha à atuação da graça de Deus nele manifesta, o lado humano não deixa de fazer parte da configuração objetiva do sacramento. A própria resposta humana traz no bojo a tensão de objetividade e subjetividade, na medida em que a prontidão subjetiva busca uma forma objetiva, que por seu turno visa ser encampada subjetivamente. 4) Finalmente, é preciso prosseguir no exame da *perspectiva da teologia da graça*, na qual os sacramentos devem ser interpretados como dádiva de nova vida[2].

Como preocupação transversal seja citada expressamente a perspectiva ecumênica. A presente *Introdução à doutrina dos sacramentos*, na verdade, dá ênfase à tradição e visão católicas romanas, mas se entende como engajada ecumenicamente. Visto que as diferenças em relação à tradição ortodoxa são, na área dos sacramentos, preponderantemente de cunho litúrgico e espiritual, serão consideradas a seguir principalmente preocupações evangélicas. Isso vale particularmente para a reflexão exaustiva sobre a relação entre perspectiva antropológica e cristológica (veja a seguir Seção 1, cap. I).

Perspectiva ecumênica

---

2. Outras intenções e questionamentos que os perpassam hão de resultar na análise da doutrina geral dos sacramentos (veja sobretudo p. 79s quanto ao entendimento da dimensão eclesial e individual; e p. 102 sobre o caráter fragmentário dos sacramentos).

Seção 1
Doutrina geral dos sacramentos

A doutrina católica romana dos sacramentos antepõe à análise dos sacramentos específicos a reflexão sobre um conceito geral de sacramento. O valor próprio da doutrina geral dos sacramentos deve ser considerado de forma nuançada. Ela possui somente relevância relativa e secundária, quando se toma por parâmetro a experiência da prática sacramental. Pois na celebração os diversos sacramentos são percebidos mais em sua respectiva peculiaridade e em sua relação com determinadas situações da vida do que naquilo que têm em comum.

Entretanto, uma reflexão mais profunda depara com traços que ligam entre si os diversos sacramentos. Porque todos eles são celebrados na fé de que tornam experimentável a atenção graciosa de Deus e possibilitam a participação no destino e na pessoa de Jesus Cristo. Também no formato fenomenológico podem ser constatadas semelhanças. O amor dadivoso de Deus vem ao encontro nos sacramentos de acordo com a constituição da existência humana: trata-se de sinais visíveis, gestos e celebrações cultuais que engatam na constituição sensória do ser humano. Torna-se propício enfeixar esses traços comuns dos sacramentos em um conceito geral de sacramento, na convicção de que assim também se desvelam mais profundamente cada um dos sacramentos.

<small>Ressalvas evangélicas</small>

A pergunta pelo valor específico da doutrina geral dos sacramentos constitui um dos temas controvertidos tradicionais no diálogo ecumênico. Por causa do princípio de Escritura, a tradição luterana "não quer subordinar os meios da salvação a um conceito geral de sacramento, mas fundamentá-los única e exclusivamente na vontade instituidora de Cristo" (Wenz 48, p. 2); a esse respeito, veja abaixo p. 61. Por isso, ao se falar de um conceito geral de sacramento, é certo que se trata somente de um conceito auxiliar, o qual apenas resume e enfeixa posteriormente o que pode ser dito acerca de cada sacramento, mas que não pode decidir previamente acerca da importância dos diversos sacramentos. Na teologia evangélica mais recente, porém, o conceito geral de sacramento exerce uma função, a ponto de o teólogo evangélico Reinhard Hempelmann constatar justamente nesse ponto uma premente necessidade de diálogo ecumênico (69, p. 16-20).

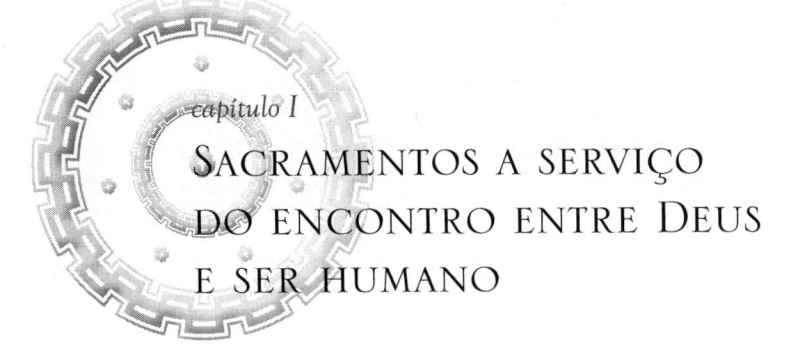

capítulo I
SACRAMENTOS A SERVIÇO DO ENCONTRO ENTRE DEUS E SER HUMANO

1 – A guinada antropológica na teologia dos sacramentos

Por que celebramos sacramentos? No seio da Igreja essa pergunta é respondida ao se iluminar a partir da fé o que é pedido e celebrado nos sacramentos. Isso constitui tarefa do clássico passo tríplice (bíblico, histórico-teológico e sistemático) na reflexão dogmática dos sacramentos. O enfoque dogmático em sentido restrito que, posicionado no centro da fé, se abastece de sua plenitude não deve ser perdido nem mesmo em uma época em que é pouco evidente tomar a fé como ponto de partida. Isso vale ainda mais na medida em que os sacramentos constituem celebrações cultuais no âmago da Igreja; em analogia, a teologia dos sacramentos é *"teologia para iniciados"* (Koch/37, p. 317).

Apesar disso não se dispensa desse modo a perspectiva da teologia fundamental, uma perspectiva que não parte da fé, mas que visa conduzir a ela. Embora os sacramentos não façam parte dos grandes temas da teologia fundamental, a crise na pastoral dos sacramentos levou a um empenho maior pela responsabilização e justificação da prática sacramental. Para fazer frente à impressão de que os sacramentos viriam como algo estranho, incompreensível, incidindo de fora sobre o ser humano, deverá ser demonstrado até que ponto os sacramentos correspondem ao ser humano e por que podem, pois, significar algo para eles.

Por isso a teologia mais recente, especialmente seguindo Karl Rahner († 1984), começa mais pelo ser humano. Em consonância com o intuito de Rahner de aproximar a fé a pessoas de hoje de acordo com sua autocompreensão, tenta-se evidenciar na existência humana uma abertura para os sacramentos. Quando os sacramentos visam atingir pessoas, é necessário da parte delas um sensório correspondente. Em termos de teologia da graça, assim como a graça pressupõe a natureza, assim os sacramentos pressupõem uma disposição natural no ser humano. Tem-se em mente não apenas uma receptividade para aquilo que Deus deseja conceder nos sacramentos, mas também — e é isto que importa aqui — uma receptividade para a maneira específica com que os sacramentos transmitem a dádiva.

Dispositivo sacramental no ser humano

Nesse sentido a teologia de enfoque antropológico tenta evidenciar que por si a existência humana sempre já possui um dispositivo "sacramental", porque ela se expressa e corporifica em símbolos. O primeiro símbolo é o próprio corpo, que constitui expressão da pessoa humana: "sinal concretizador para esse ser humano, seu eu, sua conduta, seu pensar e agir, sua auto-realização" (Schneider/45, p. 25; a esse respeito veja mais detidamente o cap. IV.1[1]). O corpo se prolonga em outras simbolizações que servem à consolidação da própria pessoa e à comunicação com outros, bem como à expressão da abertura do ser humano para a transcendência. Logo, existe uma base para experimentar os sacramentos já antes da fé. O indício para um direcionamento humano correspondente constitui a "produtividade sacramental do pós-modernismo" (Englert/65, p. 161): quando se omitem sacramentos cristãos, formam-se "sacramentos substitutos".

Em resumo, Hempelmann caracteriza a teologia de enfoque antropológico assim:

---

1. Referências sem menção do subitem dizem respeito ao respectivo bloco do mesmo capítulo.

Sob aspecto metodológico esse caminho tem por conteúdo a tentativa de demonstrar o fenômeno "sacramento" praticamente *remota fide* [desvinculado da fé] como fenômeno humano geral, que possui uma dimensão religiosa pelo fato de que por meio dele se postula que o ser humano transcende o mundo e a si próprio. Ao ser explicado como fenômeno que pode ser reconhecido em toda parte na história da humanidade, o sacramento fica demonstrado como lógico e legítimo. O sacramento em sua formatação histórica tem por fundamento a compleição sacramental do ser humano (69, p. 29s).

A guinada antropológica marcou consideravelmente a doutrina católica romana dos sacramentos, acarretando conseqüências até para a pastoral dos sacramentos, que normalmente se inicia pelas experiências naturais com símbolos. Em contraposição, no entanto, apresentam-se recentemente também vozes críticas.

O recém-citado teólogo evangélico Hempelmann demanda, mediante análise crítica do enfoque antropológico, uma delimitação mais precisa do que uma abordagem dessas de teologia fundamental é capaz de render e do que não. Seguramente, a origem confessional desse questionamento não é um acaso. A objeção vinda da ala reformada se dirige contra uma devoção centrada em obras, na qual pessoas tentam aproximar-se arbitrariamente de Deus (*sola gratia*), contra caminhos de salvação paralelos ao unido Mediador Jesus Cristo (*solus Christus*) e contra uma prática eclesiástica que não está alicerçada na Escritura (*sola scriptura*). Quando sacramentos transmitem salvação, isso se dá unicamente pelo fato de que vêm ao encontro das pessoas como asserção pura da graça por parte de Deus, por remontarem, como atesta a Escritura, ao único Mediador Jesus Cristo. Por mais que possa haver uma abertura humana para sinais da salvação como os sacramentos, não há como derivar dela os sacramentos cristãos. Por isso cabe diferenciar entre o *nexo antropológico da descoberta*, que permite compreender a *relevância* dos sacramentos, e o nexo *cristológico da fundamentação*, o único do qual podem ser derivados a *realidade* e o *conteúdo* dos sacramentos cristãos.

Ressalvas semelhantes são também externadas dentro do catolicismo romano. Thomas Freyer traduz a preocupação da filosofia de Emanuel Lévinas, de deixar valer o outro em sua alteridade,

Crítica

Diferenciação entre nexo de descoberta e nexo de fundamentação

Sacramentos como sucedimentos

para dentro do âmbito da teologia dos sacramentos. Com esse embasamento acusa o enfoque antropológico de ver os sacramentos excessivamente como prolongamento de necessidades e intenções humanas. Será que Deus poderá vir ao encontro com sua alteridade divina, quando antes disso, partindo da necessidade humana por símbolos, é elaborada uma pré-compreensão do sacramento, à qual os sacramentos cristãos praticamente têm de se subordinar? Porventura os sacramentos não são empurrados para uma perspectiva equivocada quando interpretados como símbolos do alcançar humano por transcendência, e não como sucedimentos da transcendência divina (cf. 66, p. 29s)? De fato, o teor especificamente cristão dos sacramentos, que propiciam participação na morte (!) e ressurreição de Jesus Cristo, dificilmente é captado de maneira apropriada quando a busca humana por sinais de preenchimento de sentido e de salvação dita, unilateral e irrefletidamente, a perspectiva. De acordo com o testemunho cristão, a fé descortina uma realidade escatologicamente nova, que atinge o ser humano de forma não-dedutível e transcende todas as expectativas.

Sentido permanente da perspectiva da teologia fundamental

Não obstante, as indagações altamente justificadas não podem descartar a preocupação da perspectiva da teologia fundamental que tenta combinar os sacramentos com a autocompreensão humana. Foi precisamente o pensamento católico romano que tradicionalmente frisou que a redenção corresponde à criação e que por conseqüência o agir salvador de Deus se conecta com a existência humana. No entanto, cumpre clarear a capacidade e os limites do enfoque antropológico, que consegue mostrar até que ponto os sacramentos incidem em pressupostos no ser humano que o tornam receptivo para eles. Mas os sacramentos e sua dádiva não podem ser derivados dessas premissas, nem respondem diretamente aos movimentos analogamente sacramentais de busca do ser humano (o que, aliás, de qualquer modo não era a concepção de Rahner).

A abordagem escolhida no que segue entende-se não como tentativa de fundamentar os sacramentos, mas de refletir sobre seu sentido. Nesse intuito escolhe-se, ao contrário de formas unilaterais do enfoque antropológico, um horizonte abrangente. A condução até os sacramentos por intermédio da comprovação de que pessoas são capazes de se comunicar com símbolos, e, ainda mais, dependem disso, constitui apenas uma parte da prestação de contas da teologia fundamental acerca do sentido dos sacramentos. Porque com a abertura do ser humano para símbolos ainda não foi exposta a razão pela qual os sacramentos se prestam para ser modalidades da autocomunicação de Deus, pelas quais ele une pessoas consigo. Por essa razão, desde já, é recomendável analisar os sacramentos sob o aspecto do relacionamento entre Deus e ser humano. Ao se tratar dos sacramentos, esse relacionamento pode e deve ser pressuposto (isso vale tanto para considerações da teologia fundamental como deveria valer para contextos catequéticos). Cabe evidenciar até que ponto faz sentido atribuir, no âmbito da história do encontro entre Deus e ser humano – biblicamente testemunhado e refletido em outros locais pela teologia fundamental – relevância a sinais como os sacramentos. É o que deverá ocorrer a seguir com ajuda do conceito da mediação.

2 – Sacramentos como mediação entre Deus e ser humano

O ser humano foi criado para a comunhão com Deus. Em última análise, toda a história de Deus com os humanos serve ao encontro que leva para dentro dessa comunhão, ou melhor, esta é concedida por meio dele. Em consonância, a teologia toda, não por último a teologia dos sacramentos, gira em torno deste único tema: porventura acontecerá o encontro entre Deus e ser humano? Não se deve apequenar o caráter abissal da pergunta, porque ela deve ser mais precisamente enunciada: como podem o infinito Deus e o ser humano finito encontrar um ao outro? Como, afinal, o ser humano se apercebe do Deus invisível? E por que o ser humano não perece quando está diante do Deus infinito e infinitamente santo? Como, pois, é mediado o relacionamento entre Deus e ser humano?

Em nível de princípio, deve-se examinar se faz sentido falar de mediação na relação entre Deus e ser humano. Especificamente para os sacramentos cabe demonstrar que faz sentido compreendê-los como uma mediação dessas.

O conceito da mediação (cf. Faber/52, p. 12-24) significa de modo bem geral que duas (ou mais) coisas diferentes entre si são unidas por um centro, um meio. Permanece ambivalente a avaliação de uma mediação dessas. Porque em vista do ideal de um

Conceito de mediação

relacionamento não-mediado a interferência de uma instância mediadora pode ser vista como fator de distorção. Parece estar tolhida a acessibilidade de uma pessoa ou coisa, quebrada a possibilidade de influência, reificados os laços pessoais. Sob essa ótica, meios ou instâncias mediadoras se interpõem ao acesso direto, por se intrometer entre os pólos do relacionamento.

Entretanto, a desejada imediatidade na realidade não é dada sem mais nem menos. Quem deseja ver uma peça de teatro não pela mediação da televisão, mas "ao vivo" no teatro, ou seja, "diretamente", com satisfação recorrerá ao binóculo para trazer um pouco mais perto de si o palco, que dos fundos é difícil de observar. Também o binóculo, porém, é um meio, uma mediação, que aproxima o acontecimento do espectador. Desse modo, a instância da mediação, inicialmente talvez anotada negativamente, obtém subitamente uma função reveladora, positiva.

Mediação é, pois, um conceito francamente ambivalente. Por um lado parece que designa aquilo que impede o contato direto, imediato, com a realidade. Essa suspeita também se impõe no âmbito da prática sacramental, quando pessoas demandam crer em Deus, e estar relacionadas com ele, sem no entanto precisar de mediações como os sacramentos. Por outro lado, a mediação pode ser aquilo que justamente descerra e franqueia o acesso a determinadas dimensões de realidade, quando não ocorre a desejada imediatidade. É como tais mediações que a fé cristã considera – de maneira a ser detalhada – os sacramentos.

Portanto, submetem-se primeiramente à prova de fogo a razão e a necessidade da mediação histórica concreta do encontro entre Deus e ser humano, com a reivindicação de conexão direta com Deus, que não carece de mediação.

Necessidade da mediação

Em virtude da criação deve-se partir de uma imediatidade entre Deus e ser humano, na medida em que o Criador está incomparavelmente próximo de sua criatura. Em contrapartida, a criatura está inegavelmente ligada a Deus por meio de si mesma – por sua própria condição de criatura. A criação, porém, fundamenta ao mesmo tempo uma insuperável diferença entre Deus e criatura, uma diferença que, conforme o entendimento judeo-cristão, deve ser aquilatada positivamente e por isso preservada. A criação não é parte de Deus, mas distinta dele, de modo que a existência divina de Deus não pode ser equacionada em termos panteístas. Por seu turno, a criação, sendo boa como criada por Deus, não tem de perecer no encontro com Deus. Justamente por isso se lutou, na cristologia, em prol do entendimento correto da verdadeira divindade e da verdadeira humanidade de Jesus Cristo. É o próprio Deus que na pessoa dele vai ao encontro de pessoas, e o ser humano todo é que foi assumido nele. Para a teologia ocidental, resta descobrir até que ponto a pneumatologia proporciona a chave para o entendimento da unidade na diferença na relação Deus-ser humano[2].

A idéia de que Deus e ser humano se encontrem com liberdade pessoal não é concebível sem mediação, tendo em vista sua diferenciação. Para o ser humano, ineludivelmente determinado por sua corporeidade e historicidade, não existe na terra nenhum encontro não-mediado com Deus. Até mesmo quem se dirige à muito citada floresta para orar e encontrar a Deus busca uma forma de mediação, a saber, a natureza, seja que a experiência da natureza sirva ao movimento de transcendência pessoal, seja que na criação se descubra uma forma de expressão da magnitude do Criador. Toda tentativa humana de se comunicar com Deus depende de meios — palavras, figuras, simbolizações. Muito mais as mediações são constitutivas no âmbito de uma religião de revelação que parte do princípio de que Deus deseja por sua iniciativa encontrar-se com o ser humano. Porque, se o objetivo for preservar nesse evento do encontro a liberdade e autonomia do ser humano, não deverão ser suprimidas as condições especificamente humanas de experiência. Sob esse enfoque Deus não pode ir ao encontro do ser humano sem uma mediação histórica concreta em sua existência terrena.

Cabe perguntar, porém, se os sacramentos são um modo apropriado de mediação.

Essa prestação de contas possui dois passos. No interior da teologia cabe demonstrar por que é correto no todo da fé, e especificamente das declarações de fé sobre a mediação entre Deus e ser humano, atribuir relevância mediadora aos sacramentos. Nesse

---

2. A esse respeito, cf. Josef FREITAG: *Geist-Vergessen – Geist-Erinnern. Vladimir Losskys Pneumatologie als Herausforderung westlicher Theologie*. Würzburg 1995 [StSSTh 15], com referência à teologia dos sacramentos, 255-302.

nível, cabe esclarecer particularmente se é compatível com a confissão a Jesus Cristo como único Mediador entre Deus e ser humano considerar os sacramentos como mediações (quanto a esse aspecto cf. sobretudo os caps. II; IV.2.; IV.4.1 e IV.5.2).

Em nível de princípio, cumpre examinar se a reivindicação cristã de que nos sacramentos o encontro entre Deus e ser humano pode obter êxito resiste à reflexão sobre mediação. É preciso citar critérios de mediação bem-sucedida, critérios que não possuem conotação especificamente teológica, mas, por princípio, valem para cada evento de mediação. Os sacramentos devem permitir a aferição a partir de tais critérios.

Analisemos mais a fundo esse segundo questionamento.

Mediação de coisas permanentemente diferentes

O alvo da mediação é colocar em relação realidades, não anular sua diferença. Na mediação de conflitos o empenho na realidade visa justamente preservar os direitos e interesses de ambos os lados. Também na perspectiva da teoria da comunicação é imperiosa a conexão entre as duas partes. Quando cabe mediar uma informação ou notícia, o interesse se volta à maneira pela qual o teor da mensagem de um emissor pode atingir o receptor. Para isso é preciso que, por um lado, de fato se comunique a mensagem do *emissor*, não uma versão deturpada dela; por outro, a mensagem também deve chegar *ao receptor*, carecendo levar em conta o horizonte de compreensão dele. Com vistas a uma lógica de critérios de mediação cabe fixar, portanto: a mediação não terá efeito desfigurador quando colocar em contato duas realidades, desde que ao mesmo tempo preserve a diferenciação delas.

Critérios de mediação bem-sucedida

Essa elucidação a partir do conceito da mediação corresponde à maneira como a confissão cristã entende a mediação entre Deus e ser humano: como encontro e comunhão entre Deus e ser humano mediante a preservação de suas diferenças, fundamentadas pela teologia da criação e confirmadas pela cristologia e pneumatologia.

Aplicados concretamente para o relacionamento entre Deus e ser humano, resultam quatro critérios de mediação bem-sucedida: (a) tem de preservar a divindade de Deus (b) bem como a humanidade do ser humano; (c) revela a divindade de Deus ao ser humano e (d) move a humanidade do ser humano em direção de Deus.

Quando esses critérios são aduzidos ao entendimento cristão dos sacramentos, não apenas se pode verificar que são capazes de lhes fazer justiça. Ao mesmo tempo salienta-se uma estrutura complexa a partir da qual também se podem formular impulsos práticos litúrgicos.

(a) Os sacramentos são eventos bem-sucedidos de mediação, pelo fato de que Deus permanece dentro deles (também como o incomparavelmente Diferente!) e de que podem prevalecer neles aquilo que ele é e o que ele deseja conceder. Por essa razão, existe no sacramento algo indisponível, que não pode nem ser inventado nem confeccionado pela parte humana. Do contrário, o ser humano encontraria no sacramento, em última análise, apenas a si mesmo. Essa indisponibilidade diz respeito ao próprio fato de que os sacramentos são concedidos (veja abaixo o cap. IV.2, acerca da instituição por meio de Cristo), bem como ao sentido e ao teor dos sacramentos. Em favor dessa indisponibilidade depõem tanto a palavra no sacramento, ou a correlata proclamação da palavra, como a conscientização constante de que se permaneça fiel à incumbência de Jesus na execução e interpretação do sacramento.

(b) No entanto, os sacramentos podem ser mediação de Deus em direção do ser humano porque Deus se revela de um modo que alcança as pessoas celebrantes: de modo humano e humanamente experimentável. Uma vez que a comunicação humana depende do corpo, de gestos e palavras, Deus somente pode vir perceptivelmente ao nosso encontro quando ele se medeia para dentro de nossa esfera de experiências. Nos sacramentos seu Espírito se serve de sinais e gestos visíveis que interpelam as pessoas de uma maneira apropriada para elas. No contato literalmente à flor da pele, pessoas são de tal forma tocadas por Deus que elas podem senti-lo na pele. Por isso, é imperioso lidar cuidadosa e organizadamente na liturgia com o aspecto simbólico dos sacramentos (veja abaixo os caps. IV.1 e IV.5.4). A maneira palpável e corpórea em que Deus nos encontra deve ser explicada no movimento catabático (descendente) da liturgia como modalidade de seu favor clemente.

(c) Em contraposição, sacramentos somente serão mediação bem-sucedida do ser humano em direção a Deus se nela as pessoas celebrantes forem preservadas em sua existência humana. Isso soa mais óbvio do que é. Em religiões que pela produção de fenômenos de êxtase visam que os celebrantes fiquem fora de si prevalece tacitamente a concepção de que o próprio eu deve ser deixado para trás na experiência do divino. Em contraposição, constitui peculiaridade dos sacramentos mediar um encontro com Deus em que os indivíduos se comunicam com Deus com sua humanidade e sua peculiaridade pessoal. Sacramentos não diminuem a condição de pessoa, mas são convocação à pessoa; não reduzem a identidade, mas a fundamentam. Justamente por isso é imprescindível a participação humana no sacramento e, por conseqüência, a fé é nele significativa para a própria constituição frutífera do mesmo (cf. abaixo cap. IV.5.3). Por isso a celebração litúrgica se empenhará pela proximidade com a vida e possibilitará uma participação ativa dos envolvidos, abrindo-lhes (pela inclusão ativa bem como por oração e silêncio concentrado — concentrador) o espaço para encontrarem a si mesmos e tornar-se inteiramente eles próprios.

(d) Simultaneamente, os sacramentos têm de incluir as pessoas de tal forma que realmente movam a existência humana e a vida rumo a Deus, levando ao contato com ele. Força propulsora disso é o Espírito de Deus, que liga as pessoas com Deus. Nesse processo não é possível limitar a direção anabática (ascendente) da liturgia à resposta pela oração. Os sacramentos participam do caráter dinâmico da história da salvação que deixa o ser humano parado no *status quo*, mas visa conduzi-lo à vida nova, divina (veja abaixo p. 76). A liturgia, portanto, fará bem em fazer valer o desafio para a nova vida, não por último ao respeitar a dramaticidade inerente à liturgia dos sacramentos.

Por meio dessas ponderações não se visa derivar os sacramentos a partir de um conceito especulativo de mediação, mas tão-somente as demonstrar como lógicas, por satisfazer às condições da mediação bem-sucedida. O aspecto da oportunidade dos sacramentos deve ser depreendido da subseqüente fundamentação bíblico-teológica e dos respectivos capítulos da segunda seção.

capítulo II
FUNDAMENTAÇÃO BÍBLICO-TEOLÓGICA

No Novo Testamento se procurará em vão por uma doutrina geral dos sacramentos. Afirmações teológicas sobre os sacramentos ocorrem somente especificamente em relação a cada um dos atos eclesiais que mais tarde foram designados como sacramentos (no entanto, é significativa a visão conjunta de batismo e eucaristia em 1Cor 10,1-4). Ademais, na averiguação da base bíblica para a doutrina geral dos sacramentos cabe constatar que o conceito correspondente, *mystérion*, é preenchido de outra maneira no Novo Testamento. Apesar disso uma análise precisa permite reconhecer pontos de referência objetiva para uma utilização do conceito em contextos de teologia sacramental (1). Além disso, existem fundamentos bíblicos para a estrutura pretendida pelo conceito geral de sacramento (2).

1 – O conceito de *mystérion* na Sagrada Escritura

Com o conceito latino de *sacramentum* foi traduzida a palavra grega *mystérion*. No linguajar gentílico esse termo é empregado para ensinamentos filosóficos que induzem à ascensão ao verdadeiro ser, assim como para práticas cultuais religiosas

Significado gentílico-sagrado

que atualizam os destinos de uma divindade por meio de ações sagradas perante um grupo de iniciados, a fim de lhes proporcionar participação nela (por exemplo, o culto a Mitras ou Ísis).

Ocorrências no AT

Em decorrência de seu significado originalmente gentílico-sagrado, já no linguajar do AT há ressalvas ao conceito *mystérion*. Na Septuaginta, ocorre apenas nos escritos da era helenista, mais precisamente em contextos profanos (Tb 12,7.11) ou até mesmo como alusão crítica aos cultos de mistérios (Sb 14,15.23). No uso positivo evita-se o significado cultual, ao passo que ocorrem conotações com a idéia filosófica da iniciação na sabedoria. Nesse caso têm-se em mente os mistérios de Deus, que são conhecidos pelos bons pela mediação da sabedoria, mas ocultos aos maus (cf. Sb 2,22; 6,22).

No livro de Daniel surge uma nova ênfase. Para o pensamento apocalíptico, mistério é aquilo que acontecerá no fim dos tempos: a implantação da iminente soberania de Deus. A esse respeito o ser humano não é capaz de saber nada por si próprio; unicamente Deus é aquele que o revela, por exemplo por intermédio de um vidente inspirado (cf. Dn 2,28s.47). Esse significado permanece determinante no apocalipsismo judaico incipiente, ou seja, em obras literárias como o Enoque etíope ou os escritos de Qumran (III a.C.- I d.C.).

Ocorrências no NT

O significado apocalíptico influi também sobre o uso do conceito no Novo Testamento (ocorre 28 vezes). Nos evangelhos sinóticos *mystérion* é usado somente em relação ao mistério do Reino de Deus confiado aos discípulos, que no mais é encoberto por parábolas (cf. Mc 4,11; Mt 13,11; Lc 8,10). No vocabulário paulino, ou das cartas deuteropaulinas (cf. especialmente os blocos maiores de 1Cor 2; Ef 1,3-14; 3,1-13) *mystérion* é a vontade salvadora de Deus (cf. 1Cor 2,7; Ef 1,9), que, determinada desde tempos eternos, era desconhecida de gerações, mas agora se torna manifesta, a saber, já não apenas para pequenos grupos de iniciados, mas em dimensões cósmicas (cf. 1Cor 2,8s; Ef 1,9; 3,5.10). Ainda mais: o *mystérion* não apenas é anunciado, mas ao ser comunicado está simultaneamente sendo realizado: torna-se realidade (cf. Ef 3,9). Tanto para o anúncio como para a concretização, vale que são por si inalcançáveis para o ser humano e precisam ser presenteados por

Deus. Nesse processo o anúncio e a concretização não dissolvem o mistério, porque este se torna manifesto *como mistério*.

Pela realização se concretiza a expectativa apocalíptica: a revelação e a realização escatológicas do *mystérion* acontecem com Jesus Cristo, o Crucificado (cf. 1Cor 2), que é pessoalmente *mystérion* (cf. Ef 3,4; Cl 2,2). A concentração cristológica do conceito, porém, de imediato precisa ser expandida soteriologicamente. Jesus Cristo é o *mystérion* que se abre para a participação: "Cristo entre/em vós" (Cl 1,27), o Cristo que reúne judeus e gentios em seu corpo (Ef 3,6; cabe notar a referência de Ef 3,3 a Ef 2; 5,32). Essa inclusão dos seres humanos no *mystérion* de Cristo e da Igreja é um processo ainda em andamento. Por isso ocorreu a incumbência do *mystérion* da proclamação que, portanto, como tal se insere em um nexo constitutivo com o *mystérion* (cf. 1Cor 2,1.7; Ef 3,8s; 6,19).

O uso em diversos níveis assinala que o conceito *mystérion* precisa ser entendido de modo análogo. Designa, em *sentidoteocêntrico*, o plano de salvação do próprio Deus e, na *correlação cristológica*, a maneira como esse se concretiza em Jesus Cristo, e significa, no *uso soteriológico*, a inclusão do ser humano no mistério de Jesus Cristo como acontece na Igreja. Esse significado *eclesiológico* inclui a realização do *mystérion* pela proclamação, uma realização de que ainda estamos incumbidos no presente e no futuro. A plenitude do *mystérion* – que consiste na unificação de tudo em Cristo (cf. Ef 1,10) – ainda está pendente e será concretizada por eventos que são, eles próprios, *mystérion*.

Níveis de significado

O significado do conceito de *mystérion* no NT – aqui demonstrado apenas sucintamente em textos selecionados – faz com que pareça coerente sua aplicação posterior para os sacramentos. Uma vez que com *mystérion* não se designa apenas o plano de salvação de Deus, mas também a maneira pela qual as pessoas são introduzidas graciosamente na concretização da salvação em Cristo, a saber, no sentido de um processo ainda em andamento, é plausível utilizá-lo para todas as ações em que essa inclusão acontece de forma histórica concreta. Assim como a própria proclamação faz parte do *mystérion* como acontecimento que leva o *mystérion* Cristo à sua plenitude, assim também os atos cultuais mais tarde chamados "sacramentos" servem a essa concretização e podem, por isso, com razão ser igualmente chamados *mystéria*. Neles se prolonga o evento em que se torna historicamente concreto o que antes estava oculto junto a Deus, a fim de incorporar dentro de si seres humanos. Dessa maneira, ao se aplicar o conceito *mystérion* a atos litúrgicos de oração, nos quais o evento da salvação se torna acessível de forma adensada, não se aliena o conceito nem se introduz nessas ações algo estranho. Pelo contrário, sintetiza-se como conceito e desse modo justamente também se insere no *mystérion* maior aquilo que esses atos visam ser.

2 – A estrutura sacramental da criação e da história da salvação

Uma fundamentação bíblica não se pode limitar a investigar o uso do conceito *mystérion* na Escritura, mas precisa indagar, além disso, até que ponto o *conteúdo* do conceito tem alicerce bíblico. Para tanto deve ser aduzido um entendimento prévio daquilo que é visado pelo posterior conceito de sacramento. Que há de comum nos diversos sacramentos que possa ser resumido pelo denominador comum "sacramento"?

Concepção prévia de "sacramento"

Como termo técnico, conforme aos poucos se perfilou na história da teologia, o termo "sacramento" se refere ao entrelaçamento de sinal e conteúdo no sacramento. Por conseqüência, nos atos sacramentais está contido mais do que aquilo que se percebe concretamente, porque neles se concede graça. O conceito de sacramento, portanto, designa a convergência de duas esferas da realidade no sacramento. Combina coisas visíveis e invisíveis, terrenas e divinas, de tal maneira que por meio das visíveis as invisíveis se tornem acessíveis.

A estrutura assim descrita não se apresenta apenas nos sacramentos. Pelo contrário, eles constituem praticamente um caso à parte dos sinais que apontam para Deus. Estão acomodados em todo um cosmos de sinais e vestígios de Deus, que igualmente devem ser chamados sacramentais, na medida em que expressam — de forma ainda a ser detalhada — a grandeza e bondade de Deus. Por isso se pode falar de maneira abrangente de uma estrutura sacramental que se caracteriza pela mediação de coisas visíveis e invisíveis, terrenas e divinas.

Será que se justifica biblicamente a premissa de uma estrutura dessas? Porventura a convergência entre Deus e ser humano na

Escritura é condicionada à mediação por uma "realidade sacramental"? Isso deve ser iluminado em diferentes níveis.

O primeiro nível é o da criação: conforme a acepção judeo-cristã o mundo é obra de Deus, na qual resplandece o poder do Criador, tornando-se manifesto ao ser humano. Por isso os céus exaltam – conforme o Salmo 19,2 – a glória de Deus. Na criação se evidencia a sabedoria de Deus, assim como seu cuidado em favor dos humanos (cf. Sl 104,15.24). Também Jesus se refere, nas parábolas, à bondade de Deus que brilha na criação (cf. Mt 6,26-30). A criação, portanto, é descrita em sua transparência para a bondade e sabedoria do Criador, podendo sob esse aspecto ser designada como sacramental.

– na criação

> O nível da teologia da criação não somente é importante no sentido de uma forma prévia de sacramentalidade, mas também como premissa dos sacramentos em termos de teologia da criação. Afinal, caracterizam-se justamente pelo fato de que integram um elemento da criação, ou um gesto humano natural, tornando-o portador de sentido (cf. abaixo, p. 71 e, discriminando, p. 100s).

Superando esse nível, a Sagrada Escritura descreve *a história* de Deus com as pessoas como automanifestação de Deus que transcende a criação. Constitui o cerne da confissão cristã que o próprio Deus habita e atua na criação e história (veja abaixo cap. IV.5.2). Em consonância com a fé de Israel Deus está operando nos eventos históricos. Isso vale particularmente para eventos destacados que são reconhecidos como façanhas de Deus (por exemplo, o evento do êxodo). Aqui se adensa e transforma a estrutura sacramental da criação que, além de sua transparência para o Criador, é utilizada por ele ao agir concretamente na história para se automanifestar. A sarça ardente (Ex 3,1-6) não é apenas uma indicação para o Criador, mas meio da auto-revelação de Deus.

– na história

A recordação de eventos históricos em que a atuação de Deus se tornou experimentável para Israel, cristaliza-se em *sinais memoriais* (cf. abaixo cap. IV.4.1) como a circuncisão ou a ceia do *Pessach*. Deus condiciona o cumprimento de sua promessa à implementação do sinal da aliança (cf. Gn 17,10-14). Assegura sua graça àqueles que na celebração se postam diante dele (cf. Ex 29,38-46).

39

Dessa maneira, sinais e atos simbólicos tornam-se mediações do favor divino.

– em Jesus Cristo

Esses traços básicos do sacramental foram radicalizados em *Jesus Cristo*. Por meio dele Deus está presente aqui e agora. Testemunho impactante disso no Novo Testamento, por exemplo, é a perícope da multiplicação dos pães, segundo a qual se pode experimentar o pastoreio de Deus (Sl 23) na existência de Jesus em prol dos humanos à maneira de um pastor (cf. Mc 6,34-44). A imbricação de presença divina e existência humana em Jesus Cristo altera a estrutura referencial da realidade sacramental. Porque o ser humano Jesus não é somente transparente em direção a Deus; pelo contrário, nele o próprio Deus é visível e palpável, de modo que quem o viu, viu o Pai (Jo 14,9). O sinal visível na realidade terrena, Jesus em sua humanidade e seu destino humano, não aponta para além de si ou para longe de si, para a presença de Deus, mas ele *é* essa presença. Certamente Jesus não é o próprio ponto-alvo do encontro, porque conduz à comunhão com o Pai. Mas quem segue essa orientação já se encontra, por meio do Orientador, na própria vida divina e foi inserido no relacionamento intradivino.

A configuração cristológica é mais que mero terceiro nível da estrutura sacramental: significa um novo enfoque escatológico. Jesus Cristo é sacramento em sentido máximo, "sacramento originário", que concretiza de forma insuperável o que constitui a essência do sacramento: a imbricação do divino e do humano. Em termos cristãos não pode haver mais sacramentos ao lado de Jesus Cristo, porém unicamente como desdobramento desse sacramento originário.

– na Igreja e suas práticas

O Novo Testamento considera que o Senhor exaltado atua de tal maneira em sua Igreja que leva adiante ao longo da história a realidade de salvação presenteada nele. Por exemplo, as ações antes definidas como características para Jesus em Marcos 6,13 são atribuídas aos discípulos. Sobre eles é dito em Lucas 10,16: "Quem vos ouve, ouve-me a mim". Conforme Mateus 18,18 sua autoridade possui, em analogia à de Jesus, máxima qualidade escatológica compromissiva. Singularmente, em Atos dos Apóstolos são descritas como entrelaçadas a atuação divina e o agir humano, eclesial, de modo que à atuação divina suceda o agir eclesial, ou o agir eclesial seja expressão concreta da atuação divina (veja em At 2 a imbricação de proclamação e batismo pela Igreja e o "acrescentar" de Deus; cf. At 14,23 com 20.28 quanto à instalação no serviço mediante imposição de mãos). Também na Igreja e em suas práticas centrais se explicita, pois, a estrutura sacramental. Sob enfoque cristão, no entanto, o meio de atuação de Deus, pertencente à história, está enfaticamente ligado a Jesus Cristo, para a atualização da presença escatológica de Deus nele.

Essa concentração cristológica deve ser enfatizada no retrospecto sobre o teor bíblico do conceito *mystérion*. Porque, enquanto igualmente se pode falar de uma estrutura sacramental em contextos não especificamente cristológicos, o conceito de mistério no Novo Testamento se refere essencialmente a Jesus Cristo como concretização do plano de salvação divino. Por isso o discurso mais abrangente de uma estrutura sacramental precisa levar em conta a característica análoga do conceito "sacramental", utilizado em correlações diversas. A fé no adensamento, efetuado em Jesus Cristo, daquilo que a transparência sacramental da realidade de criatura pode significar para Deus, não deprecia a criação, mas permite reconhecer sua "sacramentalidade" como anteprojeto de algo maior.

capítulo III
DESENVOLVIMENTOS NA HISTÓRIA DA TEOLOGIA

O bloco histórico-teológico da doutrina geral dos sacramentos elucida a formação de um conceito específico de sacramento. Além disso, ele deve permitir a observação de deslocamentos na mentalidade e colocações de problemas pelos quais os sacramentos são afetados conjuntamente. Por essa razão ele é um pouco mais detalhado que as partes correlatas da segunda seção. No contexto de cada sacramento deverá ser remetido sempre de novo ao horizonte aqui balizado. Cabe levar em consideração a proximidade, característica para a doutrina dos sacramentos, entre evoluções na esfera teológica e na litúrgica.

1 – A visão integral da Igreja antiga

Os testemunhos vindos até nós sobre a prática e a teologia dos sacramentos impressionam por sua visão integral do evento sacramental. A atuação da graça de Deus é vista conjuntamente com a resposta humana na fé e a prática vivencial (veja sobretudo, abaixo: Seção 2, cap. I.3.1, acerca da prática do batismo). O envolvimento existencial dos indivíduos no evento do sacramento está ligado a uma localização profundamente eclesial dos sacramentos (veja principalmente abaixo seção 2, cap. III.3.2, acerca da penitência canônica). Um raciocínio pluridimensional perscruta o sinal quanto ao teor, e o evento atual quanto às demais dimensões do tempo: o evento de Cristo por um lado, a consumação escatológica por outro.

1.1 – O evento da salvação e seus mistérios: a patrística grega

Tipologia do Cristo

Na teologia antiga persistem as ressalvas ao conceito *mystérion*, já observáveis no linguajar bíblico. A preocupação é evitar a mescla e confusão com as religiões gentílicas. No uso positivo o termo é aplicado a Cristo, bem como a episódios isolados de sua vida. Também os eventos de salvação atestados biblicamente no Antigo Testamento são definidos como mistérios, na medida em que assinalam o evento de Cristo figurativamente, isto é, antecipando-o na figura. Trata-se de *týpoi*, fenômenos em que algo diferente se torna visível (cf. Ostmeyer/96, p. 9-52). Os mistérios tipológicos fazem com que reluza o *mystérion* Cristo. Uma visão tipológica dessas, que se inicia no Novo Testamento (cf., por exemplo, 1Cor 10,1-13; 1Pd 3,20s), está disseminada na exegese da patrística, principalmente acerca de batismo (cf. abaixo p. ...) e eucaristia.

Mistérios como celebrações litúrgicas

A transferência do termo para atos de culto a Deus é preparada por Justino († 165), quando designa com referência ofensiva e crítica os cultos de mistérios como imitações demoníacas das celebrações profeticamente prenunciadas de batismo e eucaristia (*1 Apologia*, 61s, 66; *CorpAp* 1, 162-170.180-182). Em decorrência, essas cerimônias cristãs constituem os verdadeiros mistérios.

Quando o conceito é utilizado – no século III com hesitação, no século IV com maior regularidade – para o âmbito litúrgico, se lhe acrescenta o sentido histórico-salvífico. O mistério é o evento da salvação – vida, cruz, morte e ressurreição de Jesus Cristo – a que já se aludiu tipologicamente em mistérios dos tempos originários e que agora se torna ativo nos atos de celebração da Igreja. Sob esse enfoque os mistérios litúrgicos são símbolos dos episódios da salvação que propiciam participação na morte e ressurreição de Jesus Cristo.

> Aceitamos o batismo na expectativa de participar da morte dele e na esperança de também participar disso: ressuscitar dentre os mortos da mesma

maneira como também ele ressurgiu. Por isso recebo, tão logo me deixo batizar, ao mergulhar a cabeça, a morte de nosso Senhor Jesus Cristo e seu sepultamento, o qual desejo assumir para mim. E nesse ato confesso de fato a ressurreição de nosso Senhor. Ao sair da água considero-me simbolicamente como já ressuscitado (Teodoro de Mopsuéstia. † 428, *Homiliae catecheticae* 14,5; FC 17/2, 363s)

Na visão patrística o auge da história da salvação é o evento Cristo, o mistério por excelência, que Deus, por causa de sua importância, torna acessível através de mistérios mediadores praticamente secundários: por meio de mistérios proféticos prenunciadores na antiga aliança, por meio da celebração de mistérios litúrgicos na época da Igreja.

Sempre de novo é descrita a bidimensionalidade dos mistérios que por um lado são perceptíveis pelo olhar natural, por outro lado, porém, possuem uma dimensão de profundidade somente acessível à fé. O mistério é "manifestação sinalizadora e simbólica de coisas invisíveis e inefáveis" (Teodoro de Mopsuéstia, *Homiliae catecheticae* 12,2, FC 17/2, 320).

<small>Bidimensionalidade</small>

Por trás dessa concepção está o pensamento figurado platônico. Na filosofia (neo)platônica o mundo visível é considerado réplica do invisível, do qual o visível participa sem ser idêntico a ele. De forma semelhante se formula na teologia cristã a relação dos mistérios-réplica com o original, na realidade modificada pela introdução de uma dimensão histórica. Nos mistérios cristãos, a relação entre protótipo e réplica já não diz respeito a coisas eternas e passageiras, mas liga acontecimentos de épocas diferentes. Um acontecimento memorativo copia um acontecimento historicamente passado, trazendo-o à atualidade. Assim, os mistérios podem ser entendidos como atos sinalizadores nos quais o evento sinalizado de salvação na realidade não é visto e experimentado de forma não-velada, mas tange e transforma o presente em um acontecimento simbólico carregado de realidade (veja abaixo cap. IV.4.2).

<small>Pensamento figurado platônico</small>

1.2 – *Compromisso pessoal e sinal da graça: a patrística latina*

Na Igreja ocidental se estabelece um importante divisor de águas na tradução do conceito bíblico *mystérion*. Enquanto a Vul-

<small>Significado profano de *sacramentum*</small>

gata traduz com o grecismo *mysterium*, principalmente no âmbito do Norte da África opta-se pelo termo latino *sacramentum*, que, entre outros, designa no idioma romano o juramento à bandeira prestado por soldados quando convocados. O solene compromisso pessoal do ser humano, aqui exigido, possui uma dimensão religiosa para o entendimento romano antigo. No uso cristão, o conceito latino *sacramentum* se apropria de conteúdos semânticos de *mystérion*, sem no entanto acolher integralmente as implicações pluridimensionais do conceito grego.

No início, o vocabulário cristão no Ocidente é cunhado principalmente por Tertuliano († 220). Ele introduz o significado específico do termo latino no entendimento do batismo: "Somos convocados ao serviço militar do Deus vivo, quando repetimos as palavras do juramento à bandeira [*cum in sacramenti verba respondemus*]" (*Ad martyres* 3.1, CChr. SL 1,5). De forma análoga, Cipriano de Cartago († 258) acusa os que decaíram nas perseguições de fé de terem abandonado sua fé e quebrado "às pressas o juramento de fidelidade prestado a Cristo" (*De lapsis* 7: CSEL 3/1, 241).

Será que acontece aqui uma moralização de má qualidade, do evento sacramental da graça? Acolhendo a definição de relacionamento entre atuação divina e resposta humana, acima demandada (p. 20-21), é preciso enfocar a situação de forma mais diferenciada. Os teólogos da África setentrional compreendem muito bem o autocompromisso do batizando (adulto) como resposta ao prévio autocompromisso de Deus em Jesus Cristo. A circunstância de apesar disso ressaltarem o compromisso ético corresponde a um entendimento cristão da graça como desafio e capacitação do ser humano, de corresponder a Deus na resposta pessoal. Não é fortuito que a prática batismal da Igreja antiga preveja um longo tempo de catecumenato que serve para exercitar na resposta vivencial. Com a decadência do catecumenato recua também na teologia a idéia do autocompromisso sacramental.

Participação no evento da salvação

Na terminologia de Ambrósio († 397) os *sacramenta* são o evento do Cristo, bem como por um lado seus modelos prefigurativos e, por outro, o batismo, a unção correlata da *confirmatio* e da eucaristia como atos de réplica, que tornam acessível o evento Cristo. Como no Oriente, portanto, estão entrelaçados mistérios histórico-salvíficos e litúrgicos, na medida em que esses últimos constituem atos memorativos dos mistérios histórico-salvíficos.

> Trata-se, pois, [no caso do batismo] de uma morte, contudo não na realidade da morte corporal, mas simbólica [*in similitudine*]. Porque, quando mergulhas, obténs o símbolo da morte e do sepultamento, recebes o sacramento da cruz, porque Cristo pendeu da cruz e seu corpo foi afixado com pregos (Ambrósio, *De mysteriis* 2,23; FC 3, 115).

Possui relevância para a história da repercussão na doutrina ocidental dos sacramentos a teologia de Agostinho († 430). Ele faz evoluir o linguajar existente, posicionando a doutrina dos sacramentos no horizonte de uma teoria abrangente, de cunho neoplatônico, do Sinai. Nela, Agostinho diferencia entre *res* e *signum*: a *res* é um elemento que não serve para designar outra coisa, mas traz seu significado em si mesmo. Em contraposição os *signa* estão em lugar de algo que eles não são. Na verdade, todo sinal também é de algum modo *res*. Para poder ser sinal, porém, trata-se de uma *res* que, além do que ela representa para os sentidos, ainda designa algo diferente[1]. Há diversas categorias de sinais: sinais naturais (*signa naturalia*) e sinais que foram previstos e estabelecidos como tais (*signa data*). Sinais naturais são aqueles que, sem a intenção de significar algo mais, não obstante ainda permitem reconhecer outra coisa do que a si mesmos, como a fumaça que se forma por via natural onde há fogo, mas que então pode ser percebida como sinal de fogo. Se a fumaça fosse intencionalmente colocada como sinal, já não seria um sinal natural, mas um sinal dado. Tais *signa data* são sinais que seres vivos emitem um ao outro para se indicar algo. São símbolos que servem como sinais em virtude de sua semelhança com aquilo que assinalam, ou sinais que se baseiam em mera convenção. A palavra se reveste de relevância especial entre os sinais convencionais, porque é capaz de designar algo diferente.

_{Teoria do Sinai por Agostinho}

---

1. Veja a definição em *De Doctrina Christiana* 2,1,1 (CChr.SL 32, 32): "*Signum est enim res praeter speciem, quam ingerit sensibus, aliud aliquid ex se faciens in cogitationem venire*" [porque a coisa está além da espécie que influi sobre os sentidos].

Diante do pano de fundo dessa teoria dos sinais Agostinho elabora sua teologia dos sacramentos. Para, ele sacramentos são *signa* que apontam para a *res* da realidade divina[2]. Isso tem conseqüências para a estrutura dos sacramentos. Ainda que o elemento natural e sensório deva ter certa semelhança com o objeto significado[3], essa semelhança não basta no sacramento para designar a *res* divina, muito menos para efetuar aquilo que é designado. Por isso Agostinho frisa no sacramento a importância da palavra, que produz um efeito sobrenatural e somente dessa maneira constitui o sacramento como tal.

> Por que ele [Jesus Cristo] não diz: estais limpos por causa do batismo com que fostes lavados, mas afirma: "por causa da palavra que eu vos falei", a menos que também na água esteja a palavra que purifica? Retire a palavra, e que mais será a água senão simples água? Acrescenta-se a palavra ao elemento, e forma-se o sacramento, sendo também ele praticamente uma palavra visível (*accedit verbum ad elementum et fit sacramentum, etiam tamquam visibile verbum* [Soma-se o verbo ao elemento e se forma o sacramento, como que verbo visível]). (*In Joh* 80,3: CChr.SL 36, 529).

Agostinho designa essa palavra como palavra da fé. É a palavra do Senhor obtida da Escritura, que concede força ao sacramento e desperta a fé em quem a recebe, ou que foi prometida à fé do receptor.

> De onde essa força tão grande da água, que ela toca o corpo e lava o coração, a não ser pela eficácia da palavra, não porque ela seja pronunciada, mas porque é crida? Porque também na própria palavra uma coisa é o som transitório, outra coisa é a força permanente. [...] Ou seja, de forma alguma

---

2. *Signa "quae cum ad res diuinas pertinent, sacramenta appellantur"* [Sinais que são pertinentes às coisas divinas são chamadas sacramentos]: Agostinho, *Epistulae* 138,1,7 (CSEL 44, 131).

3. "*Si enim sacramenta quandam similitudinem earum rerum, quarum sacramenta sunt, non haberent, omnino sacramenta non essent*" [Se, pois, os sacramentos não tivessem certa semelhança com as coisas pelas quais são sacramentos, de todo não seriam sacramentos]: Agostinho, *Epistulae* 98,9 (CSEL 34, 531).

a purificação seria atribuída ao elemento que flui e se dispersa, se não fosse acrescentado: "na palavra". Essa palavra da fé é capaz de tanto na igreja de Deus que, por meio dos que crêem, ofertam, abençoam, aspergem, ela purifica até mesmo tão pequena criança, embora ela ainda não seja capaz de crer com o coração para a justiça e confessar com a boca para a salvação (*In Joh* 80,3: CChr.SL 36, 529).

Na tradição ocidental, a teologia dos sacramentos de Agostinho foi acolhida em diferentes sentidos. Razão disso são as ambivalências imanentes nela, que não por último estão associadas às raízes neoplatônicas do pensamento agostiniano. A teoria do Sinai de Agostinho se baseia sobre a ontologia neoplatônica, segundo a qual o mundo transitório é sinal para o eterno. Sob vários aspectos esse enfoque atrita com o pensamento cristão. Enquanto a filosofia neoplatônica demanda um movimento de transcendência para longe do que é visível, a fé cristã se orienta na autocomunicação de Deus pela encarnação. De forma conseqüente o sinal visível é por um lado apenas pretexto exterior de um movimento ascendente; por outro lado, no entanto, é forma histórica concreta de encontro com Deus. Com isso se associa uma avaliação diferente da *res*, para a qual aponta o sinal. Alvo da indicação é para o pensamento neoplatônico o ser eterno não-histórico; a fé cristã, porém, reconhece como *res* do sacramento a história de Jesus Cristo. Na realidade, Agostinho designa Cristo como *mistério* por excelência[4], mas não sustenta coerentemente essa concepção em suas implicações históricas.

Ademais, na correnteza das influências neoplatônicas, ele tende a depreciar o aspecto visível dos sacramentos pelo fato de os referir unilateralmente à pecaminosidade humana. De acordo com Agostinho, o pecado tem por conseqüência que o ser humano se enreda no sensorial. Justamente por isso é necessário que a redenção também atinja o mundo sensório, a fim de alcançar o ser humano pecador e direcioná-lo novamente para o alto. Não obstante, isso não faz justiça à trajetória de encarnação de Deus, que

Ambivalências

---

4. "*Non est enim aliud dei misterium nisi Cristhus*" [Pois não existe outro mistério de Deus senão Cristo]: Agostinho, *Epistulae* 187,11,34 (CSEL 57, 113).

não deseja redimir para fora do mundo, mas redimir e santificar este mundo.

Finalmente permanece impreciso, nas afirmações de Agostinho sobre a força de eficácia dos sacramentos, de que maneira a força de Deus está ligada ao *signum*: será que age *por meio* do sinal ou apenas *por ocasião* do sinal? Nesse aspecto os textos de Agostinho estão abertos tanto em direção de uma interpretação significante-espiritual como de uma eficaz-realista.

1.3 – As controvérsias em torno da execução válida dos sacramentos

Controvérsia do batismo de hereges

Em decorrência dos primeiros cismas na Igreja surge a necessidade de clarear as circunstâncias sob as quais as celebrações sacramentais, sobretudo batismo e ordenação, são executadas validamente. Duas crises na história da Igreja se situam no fundo da questão: a chamada controvérsia do batismo de hereges (século III) e a crise donatista (século IV).

A controvérsia do batismo de hereges provoca o primeiro impulso para a reflexão sobre a validade do agir sacramental eclesiástico. Quando cristãos de grupos separados novamente desejam ser acolhidos na Igreja maior, é preciso decidir se é válido o batismo realizado por hereges e cismáticos. Nessa situação, perfilam-se nas diversas igrejas locais diferentes formas de procedimento: na África e em muitas Igrejas do Oriente são batizados aqueles que vêm à Igreja oriundos de comunidades hereges. Em Roma e Alexandria, porém, reconhece-se o batismo das comunidades hereges, bastando que seja feita a imposição de mãos por ocasião da acolhida na Igreja maior. Quando nos anos 255 e 256 duas assembléias sinodais africanas, sob a presidência de Cipriano de Cartago, decidem a favor da prática vigente, o papa Estêvão I († 257) se opõe a essa decisão.

Ponto controvertido: a validade do batismo

Em ambos os lados é unânime que o batismo não pode ser repetido. Nem mesmo os africanos desejam o rebatismo, mas contestam que os cristãos de comunidades hereges já tenham sido validamente batizados. Controvertido é, portanto, sob quais condições, afinal, o sacramento se consolida.

O representante principal da prática africana é Cipriano de Cartago. Ele condiciona o batismo ao espaço da igreja, porque não pode ser dissociado dessa igreja nem do Espírito Santo que nela atua.

> Não havendo pois entre os hereges uma Igreja, por ser ela única e não poder ser dividida, e não existindo ali conseqüentemente o Espírito Santo, por ser um só e não poder estar com profanos nem alheios (*extrarios*): por isso tampouco o batismo, que está situado na mesma unidade, pode existir entre os hereges, porque não se deixa separar da Igreja e do Espírito Santo (*Epistulae* 74,4: CSEL 3/2, 802).

Nessa perspectiva a autenticidade do evento sacramental depende não por último da pessoa de quem batiza. Por isso Cipriano indaga: "Como pode purificar e santificar a água quem é pessoalmente impuro e com quem não está o Espírito Santo?" (Cipriano de Cartago, *Epistulae* 70,1: CSEL 3/2, 767s). A pureza demandada do celebrante se refere menos à santidade ética pessoal do celebrante e mais à sua integridade eclesial.

Em contraposição, a teologia romana frisa a validade do ato batismal independente do vínculo eclesial e da santidade e ortodoxia do oficiante. Pela eficácia do batismo garante o próprio agir de Deus, agindo por meio da atuação do oficiante e sem depender de que ele esteja pleno do Espírito (a esse respeito, cf. DH 110).

O conflito interrompido depois da morte de Cipriano e Estêvão torna a eclodir na crise donatista. No fundo está o problema dos chamados traidores, que na época da perseguição aos cristãos haviam entregado equipamentos litúrgicos ou livros (Escritura Sagrada). Com a justificativa de que um dos que o consagraram bispo teria sido um traidor, declara-se deposto em 312 o bispo Ceciliano de Cartago; em lugar dele é instituído bispo Majorino, e depois Donato. Ou seja, inicialmente o problema se manifesta em relação à ordenação, mas depois passa novamente a ser debatido também em vista do batismo. Segundo a concepção donatista, somente um sacerdote ou bispo puro e santo pode distribuir validamente esses sacramentos. Em contraposição, a Igreja estabelecida tem de justificar sua prática, segundo a qual a validade dos sacramentos não depende da dignidade do oficiante. A elucidação teológica aconteceu principalmente por meio de Optato de Mileve († antes de 400) e Agostinho.

Crise donatista

Validade independente da dignidade do oficiante

Para Optato, convergem no batismo a atuação da Trindade, a fé do batizando e a ação do oficiante. Mas este último aspecto não pode ter a mesma importância que os demais princípios ativos, porque o oficiante é somente instrumento do sacramento, de modo que sua fé pessoal não contribui em nada para a eficácia do sacramento. Porque "os sacramentos são santos por si mesmos, não por meio de pessoas" (*Adversus Parmenianum donatistam* 5,4,5: SChr 413/2, 130). Do mesmo modo argumenta Agostinho, para quem o liturgista não é mediador da execução dos sacramentos, mas somente ferramenta, porque: "Ainda que Pedro batize, ele [Cristo] é quem batiza; ainda que Paulo batize, ele é quem batiza; ainda que Judas batize, ele é quem batiza" (*In Joh* 6,7: CChr.SL 36, 57).

Uma aquisição central dessa elucidação teológica é a distinção entre nível ético-subjetivo e nível sacramental-objetivo. Como já fizera Cipriano de Cartago, os donatistas enfatizam a unidade interior de Igreja, santidade pessoal e sacramento, exigindo por isso a integridade ético-subjetiva do evento sacramental também em relação à pessoa do oficiante. Em contraposição, Agostinho atribui certa autonomia objetiva à dimensão institucional-sacramental da vida eclesiástica. Em virtude de sua qualidade institucional, o sacramento continua eficaz também fora da Igreja, porque garantem por ele não seres humanos, e sim o próprio Deus.

Repercussões históricas

No Ocidente tornou-se determinante a prática romana de acordo com a interpretação de Agostinho. Com razão, ela acentua teologicamente a atuação de Deus no sacramento, assegurando assim a segurança legal no âmbito sacramental e, além disso, por princípio, a libertação dos receptores de um sacramento em relação à integridade e dotação carismática do oficiante do sacramento. Essa posição, porém, possui igualmente um reverso. Uma vez que no Ocidente a teologia dos sacramentos tende a se guiar conforme condições mínimas da validade, surge a negligência para com o contexto eclesiástico: a enfatizada objetividade dos sacramentos faz com que se enfraqueça sua ligação com a comunhão eclesial. Os sacramentos são reduzidos a um acontecimento entre o oficiante e cada receptor, negligenciando-se seu contexto eclesiástico e litúrgico. Em contraposição, para as Igrejas ortodoxas a celebração litúrgica da comunhão eclesial continua sendo o lugar genuíno dos sacramentos. Por essa razão, as Igrejas ortodoxas manifestam ressalvas maiores diante de qualquer comunhão eucarística sem comunhão plena entre as Igrejas (veja abaixo p. 169).

2 – Clarezas através da teologia escolástica

2.1 – Transformações culturais no início da Idade Média

Como pano de fundo da história da teologia medieval deve-se levar em conta, justamente na doutrina dos sacramentos, a transformação cultural entre Antiguidade e Idade Média. O pensamento teológico elaborado na Antiguidade é transmitido adiante para outros contextos, nos quais seu teor precisa ser novamente apropriado a duras penas, sendo alterado, quando não deformado, por outras formas de pensamento. Concepções arcaicas do divino e sagrado marcam a prática e a teoria dos sacramentos. Em vários aspectos trata-se de uma inculturação malsucedida.

Ilustremos isso com um exemplo: Isidoro de Sevilha († 636), um construtor de pontes entre a Antiguidade e a Idade Média, adota a definição agostiniana do sacramento como *sacrum signum* [sinal sagrado], mas explica-a falando da força de Deus no sacramento que atua misteriosamente (*Etymologiae* 6,19,40, Oxford, Lindsay, 1911, s.p.). Perdeu-se a visão simultânea, óbvia para o pensamento simbólico antigo, de dimensões diversas de realidade e tempo, bem como a capacidade, nela estabelecida, de conservar unidos no sacramento os aspectos da revelação e referência (quanto à crise do pensamento simbólico, veja maiores detalhes na segunda seção, II, 3.2 e 4.3). Desenvolve-se uma compreensão de sacramento que atribui ao sinal poderes misteriosos, os quais posteriormente são compreendidos de maneira cada vez mais reificada como "algo sagrado". Aqui se impõe o pensamento germânico com seu interesse em "matéria consagrada" (Angenendt/98, 160; veja igualmente abaixo p. 127). Com isso passa a predominar o interesse pela eficácia objetiva dos sacramentos: negligenciando-se o aspecto subjetivo-humano, o sacramento é buscado como rito de eficácia própria (Angenendt/50, 131-136).

2.2 – A caminho da definição de sacramento: a teologia escolástica

Pensamento analítico

No século XII se inicia uma reflexão teológica mais profunda sobre os sacramentos, na qual contudo se altera o modo de abordagem em comparação com a teologia patrística. Os Padres da Igreja iluminam o *mystérion* de tal forma que o vêem como um todo, sem a necessidade de analisá-lo e observar isoladamente cada uma das partes. A teologia escolástica, porém, enfoca subseqüentemente cada uma das partes. O viés analítico, com a subseqüente sistematização, por um lado afasta de uma visão integral do acontecimento, mas por outro não deve ser simplesmente qualificado como desenvolvimento falho. É justamente assim que em parte se reconhecem e corrigem as distorções recém-enunciadas (veja por exemplo, a seguir, p. 127).

Para a evolução posterior da teologia ocidental dos sacramentos tornam-se relevantes as elucidações processadas na escolástica quanto ao número e à essência dos sacramentos.

Número sete

Até a Idade Média, o número de sacramentos ainda é definido de forma bastante diversa. O conceito aberto de sacramento da patrística faz com que um sem-número de episódios da história da salvação e de atos eclesiásticos possam ser chamados sacramentos. Ainda no início da escolástica é indefinido o número dos sacramentos. Entre as práticas litúrgico-eclesiásticas contam-se regularmente o batismo e a eucaristia como sacramentos, às vezes a unção da confirmação, a ordenação (às vezes mediante contagem em separado de vários degraus de ordenação), bem como o matrimônio. Às vezes se acrescentam atos sacramentais, como a consagração do templo. Determinante é, com freqüência, o simbolismo numerológico, de forma que se fala preferencialmente de 2, 3, 4, 9 ou 12 sacramentos. Em meados do século XII Pedro Lombardo cita, em suas influentes sentenças, o número sete, que desde então se impõe gradativamente, sendo adotado pelo magistério no Concílio de Lyon em 1274 (DH 860). Isso tem a ver com a definição mais clara do conceito de sacramento – a ser exposta logo a seguir. Apesar disso os critérios desenvolvidos não levam necessariamente ao número sete. Ele constitui uma fixação contingente da prática e doutrina eclesiásticas, que na realidade possui definitivamente pontos de referência na qualidade e intensidade das respectivas práticas. A delimitação definidora dos sete sacramentos, portanto, se justifica, mas também apresenta um reverso na história de suas influências: certa fixação nos sacramentos, agora especialmente projetados com a tendência de depreciar outros ritos e práticas de fé.

A teologia escolástica indaga com maior precisão pela essência dos sacramentos. Enquanto o conceito tradicional de sacramento inclui os sinais do Antigo Testamento, passa-se agora, distanciando-se disso, a perguntar pela peculiaridade dos sacramentos no Novo Testamento, da Igreja. Cada vez mais essa peculiaridade é ancorada na causalidade efetiva. De forma enfática surge o conceito *causa* na definição de sacramento por Pedro Lombardo: "Como sacramento designa-se no sentido essencial aquilo que constitui de tal maneira um sinal da graça divina e uma configuração da graça invisível que ostenta sua imagem e forma sua causa" (*IV Sententiae dist.* 1, cap. 4: SpicBon 5, 233).

Essência

Dessa maneira, cristaliza-se como especificidade dos sacramentos do Novo Testamento sua eficácia. No entanto, diferencia-se muito bem *até que ponto* os sacramentos são eficazes, para não lhes atribuir o que compete unicamente a Deus: produzir graça. Por exemplo, segundo a opinião de vários teólogos, os sacramentos somente são eficazes na medida em que disponibilizam a alma para receber a graça, enquanto a graça justificadora é produzida exclusivamente por Deus. Na escola franciscana a eficácia dos sacramentos é enfaticamente amarrada a um decreto divino (teoria do contrato). Sob essa perspectiva, o sacramento não é propriamente causa da graça, mas ensejo dela, porque Deus se comprometeu a conceder sua graça no momento em que o sacramento é celebrado.

Eficácia

Em contraposição, Tomás de Aquino († 1274) liga mais intensamente os sacramentos com o próprio efeito da graça. Contudo, preserva a soberania de Deus, ao definir a eficácia sacramental como instrumental e relacioná-la à causa principal, a saber, a Deus. A ferramenta não age por si mesma, mas na mão daquele que a utiliza: Deus (cf. *STh* III, q 62, a 1). Nessa acepção instrumental dos sacramentos transparece uma mudança no pensamento filosófico. Enquanto a definição platônica de relacionamento de protótipo e réplica na tradição patrística (veja acima p. 48) sugere entender os sacramentos significativamente como sinais, o pensamento aristotélico como acolhido por Tomás não toma o mundo visível como meros sinais, mas se interessa por sua estrutura. Indaga-se como esse mundo está construído e como se podem explicar mudanças dentro dele. Nessa linha, a função de sinalização dos sacramentos é para Tomás menos significativa que sua influência real sobre os seres humanos, que – com base nas elucidações vindas da crise donatista (veja acima III.1.3) – é enfocada da forma mais distanciada possível das pessoas envolvidas. Por parte do oficiante basta a intenção de fazer o que a Igreja deseja fazer (*intentio faciendi, quod facit Ecclesia*), por parte do receptor basta que não interponha empecilho (*obex*) à graça. Porque o sacramento "não é aperfeiçoado pela justiça do ser humano que o concede ou recebe, mas pelo poder de Deus" (*STh* III, q 68, a 8). Por essa razão ele é eficaz em virtude da ação executada (da "obra realizada": *opus operatum*, ou *ex opere operato*). A participação humana no evento do sacramento, no entanto, não é totalmente omitida: a ação realizada garante apenas a validade dos sacramentos, não sua fertilidade, para a qual igualmente é necessário engajamento subjetivo no evento sacramental (a "obra daquele que atua": *opus operantis*). Apesar disso, a dimensão pessoal e dialogal do evento continua tendendo a ser alvo de atenção insuficiente.

O interesse predominante na eficácia atual também faz com que passe para segundo plano a dimensão de profundidade temporal do sacramento como memorial do evento da salvação. A graça propiciada pelo sacramento na realidade continua a ser determinada cristologicamente; a propiciação dessa graça, porém, não é definida como participação no próprio evento da salvação, mas como comunicação de seus frutos de salvação. Característica disso é a formulação da oração na festa de Corpus Christi: "Concede-nos a graça de venerar os santos mistérios de teu corpo e sangue de tal modo que nos seja propiciado o fruto da redenção" (Celebração da santa missa/26, 255; por volta do século XII – veja, porém, a seguir, p. 84, a oração correspondente ao caráter da celebração litúrgica memorial!).

Terminologia escolástica

Com as formas de pensamento aristotélico penetram também na teologia dos sacramentos os termos a ele pertinentes. No sentido do hilemorfismo aristotélico, que entende a realidade como unidade da forma essencial determinante com a matéria determinável, designa-se como *materia* (o que é determinável) o elemento visível, ou a ação perceptível pelos sentidos, e como *forma* (o que é determinante) a palavra no sacramento.

As conclusões da doutrina escolástica dos sacramentos, particularmente da de Tomás, são adotadas pelo magistério em 1439 no Concílio de Florença em decorrência dos esforços de unificação com os armênios. O chamado decreto para os armênios (veja DH 1310-1328) na realidade não constitui uma decisão doutrinária infalível, adquirindo porém grande relevância na história de suas repercussões.

3 – Os questionamentos dos Reformadores

Não foi por acaso que a Reforma se originou principalmente de conflitos no âmbito da prática sacramental. O protesto da Reforma se dirige à prática sacramental da Idade Média tardia, marcada por uma intensa amarração eclesiástica dos sacramentos (quanto ao matrimônio, cf. abaixo p. 259s), deturpada pelo enlace com negócios financeiros, e praticamente irreconhecível como evento da fé por causa da ritualização e em decorrência da negligência na proclamação da palavra. Diante desse pano de fundo tornam-se compreensíveis várias críticas contundentes de Martinho Lutero († 1546). Contudo, a partir de seu novo enfoque na teologia da graça, Lutero também define outras ênfases teológicas. Isso leva a conflitos com a posição de fé tradicional, que na realidade são devidos, em vários aspectos, a mal-entendidos recíprocos. Para a interpretação da teologia luterana é preciso levar em consideração que Lutero, ao mesmo tempo, se confronta com a ala esquerda da Reforma que se posiciona avessa a tudo que é estrutural e institucional. Em contraposição a isso, Lutero enfatiza a importância dos sacramentos. Distinguindo-se das posições reformadas de Ulrico Zwínglio e João Calvino, ele faz outros destaques sobretudo na doutrina da eucaristia.

Crítica à prática

Que importância têm para Lutero os sacramentos? Em uma situação de abandono da proclamação da palavra ele constata que uma Igreja sem proclamação incorre em uma distorção. Isso é reconhecido – tarde demais para a unidade da Igreja – também pelo lado católico romano: o Concílio de Trento, ao decretar mudanças, insiste no dever do clero de proclamar a palavra. Desse modo, acolhe a preocupação que Lutero, obviamente, faz valer de maneira muito mais radical: "Porque sem a palavra os sacramentos

Ênfase na proclamação

não podem existir, porém a palavra pode bem existir sem os sacramentos" (*Von der Winkelmesse*, 1533, WA 38,231,9).

Na realidade cometeríamos uma injustiça contra Lutero se lhe imputássemos que não valorizou os sacramentos. Pois é justamente a palavra de Deus que aponta para os sacramentos, que por isso não devem ser desprezados. "Mas seja externa quanto for, aqui, todavia, temos a palavra e o mandamento de Deus... Ora, o que Deus institui e ordena não pode ser coisa vã, senão que deve ser cabalmente preciosa, ainda que de aparência fosse de menos valor que uma palhinha" (*Catecismo Maior*, Livro de Concórdia, São Leopoldo/Porto Alegre, 1980, 475).

<small>Escritura como critério</small>

O valor próprio dos sacramentos deve ser depreendido da Escritura, que consistentemente também constitui o critério de toda a prática e teoria dos sacramentos. Isso leva Lutero a restrições quanto à concepção geral de sacramento, que não existe dessa maneira na Escritura. Ademais, conseqüência da orientação na Escritura é a contagem restritiva dos sacramentos. Somente o batismo e a Santa Ceia (por vezes Lutero cita também a penitência) são sacramentos instituídos por Cristo. No entanto, a tradição confessional luterana não transforma isso em pomo de discórdia, "desde que se retenham aquelas coisas que têm mandamento de Deus e promessas" (*Apologia da Confissão de Augsburgo*, 1531, Livro de Concórdia, São Leopoldo/Porto Alegre, 1980, 225).

Por fim, decorre da vinculação com a Escritura que na forma do sacramento — uma concepção bem agostiniana! — seja enfatizada a palavra. "O batismo não é apenas água simples, mas é a água compreendida no mandamento de Deus e ligada à palavra de Deus" (Catecismo Menor, 1529, Livro de Concórdia. São Leopoldo/Porto Alegre, 1980, 375). O teor significante das ações deve ser entendido a partir da palavra, e não as palavras a partir do significado próprio dos sinais naturais. Nessa compreensão, a palavra no sacramento é palavra de promessa, evangelho, que se dirige às pessoas. Pelo fato de que a palavra deve ser compreendida, Lutero introduz a língua materna nas celebrações sacramentais.

<small>Rejeição do *opus operatum*</small>

Com a primazia da palavra no sacramento frisa-se, por um lado, que Deus, ou Jesus Cristo, é sujeito no acontecimento sacramental, por outro, que os sacramentos têm característica de interpelação, direcionados para a recepção por parte de seres humanos. Ambos os aspectos são dirigidos por Lutero contra a doutrina do *opus operatum*. Na realidade, ela originalmente visava justamente a atuação divina no sacramento (veja acima p. 60 e abaixo p. 94-95). Contudo, a devoção medieval inverte essa intenção para o contrário. Porque, quando se tenta aumentar a graça pela multiplicação das práticas que produzem graça *ex opere operato*, isso novamente pode ser contabilizado como obra humana. Além disso, surge na prática a impressão de que o *opus operatum* poderia substituir a fé. Esses entendimentos equivocados são tomados por Lutero como o verdadeiro conteúdo da doutrina do *opus operatum* que, nessa acepção, convida diretamente a reduzir o sacramento ao rito formal. Para o Reformador, porém, isso equivale à tentativa de garantir para si a salvação sem fé em Cristo e sem envolvimento interior do coração, por meio de obras, uma salvação que segundo a doutrina luterana da justificação unicamente pode ser obtida mediante a fé. Uma fé dessas não constitui uma obra, mas apenas um órgão de recebimento (*fides apprehensiva*), mas que como tal é necessária.

> Com respeito ao uso dos sacramentos se ensina que foram instituídos não apenas para serem sinais por que se possam conhecer exteriormente os cristãos, mas para serem sinais e testemunhos da vontade divina para conosco, com o fim de que por eles se desperte e fortaleça a nossa fé. Essa também a razão por que exigem fé, sendo usados corretamente quando a gente os recebe em fé e com isso fortalece a fé (Confissão de Augsburgo, art. 13, Livro de Concórdia, São Leopoldo/Porto Alegre 1980, 34).

A Apologia da Confissão de Augsburgo previne contra a imputação de que a eficácia dos sacramentos seria, portanto, dependente da fé:

> Se desapraz a exclusiva SOLA [somente a fé justifica] [...] não são, por conseguinte, excluídos [o evangelho e os sacramentos], de modo a não seguirem, mas é excluída, na justificação, a confiança no mérito do amor ou das obras. (Apologia da Confissão de Augsburgo, Livro de Concórdia, São Leopoldo/Porto Alegre 1980, 120s).

Por conseguinte, na teologia luterana os sacramentos estão rigorosamente coadunados com a fé na justificação. A partir daí corresponde à redução numérica a dois sacramentos uma concentração do conteúdo no perdão dos pecados como única dádiva dos sacramentos do batismo e da Santa Ceia.

Zwinglio

Enquanto Lutero, apesar de valorizar a pregação, preserva a importância dos sacramentos como mediadores da salvação, surgem ressalvas incisivas na tradição reformada. Para Ulrico Zwinglio († 1531), unicamente a palavra constitui evento de salvação. Segundo ele, os sacramentos, em vista de sua condição de criação mais maciça, e por isso material-visível, não são apropriados para transmitir graça. Entende-os como sinais de confissão, mais precisamente — no que se distingue do uso prévio do termo latino *sacramentum* por Tertuliano (veja acima p. 49s) — como sinal de confissão perante a Igreja.

> Sacramentos [...] são [...] sinais ou cerimônias, por meio dos quais o ser humano torna crível para a Igreja que ele é ou um candidato ou um soldado de Cristo, e tornam a Igreja toda muito mais certa de tua fé que a ti próprio. (*De vera et falsa religione commentarius*, 1525, CR 90, 761).

Nessa acepção os sacramentos não produzem graça, mas são sinais da graça já presenteada.

> Os sacramentos são propiciados como testemunho público da graça, que antes já foi concedida a cada um pessoalmente. [...] Creio, portanto, [...] que o sacramento é um sinal da coisa santa, ou seja, da graça propiciada (*Fidei ratio*, 1530, CR 93/2, 804s).

Calvino

Como Lutero, também João Calvino († 1564) se situa claramente contra essa posição de Zwinglio. Verdade é que ele toma uma posição mais reticente que o Reformador de Wittenberg em atribuir aos sacramentos algo mais que à pregação. Mas fundamenta sua posição em uma reflexão mais precisa sobre o lugar dos sacramentos no evento da salvação. Não são episódio salvífico em sentido primário, mas dependem do episódio do Cristo, e tampouco iniciam a vida cristã, que se funda sobre a palavra. Os sacramentos não selam nada mais do que a pregação já anunciou. Mais que Lutero, porém, Calvino demonstra interesse no processo de crescimento da vida cristã, situando nele os sacramentos. Nesse contexto, possui elevada importância certificar a fé por meio dos sacramentos, ainda mais que, ao contrário do que muitas vezes foi imputado a Calvino, a certificação não deve ser entendida de maneira meramente cognitiva. Como humanista, Calvino atenta para a maneira como algo se torna importante para as pessoas. Descreve Deus praticamente como um retórico que deseja alcançar o ser humano de todas as maneiras, tentando-o, enfim, igualmente por meio dos sacramentos perceptíveis aos sentidos, que trazem concretamente à visão e exibem corporalmente o que Deus deseja conceder. Além disso, Calvino leva em conta a relevância da resposta humana no evento da salvação, sem a qual não se estabelece nenhuma comunhão entre Deus e ser humano. Com vistas a essa resposta, Calvino integra a preocupação de Zwinglio. Os sacramentos não são, como pensava aquele, *apenas* sinais de confissão, contudo *também* o são, embora não apenas horizontalmente ao nível da Igreja, mas como parte do movimento humano de resposta a Deus.

> [O sacramento] é um sinal exterior, por meio do qual o Senhor sela para nossa consciência as promessas de sua benevolência em relação a nós, a fim de nos amparar na fraqueza de fé, e por meio do qual nós confessamos nossa devoção a ele tanto diante dele como diante dos anjos, como também diante das pessoas. [...] Sacramento significa um testemunho da graça divina, confirmado por um sinal exterior, com o qual por sua vez está relacionado um testemunho de nossa devoção a ele. (*Institutio* IV,14,1, em uma formulação de duas páginas de 1543; a esse respeito, veja FABER/52, p. 307-322).

Reagindo aos Reformadores, o Concílio de Trento se posiciona em 1547 sobre o número e a eficácia dos sacramentos, sem pretender deles apresentar uma teologia detalhada (cf. DH 1600-1613): os sete sacramentos, que não possuem todos o mesmo grau, foram instituídos por Cristo. Contêm a graça para a qual apontam, e a conferem mediante a execução de seu ato (*ex opere operato*), não mediante a fé, desde que o receptor não lhe interponha um empecilho. Concílio de Trento

No âmbito do enfoque da Idade Média não deixa de ser questionada a ênfase na eficácia objetiva, originária do espírito da Contra-Reforma, uma ênfase que, quando vista unilateralmente, não faz justiça ao evento sacramental do encontro. Por exemplo, Idade Moderna

Immanuel Kant lança dúvidas sobre a reivindicação dos sacramentos, de transmitir salvação com eficácia, porque o emprego de meros meios da natureza não poderia exercer qualquer influência sobre a moralidade (cf. *Die Religion innerhalb der Grenzen der blossen Vernunft* B 301s: WEISCHEDEL 4, p. 870). Tais idéias penetram na prática eclesiástica, na qual, durante o Iluminismo, se colocam em primeiro plano os aspectos catequético e edificante da liturgia e dos sacramentos. Com isso, evidentemente, não foi recuperada a característica de mistério dos sacramentos como lugares de propiciar participação no evento da salvação.

4 – O Concílio Vaticano II e iniciativas preparatórias

Transformações na primeira metade do século XX

Na primeira metade do século XX acontece, em vários quadrantes, um avivamento da teologia dos sacramentos. Cabe citar a discussão acerca da influência dos cultos de mistérios helenistas sobre os sacramentos cristãos: a escola histórico-religiosa considera isso uma deturpação da mensagem cristã. Conforme a concepção da teologia dos mistérios, porém, a providência de Deus preparou no mundo helenista formas cultuais religiosas que podiam servir como recipientes para o cristianismo. Embora não seja sustentável o ponto de partida de ambas as linhas, a saber, a suposição de uma influência direta dos cultos de mistérios helenistas sobre o surgimento da prática cristã dos sacramentos, as teses da teologia dos mistérios (cabe citar aqui em especial O. Casel, † 1948) contribuem essencialmente para a renovação da compreensão patrística dos sacramentos como viabilização da participação na trajetória de Jesus Cristo (veja a seguir p. 84). Outros impulsos para a teologia dos sacramentos se originam do movimento litúrgico (R. Guardini, † 1968). Sua atenção à ligação dos sacramentos na celebração litúrgica da comunhão eclesial leva a uma nova valorização da participação subjetiva dos fiéis, bem como da dimensão eclesial dos sacramentos.

Concílio Vaticano II

Esses impulsos repercutem nos textos do Concílio Vaticano II. O discurso sobre os sacramentos é felizmente situado em dois lugares, a saber, na constituição da liturgia e na da Igreja. A vida da Igreja, que como tal é sacramento (cf. LG 1), é construída por meio dos sacramentos, que por conseqüência não apenas assumem importância para o indivíduo (cf. LG 11). Em vista de seu ponto de partida, a constituição da liturgia recupera de modo abrangente a característica de celebração dos sacramentos. Neles se processa – por força do Espírito Santo – a obra da redenção e abre-se a participação no mistério pascal – a força eficaz dos sacramentos, portanto, reside no ato memorial (cf. SC 2; 6). Estimula-se a busca de formas que favoreçam uma melhor compreensão e uma ativa participação (*participatio actuosa*) dos fiéis na liturgia (cf. SC 14; 21). De modo conseqüente leva-se, sobretudo nos sacramentos, mais adequadamente em conta o lado subjetivo: a celebração de sacramentos propiciadores da graça capacita o fiel a "receber essa graça com frutos, venerar corretamente a Deus e exercer o amor. Por isso é muito importante que os fiéis compreendam facilmente os sinais sacramentais e sempre de novo se aproximem cheios de devotamento desses sacramentos, que foram instituídos para nutrir a vida cristã" (SC 59). Diversas vezes é salientada a importância da palavra, de forma especialmente marcante pelo fato de que a mesa da palavra é colocada ao lado da mesa do corpo do Senhor (SC 48; 51).

Sobre essa base é característico da doutrina mais recente dos sacramentos que ela:

Teologia mais recente dos sacramentos

- amarra os sacramentos singulares na estrutura sacramental mais abrangente da história da salvação (a esse respeito, veja acima II.2, bem como, a seguir, IV.2);
- transporta os sacramentos de uma perspectiva unilateralmente individual para uma perspectiva eclesiológica (veja, a seguir, IV.3, com o excurso A);
- e os considera mais fortemente a partir de sua celebração litúrgica (veja a seguir, IV.3.3 e IV.5.4, com os excursos B e D);
- busca um acesso a eles a partir do entendimento do símbolo (veja, a seguir, IV.5.4, com o excurso E);
- se empenha por uma compreensão pessoal do evento sacramental (veja abaixo IV.5).

Alguns dos novos enfoques na teologia dos sacramentos serão apresentados em particular no capítulo seguinte, em forma de excursos.

capítulo IV
Exposição teológico-sistemática

Na história da teologia cristalizaram-se as seguintes características essenciais de um sacramento:
- a fundamentação na história de Jesus Cristo (veja abaixo IV.2 e IV.4.1)
- a peculiaridade, diante de outros sinais, de que ele transmite eficazmente a graça de Deus (veja acima III.2.2 e abaixo IV.5)
- a composição de sinais visíveis e palavra interpretativa (veja acima III.1.2; III.3, e abaixo IV.5.4).

O conceito tradicional de sacramento, como também foi transmitido em catecismos, combina esses três momentos na seguinte fórmula: um sacramento é um sinal visível da graça invisível, respectivamente eficaz, instituído por Cristo para nossa justificação.

Na teologia mais recente dos sacramentos essa visão é inserida em um contexto maior. Segundo essa teologia, os sacramentos são parte da ordem salvífica cristã, cuja peculiaridade consiste em que a condescendência de Deus para com o ser humano se torna experimentável no mundo (veja acima II.2 e abaixo IV.1). Ponto culminante desse movimento de encarnação é Jesus Cristo, no qual Deus se achega aos humanos como ser humano. Os sacramentos são, junto com a Igreja e dentro dela (veja abaixo IV.3), atualizações e desdobramentos desse evento da salvação.

Para a subseqüente abordagem sistemática resultam disso os seguintes aspectos: como foi exposto no capítulo I, os sacramentos pressupõem no ser humano determinada receptividade. Ainda que os sacramentos não possam ser deduzidos dessa disposição, esse aspecto será tratado em primeiro lugar (1), para que nos itens seguintes se passe a refletir, partindo da fundamentação teológico-cristológica (2), sobre a forma dos sacramentos predefinida para a fé: sua localização eclesial (3), suas dimensões de tempo (4) e a estrutura característica dos sacramentos como ações eficazes que combinam palavra e sinais (5), bem como sobre algumas questões isoladas (6).

1 – Premissas antropológicas

Considerando que os sacramentos são maneiras como a proximidade de Deus em Jesus Cristo deseja alcançar pessoas ao longo da história, é válido perguntar até que ponto sua forma condiz com o ser humano (a esse respeito, veja acima I.1). Aguçando enfaticamente: por que seria existencialmente significativo um acontecimento exterior como derramar a água sobre a cabeça de um ser humano, como receber um pedacinho de pão, como ungir com óleo?

Chegar a si próprio pelo relacionamento

Em um primeiro nível, problematiza-se com isso o aspecto exterior do sacramento: será que aquilo que vem de fora realmente possui relevância existencial? Será que algo significativo em termos religiosos não deveria ser localizado preferencialmente na intimidade? De acordo com a fé cristã, Deus escolhe para o encontro com o ser humano o caminho da mediação histórica concreta (veja II.2). Sob o enfoque antropológico, porém, o ser humano não é fixado assim em algo que seja secundário para ele. Ser pessoa depende extremamente de sucedimentos, experiências de fora, encontros, como evidencia sobretudo de forma marcante o desenvolvimento de crianças. Sem interpelação de fora, sem a relação com o outro, ou com outros, o ser humano definha. Ao mesmo tempo, tornar-se humano pressupõe o salutar processo da diferenciação (basta mencionar aqui as teses do filósofo C. Lévi-Strauss acerca das origens da humanidade e os ensaios de J. Lacan sobre o desenvolvimento de crianças). O necessário "trabalho de diferenciação" acontece por mediações que viabilizam simultaneamente distância e relacionamento.

Diante desse pano de fundo os sacramentos constituem um salutar desafio para não confundirmos a interioridade pessoal com Deus. Linguagem e símbolo permitem ao ser humano romper a imediatidade e conquistar uma salutar distância, para justamente assim poder estabelecer um relacionamento (cf. CHAUVET/64, p. 25-31; SCOUARNEC/89, p. 68-70).

Conforme uma segunda ponderação, o encontro não pode acontecer no âmbito humano de outro modo senão corporalmente. Somente podemos perceber um ao outro e estabelecer contato entre nós porque temos um corpo, ou melhor: porque somos corpo. O corpo não é parte do ser humano, mas forma constitutiva da existência. Pelo fato de que a realização de si próprio na pessoa é mediada corporalmente, aquilo que vem a nosso encontro pela via da corporeidade não é apenas exterior. Já por esse motivo é inválida a objeção de que sacramentos teriam — como qualquer religião — "algo de constrangedor, porque executam materialmente o que deve ter eficácia espiritual" (JANOWSKI; WELKER/133, p. 7). Os sacramentos são convites para acolher e aceitar corporalmente, mediada pelos sentidos, e justamente por isso profundamente pessoal, a asserção da salvação de Deus em Jesus Cristo. *Concretude corporal*

Em um terceiro nível, a adequação antropológica dos sacramentos condiz especificamente com a modalidade dos sinais, ou gestos, empregados. O sinal da natureza, ou melhor, da criatura, traz no bojo um simbolismo capaz de explicitar o evento da graça. A Escritura já se conecta com esse simbolismo. Além disso, os sinais retirados da criação foram marcados e singularizados nos termos da história da salvação (a esse respeito, veja NEUMANN/77, p. 335-341). *Simbolismo dos sinais naturais*

Sob diversos aspectos, ambas as dimensões do símbolo precisam, hoje, ser primeiramente desveladas. Por mais que um símbolo não deva ser deturpado pelo palavreado, torna-se necessária uma condução, por um lado para perceber intensivamente pelos sentidos aos símbolos, com os quais no dia-a-dia muitas vezes se lida negligentemente, por outro para perceber seu conteúdo histórico-salvífico, que não *pode* ser depreendido do próprio símbolo (quanto à compreensão do conteúdo integral do sacramento como símbolo, veja também abaixo p. 100s).

Isso pode ser concretizado pelo exemplo da imposição de mãos. A imposição de mãos é um rito de significados múltiplos: pode ser gesto de cura e de bênção ou também gesto de capacitação. Nos sacramentos cristãos ele é empregado em diferentes sentidos: como gesto de bênção durante a oração de exorcismo por ocasião do batismo, como gesto de cura na unção dos enfermos, como gesto de fortalecimento e capacitação por ocasião da confirmação e da ordenação. Analisada mais a fundo, a imposição de mãos ou o estender das mãos (por exemplo, na eucaristia) é, no âmbito cristão, um gesto de epiclese que acompanha a invocação para que desça o Espírito. O gesto como tal verbaliza que uma cerimônia possui o sentido de transmitir bênção, fortalecimento, consolo e vigor, e da situação em geral resultará o que o gesto visa expressar concretamente. Contudo, em todos os casos, liturgia e proclamação precisam enunciar e deixar inequívoco de que vem a força da bênção, transmitida pela imposição de mãos.

2 – A fundamentação teológico-cristológica dos sacramentos

No sentido original (bíblico) o próprio Jesus Cristo é o sacramento, o *mystérion*, dado para concretizar o plano divino de salvação. Os sacramentos são mistérios em sentido derivado: ritos que tornam acessível o *mystérion* Jesus Cristo (veja acima p. 40ss).

Historicamente instituídos?

A indagação histórica sobre se essa relação de fundamentação também deve ser concebida no sentido de uma ordem de Jesus decorre de uma perspectiva específica da Idade Moderna. A começar pela discussão teologicamente controvertida, a instituição dos sacramentos por Jesus Cristo foi cada vez mais interpretada como decisão historicamente definível do Jesus terreno (cf. o decreto *Lamentabili* de 1907, DH 3439-3451). Enquanto isso inicialmente suscitou dificuldades apenas nos sacramentos, para os quais falta uma palavra direta de instituição, a exegese histórico-crítica lançou dúvidas até mesmo sobre a historicidade, por exemplo, da ordem de batizar.

Isso sugere uma compreensão mais ampla e ao mesmo tempo mais original da fundamentação dos sacramentos em Jesus Cristo. Porque na história da teologia, na verdade, os atos sacramentais foram desde o início relacionados com Jesus Cristo, porém de um modo muito mais aberto. Por exemplo, na teologia patrística os autores se baseiam tanto na ordem de Jesus quanto na tradição dos apóstolos[1]. Em perspectiva teológica simbólica cita-se, como origem dos sacramentos, o lado aberto do Crucificado[2]. A teologia escolástica conhece diversas fases e maneiras da instituição. Alguns sacramentos foram dados diretamente por Cristo; outros, porém, que já eram praticados em formas preliminares, foram apenas confirmados por ele e revestidos de nova eficácia; ainda outros apenas foram iniciados por Cristo, sendo configurados pelos apóstolos, ou seja, pela Igreja pós-pascal (cf. BONAVENTURA, *Breviloquium* 6,4,1).

Fundamentação abrangente em Jesus Cristo

De modo semelhante, a questão histórica é novamente considerada em tempos mais recentes no conjunto da fundamentação objetiva na história de Jesus Cristo. O estabelecimento dos sacramentos representa um processo que para vários deles se estende muito além do período apostólico (veja, sobretudo sobre o matrimônio, na Seção 2, VI.3.2), de modo que a Igreja possui uma participação não desprezível. O ponto crítico reside na pergunta sobre até que ponto a fundamentação eclesiológica acaba substituindo a instituição por Cristo. Muitas vezes foi entendida mal (e criticada) a tese de Rahner de que a instituição se um sacramento poderia "também ocorrer simplesmente pelo fato de que Cristo instituiu a Igreja com sua característica de sacramento originário" (80, p. 38), como se isso fosse uma carta branca, para a Igreja, de estabelecer sacramentos. Mas o próprio Rahner não introduz a Igreja como instância mediadora: "Quando dizemos: pelo fato de que Cristo institui a Igreja [...] já *foram* instituídos os sacramentos, desde já fica excluída [...] *eo ipso* [por isso mesmo] uma instância

---

1. Cf. IRINEU DE LEÃO, *Adversus haereses* 4,17,5, FC 8/4, 135; CIPRIANO DE CARTAGO, *Epistulae* 63,14 (CSEL 1/2, 712).

2. Cf. JOÃO CRISÓSTOMO, *Homiliae* 85,3, in JOH (PC 59, 463); AGOSTINHO, *Enarrationes*, in Sl 40,10 (CChr. SL 38, 456).

mediadora. Portanto, a instituição dos sacramentos por Cristo é não-mediada" (80, p. 56, nota 4: cf. KLEINSCHWÄRZER-MEISTER/72, p. 586-608). Não se pode abrir mão do vínculo dos sacramentos com a vida de Jesus, ainda que não necessariamente com um ato expresso de instituição.

<small>Nexo de instituição</small>

No entanto, a origem dos sacramentos em Jesus Cristo não pode ser meramente remetida à instituição pelo Jesus terreno pelo simples fato de que tornam presente e desdobram a obra de salvação de Jesus, que tem como ponto culminante sua morte e ressurreição. É verdade que possuem pontos de referência na vida de Jesus — por exemplo, em sinais de ação profética —, porém se cristalizam como sacramentos, isto é, como atualização sinalizadora de sua obra de salvação somente após a Páscoa, em um processo eclesial de reconhecimento. Por conseqüência, os sacramentos procedem de uma imbricação escalonada de agir divino e humano" (NEUMANN/ 77, p. 345), que constitui um "nexo de instituição" (KÜHN/39, p. 310).

<small>Fundamentação contingente em Jesus Cristo</small>

Na perspectiva teológico-sistemática, ao se embasar os sacramentos em Jesus Cristo, está em jogo sua característica contingente de história da salvação (explicações a respeito em NEUMANN/77, p. 321-323, 343-346). Seu significado não se baseia em sua força natural em apontar para o Criador, mas em que, como sinal memorativo, tornam presentes a pessoa e a história de Jesus. O que está em jogo nos sacramentos pode ser expresso assim com palavras de Leão Magno: "O que pode ser visto em nosso Redentor passou para seus mistérios" (LEÃO MAGNO, † 461, *Sermones* 74,2, PL 54, p. 398). A concretude com que Deus vem ao nosso encontro em Jesus Cristo, não foi revogada após a morte e ressurreição, mas continua atuando na Igreja e nos sacramentos. Os mistérios no sentido eclesial e sacramental não remetem para uma proximidade apenas indeterminada de Deus, mas garantem que ele se promete histórica e diretamente aos humanos em Jesus Cristo. Disso resulta uma localização específica dos sacramentos na perspectiva da teologia da graça.

<small>Teologia da graça</small>

Nesse ponto deveria ser útil fornecer uma breve visão panorâmica das evoluções da teologia da graça no século XX. Em virtude de certas constelações, que aqui não serão analisadas, foi formada no decurso da Idade

Moderna uma definição da relação entre natureza e graça que destacava fortemente a graça da natureza. Por causa da não-causalidade da graça, a natureza era imaginada como fechada; a graça, por seu turno, dava a impressão de ser como um segundo pavimento colocado sobre a natureza ("supranatureza"). Nesse caso, porém, é questionável por que a natureza deveria, afinal, ansiar pela graça e o que a graça pode significar para a natureza. Motivada por essa problemática, a doutrina da graça, seguindo a *Nouvelle Théologie* (Henri de Lubac, † 1991), enfatizou o direcionamento da natureza rumo à graça. A graça não permanece algo exterior à natureza, porque corresponde aos movimentos de busca, às necessidades e perguntas do ser humano "natural", como ele foi criado. Ademais – o grande objetivo da teologia de Rahner foi demonstrar isso – o ser humano, em seus movimentos de busca, na verdade sempre já depara com a graça de Deus, que abarca a totalidade da história.

Sem pretender diminuir os méritos desse recomeço na teologia da graça, cabe, contudo, reconhecer os novos desafios na nova situação da época atual e salientar outros aspectos que foram prejudicados na acolhida dela, preponderantemente popularizante, em especial do enfoque de Rahner.

Após certo tempo em que foi necessário mostrar que a graça não é estranha à natureza, porque a natureza está direcionada para a graça e até mesmo sempre já conhece experiências da graça, há necessidade de maior atenção à pergunta do que, afinal, a graça concede que transcenda a natureza. Cristãos precisam ser capazes de prestar contas sobre qual é, afinal, a especificidade da nova vida a partir da qual alegam viver. Precisam ser capazes de prestar contas a respeito de como sua vida se transforma ao serem enraizados na trajetória de Jesus. Isso vale tanto mais em uma época em que viceja a religiosidade, porque pessoas estão em busca de ajuda e sentido para a vida. De maneira notória a busca por ofertas religiosas de sentido se situa na tensão entre o desejo de meramente escudar as coisas existentes e o anseio pelo diferente, misterioso. A partir disso precisa ser retomada de forma aprofundada a constatação – perenemente válida – de que a natureza está direcionada para a graça. Sem sombra de dúvida, a graça concede subsistência à natureza, mais subsistência do que ela própria é capaz de proporcionar a si. Igualmente responde aos anseios da natureza. Ela, no entanto, não apenas demanda pela estabilização do existente, mas anseia pelo outro que o ser humano não é capaz de dar a si próprio. É significativo que o outro (respectivamente a outra, ou a outra coisa) possui um papel relevante no pensamento contemporâneo. De forma marcante, afirma Peter Strasser: "Carecemos de estranheza"[3].

A mensagem da fé cristã anuncia a *nova criação* que se descortinou para o ser humano em Jesus Cristo. Deus chama os seres humanos para viver da plenitude da vida dele e das possibilidades maiores de seu amor, uma vida na mais estreita relação com ele, como é concedida na comunhão com seu Filho e concretizada pela força do Espírito que nos torna divinos.

Isso, pois, traz conseqüências para a compreensão dos sacramentos. Não são meros rituais religiosos que servem unicamente para preservar o existente. Pelo contrário, originam-se no evento Cristo, a fim de infundir algo novo na realidade deste mundo. "Em toda parte encontramos incontáveis rituais de auto-afirmação. A redenção, porém, acontece quando seres humanos entram em um relacionamento com Deus que os transforma qualitativamente" (MIGGELBRINK/235, p. 195). Os sacramentos são veículos da nova criação. Por intermédio deles, o Espírito que nos torna divinos recria a humanidade a partir de Jesus Cristo, causando, ao nos tornar semelhantes a ele, uma transformação redentora da existência humana.

3 – Igreja e sacramentos

Os sacramentos não são configuração aleatória da Igreja, mas lhe foram prescritos. A indisponibilidade dos sacramentos para a Igreja, no entanto, não coloca em dúvida sua ligação – ainda a ser especificada. A dimensão eclesial dos sacramentos, imaginada de forma solta na tradição ocidental, não por último em decorrência da crise donatista (veja acima III.1.3), é valorizada mais intensamente na teologia recente. Após impulsos do movimento litúrgico, foram sobretudo Otto Semmelroth († 1979), Karl Rahner e Edward

---

3. Peter STRASSER, *Journal der letzten Dinge*, Frankfurt a. M., 1998, 79.

Schillebeeckx que tornaram a esquadrinhar a relação multifacetada entre Igreja e sacramentos.

Em termos fenomenológicos é impossível de ignorar o entrelaçamento dos sacramentos com a Igreja: sem Igreja não seria possível celebrar sacramentos. Essa ligação precisa ser refletida teologicamente: seriam portanto os sacramentos (auto-)realizações da Igreja? Que relevância possuem, por seu turno, os sacramentos para a vida da Igreja? (3.1). Que significa para cada uma das pessoas deparar nos sacramentos simultaneamente com a Igreja (3.2.)? Finalmente, a dimensão eclesial também traz ao campo de visão o aspecto de celebração nos sacramentos (3.3).

3.1 – A influência recíproca entre Igreja e sacramentos

Os sacramentos são atos de culto a Deus, nos quais a fé reconhece o próprio Deus como primeiro sujeito. Mas sua atuação plena de salvação no sacramento é mediada pela realidade de criatura, ou seja, igualmente pela liberdade humana: ele se concretiza no agir da Igreja. A celebração da comunhão eclesial – o acontecimento da oração e os atos simbólicos, entre eles o serviço litúrgico de pessoas e o consentimento crente dos que prestam o culto a Deus – constitui a forma da qual Deus faz uso para conceder sua graça. Desse modo se estabelece no sacramento uma imbricação escalonada de agir divino e humano-eclesial (cf. NEUMANN/77, p. 329-335).

<small>Imbricação de agir divino e humano</small>

Há controvérsias entre a teologia católico-romana e a evangélica sobre o peso que cabe a esse lado humano-eclesial do evento sacramental. Enquanto a posição evangélica tende a lhe dar o menor peso possível, a fim de salientar a atuação divina, o lado católico tem como premissa que a primazia do agir divino não se impõe ao lado da execução humana, mas dentro dela. Constitui uma conseqüência da estrutura do sacramento (veja acima p. 42) "que o agir divino e o agir humano na Igreja, por um lado, precisam ser teologicamente distinguidos, mas, por outro, *não podem ser separados*" (NEUMANN/77, p. 333). Como será mostrado posteriormente, na compreensão católica romana é justamente o aparente destaque dado ao agir humano pelo vínculo demandado para a maioria dos sacramentos com o ministério ordenado que serve à distinção, uma vez que dessa maneira fica caracterizada como tal a celebração eclesiástica que é colocada inteiramente a serviço da atuação divina (veja Seção 2, V, bem como abaixo p. 94s).

Ao depender de Jesus Cristo como o sujeito primordial da liturgia, a própria Igreja é igualmente um sujeito do acontecimento litúrgico, sendo responsável por sua vida sacramental. A celebração dos sacramentos faz parte de seu envio: ordem de batizar e incumbência de lembrar durante a Santa Ceia constituem uma interpelação aos discípulos. Ademais, a incumbência de celebrar sacramentos não é exterior à Igreja: dessa forma ela retorna ao que perfaz sua vida por excelência e a comunica. A própria Igreja é sacramento, motivo pelo qual não representa nada diferente daquilo que também os sacramentos celebram: acontecimento da proximidade de Deus em Jesus Cristo. Norteadores para essa visão foram acima de tudo os impulsos de Rahner.

Excurso A:
Sacramentos como desdobramento do sacramento fundamental Igreja
(K. Rahner)

Sacramentos como auto-efetivação da Igreja

Para frisar a ligação entre Igreja e sacramentos, Rahner descreve os sacramentos como auto-efetivação da Igreja. Aquilo que a Igreja é, presença permanente da autocomunicação de Deus em Jesus Cristo, isso também alicerça seu agir e por conseguinte caracteriza seu agir sacramental. Sob esse enfoque os sacramentos são formas de como a Igreja traz à tona sua própria essência: "Quando, com engajamento absoluto, a Igreja realiza um de seus atos fundamentais, no qual ela atualiza plenamente sua essência como sacramento originário da graça para um indivíduo em suas situações decisivas de salvação, então temos um sacramento" (80, p. 85). Essa posição de Rahner sofre oposição não apenas no campo evangélico (cf. HEMPELMANN/69, p. 197, 211-214). Porque os sacramentos não são apenas desdobramento do sacramento fundamental Igreja, mas seu próprio fundamento de vida. Na realidade, o próprio Rahner com certeza parte de um relacionamento recíproco entre Igreja e sacramentos, em conseqüência do qual a Igreja também se constitui por meio dos sacramentos, sobretudo da eucaristia.

Constituição sacramental da igreja

Embora a Igreja apareça nos sacramentos como sujeito que celebra e a si mesmo se engaja nos sacramentos ao posicionar pessoas individuais no espaço da salvação destes, ela não deve ser entendida como administradora de graças que ela já possui como líquidas e certas. Pelo contrário, os sacramentos também são "maneiras de como ela [a Igreja] começa a ser a partir de Deus e em direção dos humanos" (Kasper/71, p. 294). Somente assim é possível preservar que os sacramentos são desafio crítico, "impulso de conduta para a Igreja" (Freyer/67, p. 41). A própria Igreja é sacramento (cf. LG 1; 8), visto que está fundada *em Cristo* e se deixa reconduzir sempre de novo nos sacramentos a esse seu fundamento de vida. Por isso o vínculo de configurações da vida eclesial com os sacramentos (sobretudo batismo, eucaristia e ministério ordenado) é constitutivo para a Igreja: possui constituição sacramental porque não é por si mesma aquilo que é, mas se origina *"ab extra"* [a partir de fora] do autocomprometimento divino.

Com certeza, os sacramentos não são a única maneira pela qual a Igreja está retrovinculada a Jesus Cristo. Mas o que distingue os sacramentos — juntamente com o evento da palavra — é a singular forma categórica com que é prometida sua atuação e a vida eclesiástica — como, aliás, a pessoal — é entregue à sua graça (veja também abaixo p. 91s).

3.2 – *A dimensão eclesial dos sacramentos e sua importância para os indivíduos*

A partir da reflexão sobre a importância dos sacramentos para a Igreja incide nova luz sobre sua importância para o indivíduo. Conforme a concepção da teologia e prática tradicionais, os sacramentos estão primordialmente a serviço da "perfeição espiritual de cada ser humano em si mesmo" (DH 1311); somente no matrimônio e na ordenação se levou em conta a relação com a Igreja. É preciso romper com esse reducionismo para o indivíduo, em dois aspectos.

Individualismo de salvação?

Primeiramente, a Igreja está engajada no anúncio da salvação proclamado pelos sacramentos a pessoas individuais. Por isso a relação com Cristo no batismo está indissoluvelmente ligada à incorporação no corpo eclesial. A absolvição no sacramento da penitência acontece não apenas na pessoa de Cristo, mas também em nome da Igreja. Dessa forma, a Igreja fica simultaneamente desafiada a ratificar também em outros níveis de sua própria vivência a promessa sacramental da salvação: à conciliação sacramental com Deus e com a Igreja tem de corresponder a readmissão real na comunhão eclesial, e uma unção de enfermos que não fosse acompanhada por cuidado diaconal pelos enfermos seria realização da salvação pela metade.

Em segundo lugar, porém, os sacramentos são realidades eclesiais também porque não deixam a pessoa individual em sua relação privada com Deus, mas a inserem com grande radicalismo na Igreja e em seu envio. Os sacramentos constroem a Igreja ao engajar indivíduos no serviço de salvação desta. Nesse sentido, ninguém recebe os sacramentos apenas para si próprio: "Recebemos os sacramentos primordialmente para poder *ser* o sacramento 'Igreja'" (MENKE/54, p. 79).

Dimensão eclesial e individual

A dimensão eclesial dos sacramentos não concorre com seu foco no indivíduo. Pelo contrário, trata-se de dois pólos que se condicionam mutuamente. Quanto mais intensivamente a comunhão eclesial estiver envolvida na celebração dos sacramentos — por exemplo, acompanhando indivíduos em seu caminho até o batismo ou até e durante o matrimônio —, tanto mais fértil poderá ser a vida sacramental dos indivíduos. E, quanto mais os sacramentos forem compreendidos como chamado para dentro da Igreja e seu envio, tanto mais profundamente eles conduzirão para dentro da comunhão com Cristo e de seu envio. Formulado de forma inversa: é nos indivíduos que se concretiza a concessão de salvação de Deus por meio do sacramento no espaço da comunhão eclesial; são os indivíduos que pela fé dão sua resposta insubstituível e colocam-se à disposição dela no respectivo discipulado pessoal em prol do serviço da salvação. Justamente assim, porém, encontram seu lugar na Igreja e assumem sua missão eclesial. Quanto mais os indivíduos se abrem para a promessa e o desafio dos sacramentos, tanto mais é construída a comunhão eclesial. Por isso cumpre considerar ambos os aspectos. Uma fixação na recepção individual da salvação, como prevaleceu por longo tempo, é tão unilateral como a tentação, ensejada pelo movimento contrário, de negligenciar o desafio para cada indivíduo.

3.3 – *Sacramentos e liturgia*

Quando os sacramentos são considerados eventos eclesiais, destaca-se mais intensamente seu caráter de celebração. Com isso se corrige uma evolução na história da teologia na qual a teologia dos sacramentos em grande medida omitia a forma litúrgica deles, porque havia uma fixação nas condições mínimas sob as quais o sacramento é distribuído validamente. Em contraposição, voltou-se a enfatizar no século XX, sobretudo por meio do movimento litúrgico, que sacramentos são liturgia, tendo, pois, lugar no contexto da comunhão eclesial em forma de um agir em oração.

> Pelo fato de que a redução da realização do sacramento ao encontro de um oficiante e um indivíduo receptor precisa ser considerada um caso limítrofe, evita-se hoje o linguajar tradicional de oficiantes e receptores dos sacramentos. Normalmente, os sacramentos estão embutidos na oração de uma congregação celebrante, de modo que não se podem isolar nem aquele que distribui nem aquele que recebe. A palavra "oficiante", tradução infeliz da locução latina *minister sacramenti*, gera a impressão de que o celebrante, imaginado sem ligação com a congregação, seria pessoalmente a fonte do acontecimento. Tampouco se deve isolar a pessoa que recebe um sacramento, uma vez que todo sacramento é evento da graça para a totalidade da Igreja. No entanto, persiste uma diferença entre a celebração dos sacramentos que é sustentada por todos os participantes e a recepção do sacramento eventualmente limitada a alguns indivíduos (na celebração de um batismo todos os presentes celebram a liturgia do sacramento, mas somente os batizandos permitem realizar o sacramento neles).

À ligação entre sacramentos e liturgia corresponde o axioma *lex orandi lex credendi* [Lei da oração é lei da fé]. A teologia dos sacramentos não por último tem de se guiar pelo conteúdo de sentido e celebração, como por outro lado a liturgia precisa se submeter ao condicionamento pela teologia e eventualmente também à correção por ela.

> *Excurso B*
> *Sacramentos como atos comunicativos* (A. Ganoczy; P. Hünermann)
> A perspectiva da liturgia sublinha a característica dos sacramentos como ação, para cuja reflexão se oferece a terminologia da moderna teoria da comunicação. No pensamento da teoria da comunicação, os sacramentos são atos comunicativos intra-eclesiásticos colocados a serviço do evento comunicativo entre Deus e as pessoas e que têm por objetivo a inclusão na comunicação intradivina. Portanto, estão interligados três níveis de comunicação: a comu-

nicação *entre Deus e os humanos* visa conduzir à comunicação *intradivina*. Para isso se recorre ao nível da comunicação *entre os humanos*, e por seu turno se lhe dá uma nova qualificação. É nesse sentido que Alexandre Ganoczy entende os sacramentos como acontecimento comunicativo eclesial e interpessoal, no qual se medeia a vontade divina de comunicação. Sob essa perspectiva, os sacramentos são "sistemas de comunicação verbal e não-verbal, por meio dos quais pessoas chamadas à fé em Cristo entram no movimento de trocas da respectiva congregação concreta, participando dela e avançando dessa maneira, carregadas pela autocomunicação de Deus em Cristo e seu Espírito, no caminho de se tornarem elas mesmas" (GANOCZY/34, p. 16; cf. ibid., p. 106-135). Esse enfoque pode frutificar particularmente no que tange a critérios da prática dos sacramentos e ao trabalho com ruídos de comunicação, embora tenha a desvantagem de um linguajar bastante técnico (cf. VORGRIMLER/47, p. 81).

Para Peter Hünermann importa na descrição dos sacramentos como atos comunicativos principalmente a pergunta de como aquilo que é celebrado nos sacramentos adquire eficácia na comunhão eclesial bem como na história. Os sacramentos são atos comunicativos, nos quais pode ser transmitida a base vital da Igreja (o evento Jesus, a atuação de Deus na força do Espírito) de tal maneira que ela se torna eficaz na história. Nesse sentido, os sacramentos são "figuras da vida", que produzem novas constelações, "uma nova configuração no espaço público" (cf. HÜNERMANN, *Sakrament – Figur des Lebens*, in: 70, p. 51-87; veja também p. 87).

4 – As dimensões temporais do sacramento

O sacramento rompe o mero tempo decursivo, reunindo em si as três dimensões do tempo: ele é atualização memorial do evento Cristo e, assim, asserção da salvação para a atualidade e expectativa, ou mais: antegosto da perfeição. Por isso Tomás de Aquino chama o sacramento de *signum rememorativum, demonstrativum* e *prognosticum* [sinal de rememoração, demonstração e prognóstico] (*STh* III q 60, a3).

4.1 – *Recordação e atualização do evento Cristo*

De acordo com a convicção judeo-cristã a comunhão entre Deus e ser humano não surge em uma relação anistórica vertical, mas é presenteada em episódios históricos que ocorrem no espaço e no tempo, que, apesar disso, são significativos além de seu lugar concreto temporal e geográfico, porque inauguram "de uma vez por todas" o espaço da aliança. A validade e importância supratemporal de eventos se torna acessível por meio da recordação. Na celebração da memória, o próprio povo celebrante que lembra o agir salvador de Deus adquire participação nele.

A idéia da recordação, característica do pensamento judeo-cristão, tem raízes na (presumivelmente condicionada pela cultura nômade) peculiaridade da experiência religiosa de Israel, que não se fixa na natureza ou em um tempo originário mítico, mas em episódios que permanecem presentes pelo fato de ser lembrados. Por conseqüência, as celebrações religiosas não comemoram "origens sagradas", mas recordam eventos. O pensamento judaico do *zikkarōn* (memorial) está subjacente de forma especial à celebração da festa do *Passá* (cf. Ex 12,14s). A reminiscência do evento do *Pessach* faz com que os celebrantes participem pessoalmente do acontecimento do Êxodo:

Zikkarōn e anámnēsis

> Em todas as eras, cada qual tem a obrigação de se contemplar como se ele praticamente tivesse saído em pessoa do Egito... Por isso temos o compromisso de agradecer, louvar, exaltar... aquele que realizou em nossos pais e em todos nós (!) esses milagres. Ele nos conduziu da escravidão à liberdade, da aflição à alegria, do luto a dias festivos, das trevas à lua radiante e da servidão à independência (*Pesahim* 10,5bc[4]).

O caráter memorial do *Pessach* é o solo em que está enraizada a Última Ceia de Jesus com seus discípulos, bem como sua acolhida na ação rememorativa da eucaristia (independentemente de a Última Ceia de Jesus ter sido uma ceia do *Pessach* ou não — a esse respeito, veja abaixo p. 144). A palavra de recordação "Fazei isso em memória de mim" (Lc 22,19; cf. 1Cor 11,24s) traduz para o termo grego *anámnēsis* o conceito judaico *zikkarōn*.

A teologia patrística permitiu que seu raciocínio figurado platônico fosse profundamente modificado por uma estrutura mental

---

4. Citado por Georg FOHRER, *Glaube und Leben im Judentum*, Heidelberg, ³1991, 100.

relacionada com a história (veja acima p. 49). Os gestos litúrgicos em forma de réplica não são cópias de figuras originárias eternas, mas representações anamnéticas do evento do Cristo. Essa estrutura mental dos mistérios se perdeu em épocas posteriores (veja acima p. 60), até que foi redescoberta no século XX pela teologia dos mistérios. Pioneira disso foi a constatação de Odo Casel (veja acima p. 66) acerca da presença do ato de salvação de Jesus Cristo no mistério:

> Ele [Cristo] não é nem passado nem futuro, mas nossa atualidade que sempre está conosco. Nesse caso, porém, não apenas sua pessoa se torna contemporânea conosco, mas também seu ato de salvação. [...] Acima de tudo, trata-se da morte e ressurreição do Senhor, das quais participamos diretamente (CASEL/8, p. 185).

Ação memorial

O entendimento dos sacramentos como ações memoriais aprofunda a fundamentação cristológica dos sacramentos, que não se esgota em sua instituição por Jesus Cristo (veja acima IV.2), mas objetiva um nexo mais profundo entre o evento Cristo e os sacramentos. É o acontecimento de salvação em Jesus Cristo que nos sacramentos se torna presente e eficaz para os que crêem, conforme expressa a oração do ofertório na quinta-feira santa: "Senhor, concede que celebremos com reverência o mistério do altar; porque toda vez que realizamos a celebração memorial desse sacrifício realiza-se em nós a obra da redenção" (Celebração da santa missa/27, 29; a oração ocorre em Gelásio por volta do ano 750).

Imbricação de memória divina e humana

Na compreensão comum, linear, do tempo, para o qual tempo significa mera seqüência de unidades cronológicas mensuráveis, o que passou está irrevogavelmente separado do presente. Esse tempo decursivo, porém, é rompido pelo acontecimento divino que inaugura a plenitude dos tempos. "Divino" é "aquele acontecimento para o qual se descortinam imprevisíveis possibilidades de parusia episódica" (SCHAEFFLER, *Kultisches Handeln*, in: 87, p. 9-50, aqui p. 17). O sacramento medeia uma parusia dessas, ao permitir pela recordação a entrada da atuação divina, conforme sucedeu em Jesus Cristo. Por conseqüência, o memorial, no sentido sacramental pleno, é mais que mera recordação subjetiva, ao nível da consciência. Trata-se de um ato memorativo, em que o evento salvífico passado, porém supratemporalmente significativo pelo fato de ter sucedido, qualifica a atualidade *a partir de si*. Porque a anamnese litúrgica, que como o sacramento é totalmente cunhada por uma imbricação de agir divino e humano, faz convergir a memoração eclesial e divina. Na ação memorial do sacramento, na qual a *igreja* se lembra do agir salvador de Deus, invoca-se a Deus, que é pessoalmente sujeito da recordação. Por isso a oração da Sexta-Feira Santa suplica: "Lembra-te, Senhor, das grandes façanhas que tua misericórdia realizou" (Celebração da santa missa/27, p. 65), invocando assim aquele Deus que permanece fiel a si mesmo e se mostra também na atualidade como o mesmo Deus salvador que salvou no passado. Ao se lembrar de seus feitos de salvação, ele insere a congregação reunida naquilo que ele realizou para a salvação. Sua ação salvadora, como se tornou concreta em um evento de forma permanentemente válida, torna-se presente, na recordação dele, para aqueles que por sua vez se lembram desses atos de salvação mediante ação de graças. Na celebração memorial foram, assim, "transpostos os tempos... [de modo que] hoje não somos meros epígonos, chegados sempre atrasados em vista dos já acontecidos atos de salvação de Deus" (HÄUSSLING/68, p. 118).

4.2 – *Asserção da salvação para a situação atual da vida humana*

A salvação presenteada por meio de Jesus Cristo é atualizada na recordação, a fim de dar nova qualificação à situação vivencial atual de pessoas.

Excurso C: Inserção de situações humanas originárias na história do Cristo (J. Ratzinger; W. Kasper)

"Desde tempos imemoriais se impõe ao ser humano, com particular insistência nas estações decisivas de sua vida, a pergunta pelo sentido desta. Acontecimentos da vida de relevância especial, como nascimento, ingresso na discussão consciente e decidida com o entorno e a sociedade, matrimônio, culpa, enfermidade grave e morte, fazem com que ele indague pelo que está por trás desses sucedimentos, de onde vem sua vida e para onde ela leva. Nos sacramentos, a fé cristã oferece uma interpretação e definição próprias de tais situações. Aqui são acolhidas as questões centrais da vida do ser humano, obtendo resposta e ajuda para superação no encontro com Cristo que gera salvação". Com essas formulações a Assembléia Sinodal de Würzburg de 1976 (Resolução sobre pastoral dos sacramentos, A./9, p. 240) adota pensamentos que foram desenvolvidos por Joseph Ratzinger e Walter Kasper.

Em muitas culturas, as situações-chave da vida humana – como nascimento e morte, refeição, culpa, matrimônio e a instalação em funções especiais para a comunidade – são acompanhadas por ritos que suplicam a bênção da divindade. Constituem pontos nodais da existência humana, nos quais se interroga pelo "de onde" e "para onde" da vida humana. Também os sacramentos assumem tais "situações originárias". O aspecto diferencial cristão dos sacramentos reside em que os pontos nodais humanos já não são rompidos apenas em direção do eterno, mas da história de Jesus Cristo: "As realidades visíveis, que por ser determinadas pela criação praticamente já revelam certa permeabilidade para o Deus Criador, adquiriram uma nova relevância decisiva para a existência, pelo fato de estarem inseridas no nexo da história de Cristo, e se tornaram meios da mediação desse novo nexo histórico" (RATZINGER/84, p. 21s; cf. KASPER/71, p. 299-303).

Sacramentos como guinadas na vida

Em anos passados enfatizou-se intensamente, no interesse do enfoque antropológico (veja acima p. 27s), a relação dos sacramentos com situações de guinada na vida (veja também as contribuições na perspectiva de mulheres em: 61). Já por razões pastorais é recomendável relacionar os sacramentos com os momentos de ruptura da vida humana, nos quais a pergunta pelo sentido se impõe de forma quase inevitável e mais insistente. Essa relação, na verdade, está embutida principalmente nos próprios sacramentos específicos de uma situação (como, por exemplo, arrependimento, unção de enfermos, matrimônio). A existência humana está direcionada para Deus, um direcionamento que se revela mais intensamente à experiência em determinadas situações. Os sacramentos deixam inequívocos os pontos de ruptura da existência humana no que tange a seu significado positivo como locais de incursão do Espírito de Deus (de modo que até mesmo a culpa pode se tornar *felix culpa* [culpa ditosa]).

No entanto há limitações desse enfoque nas guinadas e nos pontos nodais da vida humana, como se nota no batismo. Sua correlação óbvia com a situação do nascimento biológico não condiz com a visão genuinamente cristã do batismo. Na realidade se celebra um nascimento, porém não o de um bebê, mas o da nova criação de um ser humano na comunhão com Cristo. Trata-se de uma nova qualificação da vida humana, que acontece a partir do próprio sacramento. Por isso vale que: "Sacramentos não estão ligados às guinadas da vida nem são concedidos *por ocasião* das guinadas da vida, mas sacramentos *são* guinadas de vida" (ARMBRUSTER/51, p. 197). Visam constituir nova vida, e por sua iniciativa mudam a vida. Por conseqüência, viabiliza-se e igualmente se demanda por meio dos sacramentos uma incisiva reorientação da existência humana. A partir desse ponto torna-se convincente por que o acontecimento sacramental pressupõe e acarreta processos. Uma vez que guinadas na vida humana não ocorrem de forma circunscrita, mas vão se preparando e depois sazonam, também os sacramentos cristãos carecem de vias preparatórias que assegurem que a vida toda seja colocada na guinada da vida, bem como de um cuidado posterior pela cultura da vida a partir dos sacramentos.

4.3 – Dimensão escatológica: sinais de esperança

Por força do evento Cristo, que é o evento escatológico de salvação insuperável e definitiva, os sacramentos são fatos escatológicos. Corporificam o sim definitivo de Deus ao ser humano, que concede vida eterna e indestrutível já em meio ao tempo transitório. Ao tornar presentes a morte e ressurreição de Jesus Cristo fazem com que lampeje o futuro aperfeiçoado, da forma como ainda espera por nós. Com uma formulação excitante a constituição litúrgica do Concílio Vaticano II relaciona a dimensão escatológica da liturgia com a condição peregrina da Igreja: "Na liturgia terrena participamos com antegozo daquela liturgia celestial que é celebrada na cidade santa de Jerusalém, rumo à qual estamos em caminhada de peregrinos" (SC 8). A antecipação sacramental da perfeição não é uma inadmissível incursão prévia, mas justamente um estímulo para não tomar como absoluta a atualidade factual, porque há uma esperança maior: na liturgia "aguardamos o Redentor, nosso Senhor Jesus Cristo, até que ele apareça como nossa vida e nós apareçamos com ele em glória" (SC 8). Os sacramentos são sinais de esperança que remetem à tensão do já e do ainda não. Ao manterem acesa a esperança, permitem que se permaneça firme naquilo que se aguarda e que eles representam pelo sinal. Isso capacita para viver na realidade do ainda não, sem a enfeitar nem recalcar. Sob essa ótica, os sacramentos não são tentativas de se retirar do mundo ainda não redimido para uma área já restrita de salvação, mas constituem fortalecimento para se engajar, a partir de uma viva esperança cristã, neste mundo não-redimido. Quem (entre outras perspectivas), nos sacramentos, olha de forma sempre nova para a vida que cabe conquistar cresce cada vez mais para dentro da prontidão de soltar a própria vida e perdê-la.

5 – Sacramentos como eventos de salvação

Visão renovada da eficácia

Faz parte da tradicional definição da natureza dos sacramentos a afirmação de que se trata de *sinais eficazes*. Essa definição carece de esclarecimento em dois aspectos.

Durante a história, a eficácia do sacramento foi às vezes considerada de forma mecânica, como se ele próprio fosse a causa da comunicação de graça. A teologia tomista, que na história da teologia contribuiu consideravelmente para o interesse na eficácia objetiva dos sacramentos, na realidade preservou com enfoque diferenciado o fato de Deus ser sujeito no acontecimento sacramental (veja acima p. 59s): a eficácia do sacramento deve ser explicada como atuação de Deus no sacramento. Como, porém, deve ser entendido tal engajamento pessoal de Deus (5.1)?

Ademais, considerando a história mais abrangente da salvação, parece problemática a concepção de uma atuação circunscrita de Deus no sacramento. Como se relacionam *presença* da salvação em virtude da vida, morte e ressurreição de Jesus Cristo e *concretização* da salvação por meio dos sacramentos? Aqui é preciso desenvolver adiante as conclusões do capítulo IV.4.1 na pergunta pela relevância que pode ser atribuída a ações memorativas para a salvação: até que ponto elas próprias são eventos de salvação por força do acontecimento único de salvação (5.2)?

Ambos os esclarecimentos conduzem a uma compreensão dos sacramentos como acontecimentos de encontros, de modo que o discurso tradicional de sua eficácia precisa ser alçado para dentro de conceitos de cunho pessoal (5.3). Na seqüência cabe iluminar como a configuração dos sacramentos corresponde à sua reivindicação de ser acontecimento eficaz (5.4).

5.1 – O agir de Deus no sacramento

Na liturgia dos sacramentos a Igreja se dirige a Deus com a prece de que preencha o agir dela em oração com a graça dele. Na questão da concretude uma súplica dessas não deixa a desejar: a força do Espírito deve descer sobre a água do batismo. Deve santificar as oferendas de pão e vinho dispostas sobre o altar. Deus deve presentear pessoas concretas com seu perdão e sua proximidade santificadora. Será que Deus age de forma tão concreta (veja acima p. 19)? No âmbito do pensamento moderno essa concepção é difícil. Até mesmo quando Deus é reconhecido, ele constitui mais condição transcendental da subjetividade humana, horizonte do mundo, do que semblante que vem ao encontro.

A fé cristã confessa Deus como aquele que por sua iniciativa busca se relacionar com o ser humano. Não é um Deus transcendente, localizado além do mundo, mas visa conceder participação de si aos humanos – e o faz através de uma mediação histórica concreta (veja, acima, os capítulos I.2. e II.2). A partir do testemunho bíblico, a pergunta pela atuação de Deus na história somente pode enfocar o "como", não o "se". Para prosseguir na elucidação do tema, pode-se aqui tornar frutífera para a teologia dos sacramentos uma controvérsia que foi conduzida no âmbito da doutrina da providência (acerca do todo, cf. KESSLER/53; SCHULTE/55).

Como reação ao constrangimento da Idade Moderna de que, em uma apreciação restrita a correlações imanentes (por exemplo, do historiador), Deus não pode ser identificado como sujeito atuante na história, Béla Weissmahr desenvolveu a tese, adotada por muitos, de que Deus atua na história somente mediado por causas secundárias. Em decorrência, tudo o que acontece no mundo precisa ser remetido a forças intramundanas, de criaturas, enquanto a atuação de Deus tem de ser entendida exclusivamente como causa primária[5]. Dessa maneira, haveria uma solução elegante para o pro-

---

5. Cf. Béla WEISSMAHR, *Gottes Wirken in der Welt. Ein Diskussionsbeitrag zur Frage der Evolution und des Wunders*, Frankfurt a. M., 1973.

blema da não-ocorrência de Deus, porque segundo essa visão Deus por princípio não pode aparecer como fator ativo no mundo e na história, porque nesse caso assumiria a função de uma causa secundária entre outras. De acordo com essa teoria seria insustentável que Deus fosse diretamente sujeito nos sacramentos: no âmbito dela, o acontecimento sacramental deveria ser derivado de um sujeito que age *autonomamente* no mundo (por exemplo, a Igreja).

Com boas razões, diversos autores contestaram a redução de toda a atuação de Deus a sua causalidade primária, a fim de preservar, em concordância com o testemunho bíblico, uma atuação pessoal de Deus na história. No entanto, requer-se uma definição mais precisa do que se tem em vista com essa atuação.

Uma primeira definição mais acurada refere-se à moldura conceitual. Ao contrário do que sugere o discurso da "intervenção de Deus no mundo", Deus não atua de fora para dentro do mundo. Pelo contrário, é preciso partir de sua presença pessoal, de seu "estar aí" e "estar com" na criação e na história. Por decorrência, os sacramentos não são meios de uma atuação extraordinária de Deus para dentro da história, que no mais funciona sem ele, e sim adensamentos da presença de Deus que ocorre também no tempo restante.

Atuação como evento de comunicação

Em vista disso, porém, torna-se necessário mais um esclarecimento: será possível afirmar que Deus está operando "mais" nesses adensamentos que em outros locais? Existe uma atuação de Deus que transcende sua proximidade fundamental e que acontece aqui e agora? Evidentemente, "a idéia da presença e atuação universais de Deus [...] causa menos dificuldades que a de sua presença e atuação especiais em determinados eventos e pessoas" (KESSLER/53, p. 121). No entanto, somente seria possível negar um agir especial se ao mesmo tempo fosse contestado que Deus se digna a ter relacionamentos pessoais com os humanos. Ele é o Deus que olha para pessoas, lembra-se delas, condescende com elas – das respectivas maneiras concretas. A idéia de um agir particular de Deus não pode ser rejeitada sob alegação de antropomorfismo. Pelo contrário, cabe elucidar *que* experiências humanas servem para falar de um agir desses de Deus. A atuação de Deus na história somente é captada adequadamente como acontecimento de comunicação pessoal. Deus não age no mundo como uma causa mecânica. Pelo contrário, sua atuação deve ser entendida como auto-explicitação pessoal em direção do ser humano (pelo que se sublinha mais uma vez que se trata de uma atuação muito pessoal, originária). Logo, o ponto de partida não é a ação concreta, mas o auto-engajamento de Deus, que brota de sua liberdade e diz respeito à liberdade do ser humano. Raphael Schulte descreve a questão com o exemplo da interação entre pessoas:

> Estar aí e estar com outros de forma intencional e pessoalmente engajada constitui auto-explicitação intencional e consciente da *pessoa em direção da outra pessoa*, que não consiste já no mero existir lado a lado, [...] mas que, pelo contrário, visa ser *realizada* em liberdade e se concretiza, como verdadeiro auto-ativar-se e como atuação eficaz, primeiramente em direção das demais pessoas e de sua liberdade, para em dado momento também se efetivar para dentro de outras ações (55, p. 148).

Essa visão pessoal não é contrariada pelo fato de que o engajamento de Deus em prol do ser humano, quando pretende se efetivar em ações concretas, recorre a meios concretos históricos. Esses não devem ser chamados de causas secundárias[6], mas de causas instrumentais, porque justamente não agem por eficácia própria, mas servem para mediar o agir divino. Elementos da criação, já por si mesmos transparentes para o Criador, são colocados a serviço para se tornar expressão do Deus que se revela com liberdade pessoal. A atuação de Deus assim transmitida é, portanto, um "evento de comunicação, em que aquele que comunica — como causa — por meio de algo causado por ele — um meio —, que lhe está bem próximo, é capaz de comunicar de maneira correspondente a essa proximidade de Deus, e até mesmo a essa divindade, mais do que pode ser percebido em outros lugares da criação" (WERBICK/56, p. 233).

Mediado por meios do mundo criado

Sacramentos são modos do explicitado auto-engajamento de Deus, que se dirige soberanamente a seres humanos. Também no presente caso se trata de eventos de comunicação que devem ser ca-

Sacramentos como modos de atuação de Deus

---

6. O conceito da causalidade secundária serviu originalmente para captar a atuação de entes finitos como sua própria atuação entre a causa primeira Deus, mas não se visava afirmar com ele que Deus se torna exclusivamente ativo como causa primeira.

racterizados como relacionamento entre pessoas. Nos sacramentos Deus não manipula matéria, para que ela atue em seres humanos, mas nos sacramentos vem ao encontro da liberdade humana. Mas, nisso, a auto-explicitação pessoal de Deus em direção de seres humanos se comunica de forma histórica concreta por meio de sinais e gestos de entes criados que, por estarem a serviço da autocomunicação de Deus, adquirem uma qualidade especial. Sacramentos são lugares do encontro com Deus que se destacam pela concretude e expressão e que, nesse sentido, têm de evidenciar um "mais" qualitativo. Aqui Deus se comunica com maior evidência e de forma mais desvelada e palpável que no restante da história.

Essa visão, que destaca os sacramentos como "modos de atuação" especial de Deus, não coloca em xeque que existam outros adensamentos não-sacramentais do auto-engajamento de Deus em prol dos humanos. Mas os sacramentos oferecem lugares confiáveis de um encontro desses. São um modo de como Deus adensa sua presença salutar com liberdade pessoal em um encontro. É constitutivo para a concepção dos sacramentos reconhecê-lo a ele próprio como sujeito do acontecimento sacramental: a celebração dos sacramentos é determinada pela certeza de que o evento dos sacramentos é mais que a junção comunicativa das pessoas reunidas. Ele vive da confiança na condescendência de Deus que, por um lado, foi prometida, mas, por outro, vem por si mesma a nosso encontro de forma incontrolável. O acontecimento litúrgico tem de ser determinado pela expectativa da atuação dele, como que com o gesto de abrir as mãos com saudade na simultânea certeza de vir a tê-las preenchidas a partir dele.

5.2 – O evento da salvação: evento dentro de eventos

Deus atua nos sacramentos — na tradição, isso não somente expressa que sua graça se transmite por meio dos sacramentos, mas, de forma extremada, que também por meio deles se transforma profundamente a situação do ser humano perante Deus. O batismo faz com que os batizandos sejam "enterrados com Cristo para dentro da morte dele" (exaltação e invocação de Deus sobre a água: *Feier der Eingliederung* [celebração da incorporação] Nr. 21 5/24, p. 137). Por que, no entanto, há necessidade dos sacramentos para realizar uma salvação dessas? Porventura já não aconteceu tudo com a encarnação, com morte e ressurreição? Nesse sentido, cita-se com freqüência na teologia mais recente a palavra de Rahner, que os sacramentos não "deveriam ser entendidos como incursões punctiformes de Deus no mundo profano, mas como erupções [...] do mais íntimo e sempre existente agraciamento do mundo com o próprio Deus para dentro da história" (83, p. 230). Porventura não se subestima a salvação dada, quando se descrevem os sacramentos como *eventos* de salvação?

Aqui cabe manter coesos dois aspectos. Por um lado, a história da salvação não constitui nenhuma esfera separada da história do mundo. O evento da salvação não apenas determina o mundo e a história de forma potencial, mas de forma eficaz de uma vez por todas e universalmente nova. Por outro lado, a história da salvação e do mundo não são realmente idênticas, porque a oferta da salvação de fato está sempre e em todos os lugares presente, mas na modalidade de oferta. A qualidade salvífica da história e do mundo é diferente quando essa oferta obtém acolhida, e a dádiva pode ser liberada. Por isso, aquilo que começou na encarnação ainda precisa se efetivar progressivamente. A comunhão com Deus em Jesus Cristo não se pode concretizar de outro modo que em um acontecimento dialogal, que depende da fé e da livre aceitação por parte do ser humano. Por essa razão existem concretizações da atuação de Deus, em que se transmite intra-historicamente o evento de salvação ocorrido de uma vez por todas. Faz parte da natureza do processo da salvação que o único evento fundamental de salvação, no qual Deus realizou e concedeu redenção para todos os seres humanos, se torne novamente um acontecimento, "como evento dentro de eventos" (SCHULTE/116, p. 172). Poderíamos declarar com maior precisão – seguindo o cap. IV.4.1 – como evento dentro de eventos anamnéticos. O evento único de salvação se auto-explicita para cada indivíduo por mediações históricas, ou seja, em caso normal por meio de palavra e sacramento, para que na concretização da oferta de salvação se encontrem a promessa divina de salvação e a aceitação com fé pelo ser humano.

Presença da salvação e concretização dialogal da salvação

Agora se torna compreensível por que a doutrina eclesiástica fala da necessidade do batismo (para a salvação). Quando se leva a sério o caráter histórico da comunicação divina de salvação, fará

"Obrigatoriedade da salvação"

parte disso também o caminho histórico pelo qual se transmite a salvação presenteada em Jesus Cristo. Certamente, a graça de Deus não está presa aos sacramentos, havendo possibilidade de salvação também fora da Igreja (LG 16). Não obstante, o testemunho bíblico do agir redentor de Deus aponta para a fidelidade de Deus às condicionalidades de sua criação: dirige-se aos seres humanos de um modo adequado a eles, proporciona uma configuração histórica concreta à sua dedicação, visando a concordância do ser humano. Os sacramentos são o caminho comum no qual a salvação inaugurada em Jesus Cristo continua agindo na história, tomando conta e dando nova configuração à história de vida de indivíduos. Por isso, os que reconhecerem a importância de Jesus Cristo para a salvação não possuem a opção de participar dele ou mediante os sacramentos.

Com isso não se afirma que a graça e salvação aconteçam *exclusivamente* nos sacramentos. Com razão se rompe na teologia mais recente com certa fixação da devoção cristã nos sacramentos, para não separar o agir de Deus no sacramento de outros modos de atuação de sua presença. Isso vale fora da Igreja, e muito mais para a vida dos batizados, cuja vida já foi alicerçada sacramentalmente pelo batismo (e pela confirmação). Contudo, a universalidade da vontade salvadora de Deus, em virtude da qual o mundo e a história, bem como a vida de cada ser humano, sempre já se movem no horizonte da graça, não contesta que Deus permite que nos sacramentos se possa encontrá-lo com expressividade e concretude mais intensiva — para que sua salvação se configure na interlocução da liberdade entre Deus e ser humano.

5.3 – Sacramentos como encontro pessoal

Uma vez que os sacramentos servem à concretização dialogal da salvação, o discurso escolástico da eficácia instrumental se evidencia como apenas limitadamente eloquente. Nos sacramentos se trata de um encontro pessoal, que Lothar Lies descreve como o ato de concessão mútua de espaço (pericorese) por parte de Deus e ser humano. "Nos sacramentos, Deus, em sua indestrutível identidade e pessoalidade, concede espaço ao ser humano. E nos sacramentos o ser humano se declara disposto a dar espaço para Deus" (LIES/40,

p. 49s). Em termos cristológicos: os sacramentos são a maneira como pessoas encontram seu lugar "em Cristo" (Rm 8,1 etc.) e como inversamente permitem que já não vivam elas próprias, mas Cristo nelas (Gl 2,20).

Sendo o sacramento um evento de encontro pessoal, cumpre indagar como as pessoas envolvidas estão representadas nele. É preciso levar em conta que o encontro sacramental entre Deus e o ser humano vive do que Deus dispôs de antemão, mas que nem por isso deixa de demandar a resposta de fé do ser humano.

Os sacramentos celebram que Deus vem incondicionalmente ao encontro dos humanos, uma situação em que ele aceitou o destino humano e sustentou seu amor até mesmo quando isso lhe custou a morte de cruz. Esse sim definitivo de Deus em favor do ser humano corporifica-se nos sacramentos, a fim de doar-se concretamente a todas as pessoas. A incondicionalidade da antecipação de Deus se concretiza de duas maneiras em termos da teologia dos sacramentos.

Antecipação de Deus

A tradição eclesiástica não fundamenta a dádiva do sacramento na fé humana, mas no agir de Deus (veja acima IV.5.2). Nesse sentido, antecipando-se a todo consentimento subjetivo humano, ele concede, em virtude da dádiva prévia de Deus e da confiabilidade de sua dedicação, "objetivamente", salvação. Dito em terminologia tradicional, o sacramento é, portanto, eficaz *ex opere operato*, por força da ação sacramental realizada (veja acima p. 60).

Além disso, a iniciativa de Deus no evento do sacramento é simbolizada pelo dispositivo de que ele está quase sempre vinculado ao ministério ordenado: na celebração sacramental é concedido o que a Igreja não é capaz de produzir por si mesma. O ministro que preside a celebração é ordenado, a fim de caracterizar na vida eclesiástica o lugar que unicamente o próprio Jesus Cristo consegue preencher (veja Seção 2, cap. V).

Assim como o sacramento é autocomprometimento incondicional de Deus, assim ele igualmente depende – como configuração dialogal da concretização da salvação – da fé do ser humano: a dádiva divina é acolhida no recipiente da resposta humana e depende tanto dele que o sacramento não está completo sem uma participação pelo menos rudimentar de ser humano. A resposta crente faz parte do teor objetivo do sacramento, como se evidencia

Sacramento e fé

particularmente por meio de uma perspectiva não-reducionista (que se restringe às condições mínimas de sua constituição). Os sacramentos dependem da disponibilização das respectivas "matérias": pão e vinho na eucaristia, os atos humanos de arrependimento no sacramento da penitência. Sem a declaração da disposição no ato da ordenação, ou sem a confissão de fé no batismo e na confirmação, sem a prontidão declarada pela comunidade eucarística, de prestar ações de graças ("isso é digno e justo") faltam as premissas para a celebração do sacramento. Além disso, a forma litúrgica da celebração tem noção de múltiplas formas do movimento anabático (ascendente), a começar pelo amém substancioso no final das orações, chegando aos gestos, entre os quais, por exemplo, o das mãos estendidas para receber a comunhão.

O lado objetivo, ritual, da fé humana aponta para além de si, para a disposição subjetiva mais abrangente de se envolver com o encontro sacramental, de levar ao encontro da dádiva a necessária abertura e integrá-la na vida pessoal. Um sacramento que não é soletrado na vida torna-se sinal vazio. Em seu aspecto humano o sacramento requer ser uma cristalização, para dentro da qual se derrama a busca subjetiva pela nova vida em Cristo, para dessa maneira a pessoa chegar cada vez mais profundamente até si mesma. Para tanto, pressupõe-se a fé subjetiva em dois sentidos (correspondentes à *fides quae* [fé que é crida = conteúdo da fé] e *fides qua* [fé pela qual se crê = ato pessoal]). Sem o consentimento com a *confissão* cristã falta a base para a celebração do sacramento. Simultaneamente, o sacramento demanda a prontidão para se render à autocomunicação sacramental de Deus mediante uma *fé confiante*.

Por sua vez, a fé introduzida no sacramento também é fortalecida por meio do sacramento, não por último por meio dos gestos corpóreos (cf. SC 59).

5.4 – A forma dos sacramentos

O encontro entre Deus e ser humano não acontece exclusivamente nos sacramentos, mas por meio da concretude dele chega a uma salutar expressividade. Contribuem para isso, por um lado, a palavra no sacramento, por outro, o sinal sacramental.

Quando se fala de palavra e sacramento cabe diferenciar a palavra fora do sacramento, que, como ele, é evento de salvação, da palavra dentro do sacramento (quanto à relação entre as duas, veja o ensaio de Moos/75). Essa última se diferencia mais uma vez em proclamação da palavra no âmbito da liturgia do sacramento e em "palavra de instituição" na execução direta do sacramento. Por fim, cabe distinguir diversos modos de interpretação nessa última palavra explicativa. A teologia católica romana se inclina tradicionalmente, sobretudo na eucaristia, a entender a palavra no sacramento como palavra de consagração acima da matéria. Observando melhor, é preciso considerar que as chamadas palavras de consagração na eucaristia estão inseridas de forma constitutiva na oração eucarística principal. De maneira análoga, uma oração principal também faz parte da forma de outros sacramentos. Como se explicita, por exemplo, na fórmula batismal ou no voto que acompanha a unção dos enfermos, a palavra no sacramento, enfim, tem igualmente caráter de interpelação, como destacam a prática e teologia evangélicas.

O entendimento da palavra no sacramento pressupõe uma teologia da palavra de Deus como evento de salvação. Na compreensão bíblica ela é força criadora e eficaz (cf. Gn 1; Is 55,10s; Hb 4,12s). Também no sacramento ela é uma modalidade da autocomunicação de Deus. A palavra no sacramento retira o sinal do âmbito meramente natural e o alça à dimensão de pessoalidade intelectual. Como interpelação, ela transforma a realização do sinal no acontecimento de um encontro. Isso não leva a rejeitar qualquer teor cognitivo como mera doutrinação. No caso da palavra trata-se também de uma salutar explicitação da ocorrência do sacramento. Na realidade, também o sinal — por exemplo, da unção de enfermos — é eloqüente, mas somente pela palavra se torna inteligível em nome e na autoridade de quem a dedicação salvadora ao enfermo acontece. Por meio da palavra falada, o acontecimento em forma de sinal é soberanamente colocado a serviço da autoconcessão de Jesus Cristo. Nisso, porém, se evidencia novamente que a palavra não é acrescentada posteriormente ao sinal como mera explicação. Pelo contrário, o sinal pode ser interpretado como cristalização da palavra. Nesse sentido, o sacramento é, conforme Rahner, "a suprema concretização essencial da palavra eficaz de Deus como

Palavra eficaz

atualização do ato de salvação de Deus no engajamento radical da Igreja [...] por ocasião de situações decisivas de salvação do indivíduo" (140, p. 329).

> Excurso D
>
> *Sacramentos como atos de enunciação*
>
> Na teologia mais recente foi descoberta novamente, com ajuda da filosofia da linguagem, a característica ativa da palavra. Ao contrário do discurso apenas informativo e descritivo da realidade existente independentemente da linguagem, o discurso performativo cria realidade, que não existiria sem um discurso desses. Em virtude de convenção jurídica, uma fórmula como "está aberta a sessão" possui caráter de ação. Também sem uma convenção dessas uma palavra cria realidade no âmbito pessoal, por exemplo como anúncio de perdão ou no momento de uma declaração de amor.
>
> A palavra no sacramento deve ser entendida como uma dessas palavras ilocutórias, criadoras de realidade. No entanto, nesse caso, cada ato de enunciação ("Eu te batizo...") não deve ser isolado do contexto litúrgico. A liturgia é um conjunto geral de ações lingüísticas de vários tipos (cf. SATTLER/85, especialmente p. 137s).

Sinal como adensamento da palavra

Quando Rahner entende o sacramento como forma suprema da palavra, está supondo um adensamento da palavra que deve ser atribuído ao sinal no sacramento. Ele precisa da palavra, que de modo abrangente pode designar até mesmo aquilo que dificilmente consegue ser captado por sinais, porque não ocorre de forma concreta e visível no mundo. Cada sinal pode também ser descrito por palavras, ao passo que não é possível colocar também em sinais tudo o que é expresso por palavras. Apesar disso, os sinais muitas vezes falam mais intensamente que palavras, particularmente no âmbito do encontro pessoal: um abraço torna-se expressão afetuosa do amor, um aperto de mão propicia mais consolo ou mais encorajamento que mera palavra. Quando convergem no sacramento a palavra e o elemento, ou o gesto, ele passa a falar com mais abrangência, de forma mais corporal-concreta que a palavra sozinha. Cumpre frisar que o sinal visível no sacramento não é necessariamente uma coisa (água, óleo), mas pode ser também, ou simultaneamente, a ação. No batismo, portanto, o sinal não é apenas a água, mas o mergulhar em água. Nessa linha, está sendo retomada com mais intensidade na teologia mais recente também a idéia do jogo santo: os sacramentos são um jogo em palavras e gestos, nos quais a Igreja celebra a história, que constitui sua origem, e a esperança que a move.

A força de expressão do sinal no sacramento pode ser aprofundada com auxílio do conceito de símbolo. Superando uma concepção unidimensional do mundo, surgiu também fora da teologia um sem-número de teorias do símbolo, que tentam descobrir novos acessos, ao se preocupar com a capacidade simbólica do ser humano. O que aqui se entende como símbolo deve ser distinguido de sinais representativos, que apontam para algo que eles próprios não são, de modo que, como meros signos, pictogramas ou ícones, não são unidimensionalmente nada mais que eles mesmos. Em contraposição, trata-se, no símbolo pleno, de uma realidade multidimensional.

Símbolo

Conforme o significado básico, convergem no símbolo (do grego *symballein*: lançar junto) duas dimensões de realidade: um elemento intelectual produz para si uma expressão exterior, corpórea, na qual se torna visível o que a rigor é invisível e intangível. Essa convergência de duas dimensões da realidade deve ser interpretada, dinamicamente, como movimento duplo. Em um movimento que conduz *ao símbolo* se expressa corporalmente uma realidade intelectual. De modo oposto, um movimento leva do símbolo *ao simbolizado*, na medida em que o símbolo retroage sobre o simbolizado, permitindo que chegue a si próprio. O símbolo, portanto, não é exterior à realidade que estabelece o símbolo e está simbolizada nele. O corpo, por exemplo, é, nesse sentido, símbolo da pessoa, pelo qual ela se expressa a fim de chegar a si mesma por meio dessa auto-expressão. No âmbito teológico foi Rahner quem formulou no conceito do símbolo real o nexo constitutivo entre o simbolizado e o símbolo.

Excurso E

O sacramento como realidade simbólico-real (K. Rahner)

Karl Rahner denomina símbolo real aquele símbolo que não é símbolo em virtude de uma determinação posterior, mas que, como auto-realização, gera algo que é, a fim de por meio do símbolo chegar a si próprio. "A primeira sentença que estabelecemos como princípio básico de uma ontologia do símbolo é: o que existe é, a partir de si mesmo, necessariamente simbólico, porque se expressa necessariamente, a fim de encontrar sua própria essência" (81, p. 278). O estabelecimento de símbolos não é nada secundário, mas faz parte da essência do que é. Isso por seu turno traz conseqüências para a qualidade do símbolo: "O símbolo, portanto, não deve apenas não ser originalmente enfocado como um relacionamento posterior de dois entes distintos, entre os quais se funda uma função designativa por meio de algo terceiro estabelecido pela convenção de observadores que o constatam. [...] Pelo contrário, o que existe também é em si mesmo 'simbólico,' pelo fato de que a expressão convencionada que ele estabelece como fixação da alteridade é a maneira pela qual ele está mediado consigo mesmo com conhecimento e amor. [...] Pela 'expressão', o existente chega a si próprio. [...] O verdadeiro símbolo (símbolo real) é a autoconcretização pertinente à constituição da essência de um ente em outro. Quando existe uma autoconcretização dessas no outro (como forma necessária da própria autorealização), temos um símbolo do respectivo ente" (81, p. 285, 290). Forma suprema de tal símbolo real é para Rahner Jesus Cristo: ele é o símbolo real da vontade salvadora de Deus, a saber, a maneira como se concretiza a vontade salvadora de Deus, não apenas um sinal exterior para ele. Do mesmo modo, porém, é possível decifrar os sacramentos como não apenas sinais exteriores para a graça de Deus, mas como configuração concreta dela: "Nos sacramentos, a graça se estabelece eficazmente como presente, criando sua expressão, sua palpabilidade histórica no tempo e no espaço, ou seja, seu símbolo" (81, p. 300).

A teoria do símbolo real de Rahner — amplamente acolhida — tornou-se frutífera para diversos aspectos da teologia dos sacramentos. Serve para interligar o caráter de sinal e a eficácia dos sacramentos: no sinal, um símbolo transforma algo em realidade, tornando-o, justamente dessa maneira, eficaz. "Afinal, não vale apenas que os sacramentos são sinais da graça por serem causa dela — mas também da mesma forma essencialmente o oposto: são causas porque são sinais" (RAHNER/79, p. 131). Assim se supera, ao mesmo tempo, uma compreensão dos sacramentos como meras ferramentas formais da graça de Deus. Os sinais sacramentais não são apenas eficazes "por decreto de Deus", não são ferramentas (mecânicas), mas expressão pessoal da autocomunicação de Deus.

Apesar disso, o conceito dos sacramentos não pode ser explicado pela linha única do conceito de símbolo. "No presente contexto, a palavra 'sacramental' é mais precisa que a palavra 'simbólico', porque tudo o que é sacramental é simbólico (no sentido do símbolo real), mas nem tudo o que é simbólico é sacramental, uma vez que nem todo símbolo (real) transmite a presença de Deus" (VORGRIMLER/47, p. 41).

Além disso, cabe considerar que a teoria do símbolo real não visa ser uma descrição fenomenológica do símbolo do sacramento ou do ato simbólico, mas uma sondagem especulativa daquilo que é um sacramento em sua forma total. Algumas vezes isso foi desconsiderado na acolhida dada à teologia de Rahner. A fé interpreta o sacramento como expressão simbólico-real da graça de Deus, porque por meio dela não apenas se vê *remetida* à graça de Deus, mas porque no sacramento se *encontra* com a graça. Contudo, o encontro permanece velado. Sem dúvida, são símbolos e atos simbólicos belos e, justamente por sua singeleza, convidativos que são utilizados nos sacramentos. Contudo, a partir de si próprios, em virtude de sua força expressiva natural, eles ainda não dão testemunho da participação na vida divina que visam mediar. E, por mais que os sacramentos sejam expressão pessoal da autocomunicação de Deus, a partir de si os símbolos permitem experimentar apenas fragmentariamente a pessoalidade do evento. A presença pessoal de Jesus Cristo no sacramento é oculta; o encontro propiciado é um encontro na fé. Os olhos naturais certamente vêm um símbolo, mas apesar disso precisam indagar: "Isso é tudo?". Foi essa a formulação de Ambrósio, aludindo à estranheza sentida pelo sírio Naamã quando devia se lavar no rio Jordão para curar a lepra [2Rs 5,11s]: "Vejo água, como a vi cotidianamente: será que isso terá o poder de me purificar, se já entrei tantas vezes nela e nunca fui purificado?" (AMBRÓSIO, *De mysteriis* 1 q, FC 3,218).

Essas considerações levam a teologia dos sacramentos a deparar com o caráter fragmentário do sacramento. No aspecto perceptível, o evento sacramental simbólico ainda não é nada completo, redondo. De acordo com a raiz do conceito, o símbolo é por definição fragmento: parcela, caco, parte de um todo, a fim de servir como sinal de reconhecimento. Por conseguinte, o sacramento é de certo modo um espaço oco que carece ser preenchido. O símbolo do

Caráter fragmentário do sacramento

sacramento é como um fragmento precário que depende de ser arredondado e preenchido por Deus, mas que na verdade também pode confiar nesse preenchimento. Não obstante, o sacramento é um fragmento que requer ser acolhido pessoalmente por parte do ser humano. Isso não deve ser omitido quando está em jogo a desejada e desejável proximidade dos sacramentos com a vida. Tal proximidade com a vida, por mais que seja igualmente assunto da proclamação, da mediação catequética e da configuração da liturgia, somente resulta como fruto do insubstituível "trabalho próprio" de cada pessoa individualmente, que precisa ligar sua vida com o sacramento e movê-la em direção de Deus.

6 – Questões específicas

6.1 – O número sete e a ordem dos sacramentos

Como vimos na seção da história da teologia (veja acima p. 58), o número de sete sacramentos somente se cristalizou no século XII. Essa evolução não é nem mera visão conjugada arbitrária de diferentes cerimônias sob um denominador conceitual comum, nem uma fixação obrigatória. Ademais, o número sete não significa uma igualdade de nível de todos os sacramentos (cf. DH 1603). Batismo e eucaristia, os chamados *sacramenta maiora*, são os sacramentos fundamentais, que se desdobram em outros sacramentos, os chamados *sacramenta minora*: a confirmação complementa o batismo, a penitência e a unção dos enfermos como sacramentos do perdão de pecados levam de volta à realidade constituída pelo batismo, sacramento da ordenação e matrimônio servem à edificação do povo de Deus, que tem como centro a eucaristia. Observar essa ordem é importante com vistas ao diálogo ecumênico no que se refere ao número dos sacramentos, mas igualmente prescreve ao caráter fragmentário do sacramento uma direção para o entendimento e também para a configuração desses sacramentos.

6.2 – O caráter indelével

O Decreto dos Armênios (DH 1313) acolhe, em 1439, a teoria escolástica do *character indelebilis*, conferido pelo batismo, pela confirmação e pela ordenação. A doutrina de uma marca inextinguível tenta descrever o efeito permanente e indestrutível que representa o motivo pelo qual esses sacramentos não são repetidos. Esse efeito vale como algo terceiro, intermediário (*sacramentum et res*) entre o próprio sacramento (*sacramentum tantum*) e a coisa propriamente dita (*res*), que o sacramento visa presentear: a graça. O *character indelebilis* é o efeito que ainda não é efeito frutífero, mas apenas um início objetivo para isso. Independentemente da disposição humana, o *character* é presenteado em todos os casos e de forma permanente. Por conseqüência, a doutrina do caráter representa a incondicionalidade e irrevogabilidade do favor divino. Ao mesmo tempo se descortina assim a força do sacramento que marca uma vida inteira. Batismo, confirmação e ordenação (quanto ao matrimônio veja abaixo p. 272s) não são, embora sinais de salvação históricos concretos e celebrados em determinado momento, transmissões circunscritas da graça, mas sacramentos que constituem de uma vez por todas manancial de nova vida ("sacramentos para a vida").

Sugestões de leitura

Diante da abundância de bibliografia sobre a teologia dos sacramentos podemos selecionar aqui apenas alguns títulos, sem que com isso seja tomada uma decisão acerca da qualidade de obras não mencionadas.

Dentre os esboços gerais da teologia dos sacramentos (33-48) sejam recomendados dois títulos: primeiramente a teologia dos sacramentos de Franz Courth (33), que traz uma sólida e informativa introdução, facilmente inteligível, à teologia dos sacramentos, e, em segundo lugar, o tratado de teologia sacramental escrito por Günther Koch nos acessos à fé editados por Wolfgang Beinert (37). No entanto, deve-se desconsiderar o manual de Benedetto Testa (46) publicado na série Amateca, por causa de uma descrição muitas vezes distorcida. Uma introdução de nível bem simples e calcada na prática é oferecida por Koch em uma brochura de introdução aos sacramentos como ajuda para a vida (38).

Para aguçar o horizonte de problemas assinalado aqui no cap. II, recomenda-se o ensaio de Reinhard Hempelmann (69), que ao mesmo tempo fornece — sob perspectiva crítica — uma boa visão panorâmica da teologia mais recente dos sacramentos.

Para o estudo mais aprofundado da história da teologia sugere-se fundamentalmente uma leitura abrangente de fontes. Útil para a orientação são os volumes editados por Koch com textos acerca da história da teologia (1), que coleta uma importante seleção de fontes bibliográficas. Importantes textos da teologia dos sacramentos da Igreja primitiva, de cunho mistagógico, cuja riqueza não pode ser reproduzida por nenhuma síntese da bibliografia secundária, por melhor que seja, estão acessíveis nas edições bilíngües e providas de úteis introduções na série *Fontes Christiani* (2-6). As contribuições de Arnold Angenendt (49s; 98s) fornecem interessantes revelações sobre os deslocamentos na mentalidade medieval.

Além dos respectivos trechos nas obras fundamentais (veja também as resenhas sobre obras mais recentes feitas por Lothar Lies/59), os textos consensuais ecumênicos fornecem um entendimento sobre a teologia mais recente dos sacramentos, particularmente o Documento de Lima (16) e o estudo "Condenações doutrinárias – divisoras da igreja?" (17). Para questões fundamentais da teologia dos sacramentos no diálogo ecumênico recomenda-se a excelente análise de Burkhard Neumann (77). Impulsos para a relevância eclesial dos sacramentos e de sua celebração são trazidos pelo bispo de Basiléia Kurt Koch (73).

Seção 2

Doutrina particular dos sacramentos

"A doutrina dos sacramentos, em última análise, não versa sobre um tratado, mas sobre oito tratados com uma história própria, muitas vezes agitada, e multifacetada" (KOCH, *Glaubenszugänge* 1, p. 13). Para salientar a peculiaridade de cada sacramento é necessário dar três passos em cada um dos blocos a seguir: fundamentação bíblica, visão histórico-teológica e análise sistemática. Por razões histórico-teológicas serão apresentadas em conjunto a teologia do batismo e a da confirmação.

capítulo I
Batismo e confirmação

1 – Introdução

O batismo é a porta para os demais sacramentos. Dá início a uma nova vida e transforma seres humanos em cristãos. Como, porém, deve ser entendido isso? Como é que um ato ritual tão singelo como o batismo teria o significado de uma guinada na vida? A reivindicação de que nos sacramentos se transmitiria o favor de Deus ao ser humano já foi caracterizada na Introdução (veja acima p. 17s) como estranha para muitas pessoas. A problemática assim enunciada atinge de forma exacerbada o batismo. Nele deverá ser concretizado a seguir o que foi elaborado na primeira Seção (IV.5) acerca do sacramento como evento da salvação.

Significado de guinada na vida?

Também no caso do batismo, o caráter dialogal dos sacramentos dirige o olhar para a importância da fé humana. Por essa razão é preciso esclarecer especificamente que forma de batismo deve servir de paradigma para as considerações teológicas. Apesar da justificativa do batismo de bebês e crianças, ele não pode servir como modelo daquilo que é celebrado no batismo (veja abaixo 4.1.3, especialmente p. 137). Sob esse ponto de vista cabe acolher positivamente que o batismo

Paradigma: batismo de adultos

de adultos (e de jovens ou crianças mais velhas) volta a ter uma presença maior no âmbito das experiências eclesiais. O batismo é celebração de um ponto nodal na vida humana, de uma guinada na vida, porém não por sua ligação com o nascimento, mas no sentido da nova fundamentação da existência humana no nexo vivencial do corpo de Cristo. Formulado na linguagem litúrgica de cunho bíblico, pessoas – quer adultas, quer crianças – são "criadas novas" no batismo (cf. Oração da concessão da vestimenta branca, *Eingliederung* 225/24, p. 144).

2 – Fundamentação bíblica

2.1 – *Purificação e iniciação na fé judaica*

<small>Considerações prévias em termos das ciências da religião</small>

A fé judeo-cristã não começa sem premissas. Como foi visto acima (Seção 1, I.2), os sacramentos se situam no arcabouço de uma história de criação e salvação estruturada de forma sacramental. Acolhem anseios religiosos bem como formas e ritos da humanidade (veja, acerca da tarefa atual da inculturação, SC 65). Certas constantes da religiosidade humana representam praticamente um chão fértil para os sacramentos, até mesmo quando inexiste uma relação de dependência concreta (veja Seção 1, Excurso C). No entanto, fazem parte da ligação um alongamento para uma nova interpretação e, sob certas circunstâncias, também um momento de contradição (veja, por exemplo, abaixo, referente ao exorcismo batismal, p. 120s).

Para compreender o batismo é preciso considerar três dessas constantes antropológicas: o simbolismo ambivalente da água, que pode ser propiciadora de morte e de vida, e por isso constitui um símbolo da fronteira entre vida e morte (cf. concepções de um rio da morte que separa dos viventes o reino dos mortos), abluções de cunho ritual como proteção contra o mal e para estabelecer pureza cultual, bem como iniciações que inserem na participação responsável dentro de uma comunhão ou em um mistério religioso.

<small>Símbolo da água no AT</small>

No Antigo Testamento, a água é ao mesmo tempo símbolo do que ameaça (água do dilúvio: cf. Gn 6-9; Sl 18,5; 104,9) e símbolo da vida (cf. Sl 104,10s; Ez 47,9). A sede por água é metáfora para a sede de Deus (cf. Sl 42,2s). Porém a água é significativa não em virtude de um simbolismo natural, mas sobretudo a partir da tradição do Êxodo (cf. Ex 14,15-15,21). Para a referência da teologia batismal à travessia pelo Mar Vermelho é importante aquilatar corretamente o simbolismo da água inerente a esse episódio: "Não é a água que salva, mas Deus salva ao deslocar a água" (OSTMEYER/96, p. 73). Sob essa perspectiva a água é motivo para juízo, assinalando a ameaça de aniquilamento.

A lei de Moisés prescreve abluções rituais para restabelecer a pureza cultual (cf. Lv 15; 17,15s). O rito iniciatório propriamente dito, o sinal da aliança, é, para Israel, a circuncisão (cf. Gn 17; Lv 12,3). Tanto em relação às abluções como à circuncisão ocorrem tendências de espiritualização: a verdadeira ablução ou circuncisão precisa acontecer no coração (cf. Is 1,16s; Jr 4,4; Rm 2,25-29). Contrariamente a isso, cresce no judaísmo do tempo de Jesus a importância de purificações rituais (cf. Mc 7,2-4). Para a comunidade de Qumran, uma das numerosas seitas "batistas", as abluções possuem uma relevância central, constitutiva de sua identidade. Além disso, aguarda-se em Qumran da parte de Deus um batismo escatológico de purificação. Abluções rituais

Merece menção especial o banho de imersão de prosélitos que se realizava após a circuncisão de gentios que passaram para o judaísmo, a fim de purificá-los da impureza gentílica e acolhê-los na comunhão de Israel. Ao contrário de banhos de imersão comuns, assistem ao ato alunos de eruditos como testemunhas, recitando mandamentos. Não está claro em que momento se consolida o banho de imersão de prosélitos na Palestina, sobretudo a partir de quando é entendido não apenas como primeira imersão para estabelecer a pureza cultual, mas como ato decisivo de conversão. Banho de imersão de prosélitos

2.2 – O batismo no Novo Testamento

O termo técnico para o batismo é a forma intensificada de *báptō*, a saber *baptízō*. A palavra é empregada no Novo Testamento somente para o batismo cristão, ao passo que no linguajar comum o conceito jamais é usado em sentido sacro. O substantivo *báptisma*, de fato, ocorre apenas no linguajar do Novo Testamento. Aqui ele se refere ao batismo de João e ao batismo cristão, enquanto as abluções em sentido profano são designadas de *baptismós*. Terminologia

2.2.1 – As raízes da prática batismal da Igreja primitiva

Ordem de batizar

Conforme Atos 2,38.41, a prática batismal cristã começa na verdade como algo natural, mas de forma alguma o foi. Porque segundo Marcos 6,6b-13 e paralelos o Jesus terreno não enviou seus discípulos para batizar. De acordo com a maioria dos exegetas a ordem de batizar não é histórica: Mateus 28,19 precisa ser situado em momento tardio da história da tradição — aqui já repercute a fórmula litúrgica; Marcos 16,13s constitui um acréscimo posterior ao evangelho, oriundo do século II. Significativamente, Lucas, que em Atos dos Apóstolos dá grande peso à prática batismal, não informa em seu evangelho nenhuma ordem de batizar emitida pelo Ressuscitado.

Como, porém, deve ser explicada a prática batismal da Igreja primitiva, que parece ser tão óbvia?

Não serve de parâmetro a prática batismal de Jesus, que é historicamente muito incerta (cf. apenas Jo 3,22.26; 4,1, corrigido por 4,2) e de qualquer modo não se reveste de importância no Novo Testamento.

Um peso maior possui o batismo de Jesus, que presumivelmente também foi transmitido como etiologia da prática batismal cristã: "O batismo de Jesus também [podia] valer como exemplo a ser imitado" (HARTMAN/94, p. 30).

Batismo de João

O batismo de João parece representar uma origem importante da prática batismal cristã. Porque, junto com o batismo cristão, ele se desprende de forma marcante de costumes judaicos. Ao contrário dos banhos de imersão judaicos, nos quais se trata de ritos reiteráveis, o batismo de João e o batismo cristão são atos únicos. Isso, na verdade, também vale para o banho de imersão de prosélitos, o qual, no entanto, tem em comum com os demais costumes judaicos que as pessoas em questão realizam o banho de imersão em si próprias, o que constitui nova diferença para com o batismo de João e o batismo dos cristãos. Além disso, as abluções judaicas visam a pureza cultual, enquanto para o batismo de João e o batismo cristão é central o aspecto do perdão dos pecados. Por fim, ambos têm em comum o horizonte escatológico, no qual o batismo precisa ser entendido como oferta única de salvação por parte de Deus na irrupção de seu reino.

A ampla convergência entre o batismo de João e o batismo cristão, bem como a diferenciação conjunta diante de costumes judaicos de purificação, leva a supor que a comunidade cristã se reporta, em sua prática batismal, ao batismo de João. Nos bastidores estaria uma referência específica à proclamação do precursor. É com ela que se conecta a Igreja cristã, porque ela a si mesma se localiza no tempo do cumprimento de sua mensagem profética: "Os eventos que o Batista havia antevisto começavam a se concretizar" (HARTMAN/94, p. 37; veja também LOHFINK/95).

Justamente por isso o batismo de João não é continuado sem modificações (cf. At 19,1-7!). Conforme à fé cristã, a situação escatológica é determinada em seu âmago pelo evento Cristo, que também é a razão do perdão dos pecados; por isso se batiza agora "sobre o nome de Jesus". Além disso, diferenciando-se do batismo de João, é destacada a dádiva do Espírito (cf. At 1,5; 11,16). Outra diferença reside na forma do movimento de agregação visado com o batismo. Enquanto João se apresenta com o objetivo de renovar Israel para o fim, sem reunir em redor de si uma nova comunidade, o batismo cristão insere o ser humano na comunidade de salvação em vias de constituição. Por isso a Igreja primitiva prolonga o sinal de salvação do batismo de João sob um novo denominador, mais precisamente na consciência de que com essa prática batismal não está compromissada com João, mas com Jesus Cristo.

2.2.2 – A FORMA DO BATISMO CRISTÃO PRIMITIVO

Nenhum escrito do Novo Testamento descreve em detalhes o transcurso de um batismo, mas podem ser indiretamente inferidos alguns aspectos da forma do batismo praticada na época do Novo Testamento. O uso de água subentendido no conceito do batismo não é salientado, porém suposto como óbvio (cf. At 8,38; 10,47; Tt 3,5; Ef 5,26; Hb 10,22). O batismo não é autobatismo, pelo contrário, é a pessoa que batiza que exerce um papel ativo (cf. At 8,38). Batiza-se sobre o nome de Jesus (cf. At 2,38), que é eventualmente proclamado sobre os batizandos (cf. Tg 2,7). A fórmula batismal triádica de Mateus 28,19 é provavelmente representativa para as igrejas de Mateus. A inserção posterior de uma confissão expressa na narrativa de Filipe e do tesoureiro (cf. At 8,37) leva a concluir que provavelmente já havia uma correspondência no rito antes da inserção dessa variante textual originária do século II (cf. At 22,16; 1Tm 6,12; Hb 4,14). Em At 19,5 Lucas pressupõe uma tradição litúrgica, segundo a qual faz parte do rito uma imposição de mãos após o banho batismal, que é interpretada como infusão do Espírito (cf. Hb 6,1s). Quando o Novo Testamento fala de uma unção (cf. 2Cor 1,21; Lc 4,18.21; 1Jo 2,20.27), ocorre uma linguagem metafórica que ainda não é concretizada pela execução de um gesto.

Batismo de crianças

Para a pergunta se já se batizavam crianças na época do Novo Testamento, constituem referências-chave as chamadas fórmulas com *oikos* [=casa] (cf. 1Cor 1,16: "batizei a casa de Estêvão"). Contudo, a suposição de que com a menção da casa seriam incluídas crianças é relativizada pela fórmula com *oikos* em 1 Coríntios 16,15, uma vez que ali somente podem ser considerados os adultos da casa. De qualquer maneira, considera-se, na ética da família, principalmente em escritos mais tardios, a família como um todo como pertencente à Igreja (cf. 1Tm 3; 2Tm 1,5; 3,6.15; Tt 1,11). Em vista desses dados não é possível responder em definitivo à pergunta exegética pela prática do batismo de crianças na época do Novo Testamento.

2.2.3 – Acerca da interpretação do batismo cristão no Novo Testamento

O Novo Testamento não apresenta nenhuma "teologia do batismo" coesa. Quando se fala de batizar, o interesse se volta para o crescimento da nova Igreja (Atos), ou isso ocorre em contextos de exortação. Ao lado de referências diretas ao batismo repercute ocasionalmente, até mesmo sem citação expressa, uma terminologia tipicamente batismal (por exemplo, Gl 2,19). É uma questão de critério recorrer a tais passagens para a liturgia batismal. De qualquer maneira, a justificável cautela não deve levar a que se isole a teologia batismal das correlações cristológicas e soteriológicas.

Na seqüência serão expostos os motivos mais importantes da teologia batismal do Novo Testamento. Por causa de sua relevância, um excurso iluminará mais detidamente a teologia batismal de Paulo em Romanos 6.

Na pregação de Pedro em Pentecostes consta: "Receba cada um de vós o batismo no nome de Jesus Cristo para o perdão dos pecados; e recebereis o dom do Espírito Santo" (At 2,38). Essa passagem já faz referência a três aspectos fundamentais.

Os batizandos são batizados "no nome de Jesus" (At 10,48) "sobre o nome de [Jesus] Cristo" (cf. At 2,38; 19,5), ou também "sobre [Jesus] Cristo" (cf. Rm 6,31; 1Cor 1,13.15; 10,2; Gl 3,27).

Batismo no nome de Jesus

A locução "no nome de Jesus" enfatiza que Jesus é a autoridade fundamentadora do batismo. O que é realizado no nome de Jesus reivindica que ele próprio é aquele que age. Mais freqüente ainda é a fórmula "sobre o nome de Jesus". Ela expressa um movimento em direção de Jesus Cristo que cria vínculos de comunhão.

Ambas as formulações têm por base a relevância do nome no entendimento judaico. O nome não é sinal exterior de reconhecimento, mas característica da essência, porque existe uma ligação sólida e indissolúvel entre o nome e aquele que por meio dele é designado. Assim como se proclama o nome de Deus sobre Israel para identificá-lo como povo de sua propriedade (cf. Dt 28,10; Is 43,7), assim os batizados estão incorporados no senhorio presente do Exaltado em virtude da pronúncia do nome de Jesus. O batismo sobre o nome de Jesus cria uma ligação indelével dos batizados com Jesus Cristo. No âmbito dessa compreensão do batismo encontram-se numerosas afirmações sobre o pertencimento dos cristãos a Jesus Cristo (cf. Gl 3,27.29; 5,24; 1Cor 15,23).

O nome de Jesus, porém, não apenas remete à pessoa dele, mas o Novo Testamento sintetiza nele o efeito da salvação de Deus acontecido em Jesus Cristo. A plenitude do evento de Jesus Cristo está contida em seu nome. Portanto, o batismo realizado em nome de Jesus envolve não apenas sua pessoa, mas sua história (sobre isso, veja o Excurso F).

O batismo cristão acontece "para remissão dos pecados" (At 2,38; cf. 1Cor 6,11; Ef 5,25s; Cl 2,11). A afirmação não tem em vista apenas o perdão de pecados isolados. A morte de Jesus Cristo na cruz, em direção do qual se realiza o batismo, supera pecado e morte, libertando o pecador do poder deles. No batismo se processa a ruptura de antes e agora, da escravização sob os poderes para a libertação, da acusação pelo escrito da dívida para a absolvição e o perdão (cf. Cl 2,8-23).

Perdão dos pecados

Aos libertos do pecado, Deus os adquire como sua propriedade (cf. Tt 2,14; 1Pd 2,9). Para caracterizar essa relação de propriedade, o Novo Testamento emprega o motivo do lacre que alude ao batismo e está estreitamente ligado ao Espírito (cf. 2Cor 1,22; Ef 1,13).

Dádiva do Espírito

Na teologia de Paulo o Espírito concedido pelo batismo é fundamental para o relacionamento dos batizados com Deus (cf. Rm 8,12-17). Em contraposição, Lucas está mais interessado nas experiências e formas de manifestação extraordinárias do Espírito na hora do nascimento da Igreja. Por isso, Atos dos Apóstolos descreve de diferentes maneiras o relacionamento entre batismo e Espírito[1]. Também aqui o batismo cristão está fundamentalmente ligado ao recebimento do Espírito, como Atos 2,38 formula como regra; contudo, ocasionalmente se diferencia entre o batismo e obtenção do Espírito. Por exemplo, em Atos 10,44-48 o recebimento do Espírito antes do batismo, durante a pregação de Pedro em Cesaréia, manifesta que também os gentios foram chamados à comunidade de Cristo — significativamente, porém, o batismo não se torna supérfluo. Atos 8,14-17 (uma passagem sobre a qual se alicerça mais tarde a teologia da confirmação) relata sobre os batismos de Filipe em Samaria, com os quais não está combinado nenhum recebimento do Espírito. Somente quando os apóstolos chegam de Jerusalém concedem o Espírito mediante oração e imposição de mãos. Subjacente está o objetivo de Lucas de vincular os dons do Espírito à Igreja *apostólica*.

Horizonte escatológico

Na envio do Espírito cumpre-se, em consonância com o sermão de Pedro em Pentecostes, a promessa da dotação do Espírito no fim dos tempos: o Espírito é dádiva escatológica (cf. At 2,16-18 e na teologia de Paulo 2Cor 1,22; 5,5; Rm 8,1-30). O entendimento escatológico do dom do Espírito anda de mãos dadas com o entendimento do batismo como renascimento. A expectativa dos profetas, por exemplo, em Ezequiel 11,19; 36,25-27 dirige-se ao Espírito de Deus como a força capaz de transformar o ser humano a partir de dentro. Os escritos do Novo Testamento consideram que esse Espírito transformador e renovador atua no batismo, de modo que os batizados experimentam um renascimento, no qual

---

1. A esse respeito, cf. Rudolf PESCH, *Die Apostelgeschichte* [Tomo I: At 1-12], Solothurn, Neukirchen-Vluyn, ²1995 (EKK 5/1), 281-285.

se tornam nova criação (cf. Jo 3,3-8; Tt 3,5; sem referência expressa ao batismo: 2Cor 5,17; Gl 6,15; 1Pd 1,3; Tg 1,18). Essa transição para uma nova vida é transmitida de forma muito marcante por um chamado despertador, transmitido em Efésios 5,14, que possivelmente estava localizado na liturgia batismal.

A realidade de salvação inaugurada no batismo não atinge apenas os indivíduos, mas possui uma dimensão eclesial. Os batizados foram batizados para dentro de um corpo (cf. 1Cor 12,13; Ef 4,4-6). Nele foram anuladas, junto com o velho ser humano, também as estruturas do velho mundo. As desigualdades nele vigentes são relativizadas, porque já não têm efeito divisor (cf. Gl 3,28; Cl 3,11). Também a dádiva do Espírito concedida no batismo é descrita por Paulo em sentido eclesial. Desdobra-se em dons e carismas concretos que são presenteados de acordo com as necessidades da comunhão da Igreja (cf. 1Cor 12).

Dimensão eclesial

> *Excurso F: Batismo como participação concedida no destino de Jesus (Rm 6)*
>
> No batismo sobre o nome de Jesus envolvem-se a pessoa e o destino de Jesus (veja acima p. 116). Particularmente Paulo concretiza o que isso significa. Quando em 1 Coríntios 1,13, paralela à indagação polêmica: "Foi acaso em nome de Paulo que fostes batizados?", consta a pergunta: "Porventura Paulo foi crucificado por vós?", isso significa, em formulação positiva: fostes batizados sobre o nome de Jesus e agora pertenceis exclusivamente a ele, porque ele foi crucificado por vós. Fonte para o batismo é o destino da morte de Jesus Cristo, no qual o batismo concede participação. Isso é aprofundado pela passagem central da teologia batismal de Paulo em Romanos 6.
>
> No contexto de Romanos 6 foi descrita, após o rufar dos tambores de Romanos 1,18 até 3,20, a história da tragédia universal. Romanos 3,21 anuncia a virada: agora, porém. O bloco de Romanos 1,21-5,21 proclama o evento da salvação, por meio do qual a história de pecados foi transformada em passado para os crentes. Jesus Cristo morreu por todos os pecadores. Em lugar deles, foi sobre ele que se precipitou o efeito nefasto de seus pecados. O capítulo 5 fundamenta isso com a idéia da solidariedade e da vicariedade: Cristo, singular, colocou-se no lugar do singular pecador Adão, a fim de reverter cabalmente o destino da humanidade (sobretudo v. 17-19). O trecho desemboca na confissão quase enfática de Paulo: "Onde... proliferou o pecado, superabundou a graça" (Rm 5,20). Exatamente isso, porém, suscita a pergunta que define o questionamento para aquilo que segue: "Será

preciso permanecermos no pecado para que a graça se torne abundante?" (Rm 6,1; cf. 3,8).

<small>Batismo como evento salvífico</small>

Paulo, portanto, precisa se confrontar em Romanos 6 com a pergunta de como a justiça presenteada no acontecimento da justificação *agarra* a vida do pecador justificado. A resposta de Paulo se move em dois níveis. Em termos de *história global* foi definitivamente encerrada a relação de dominação entre o pecado e os pecadores por causa da redenção descrita em Romanos 5. O evento da salvação possui significado universal. Do mesmo modo Paulo também inscreve *na existência de cada pessoa* uma guinada escatológica do "outrora" para o "agora", uma guinada que é mais que o reconhecimento consciente daquilo que já aconteceu (cf. Rm 6,17-23). Por isso Paulo fala do batismo como a mediação decisiva do evento salvífico para os crentes. Porque nele se abre a morte de Jesus para o co-morrer dos batizandos, que são "sepultados, pelo batismo, com ele em sua morte" (Rm 6,4a) e dessa maneira foram "totalmente unidos [a ele], assimilados à sua morte" (Rm 6,5a).

Em virtude do evento da salvação o batismo é, portanto, comunicação da salvação e evento da salvação no indivíduo: o ato pelo qual o acontecimento da salvação se torna "evento dentro de eventos" (veja acima Seção 1, IV.5.1). O evento da salvação em Jesus Cristo certamente possui um lugar histórico definido, contudo não se perde no passado sobre uma flecha linear do tempo. Pelo contrário, ele é como um cerne que se apropria cada vez mais de pessoas e cada vez mais da realidade de vida. O batismo possibilita crescer entrelaçado com esse cerne, Jesus Cristo, em sua pessoa e com sua história (cf. Rm 6,5), e obter participação em sua vida. Em decorrência de um entendimento autêntico da vicariedade descrita em Romanos 5, o "por nós" da vida, morte e ressurreição de Jesus pressiona para se tornar o estar "com Cristo" e "em Cristo". O batismo é o lugar em que o "por nós" se torna "com ele" e "nele". Nesse sentido pode *acontecer* salvação no batismo, porque nele pessoas se abrem com fé para a salvação concedida em Cristo.

<small>Conseqüências éticas</small>

É preciso corresponder na vida à participação no evento salvífico presenteado pelo batismo. O batismo é *mudança real de posição* com *conseqüências éticas*. É disso que tratam em Romanos 6 os v. 4b, 5b, 6 e, exaustivamente, os vv. 12-23.

O v. 4b enfoca a ressurreição de Jesus e a nova situação dos batizados em uma relação de correspondência eficaz (assim como/também). Verdade é que o pensamento não flui imediatamente para a ressurreição dos crentes, mas — respondendo à pergunta inicial do v. 1 — para a "novidade da vida". Por um lado isso constitui um dado objetivo: o conceito *kainós*, ainda enfatizado na forma substantivada, refere-se, ao contrário de *néos*, a uma novidade qualitativa que não é alcançada pelo esforço ético. A nova realidade de vida é dádiva escatológica, a partir da qual a ressurreição pode ser aguardada com certeza (veja o futuro escatológico no v. 5b). Por outro lado, porém, a nova vida precisa ser preenchida consistentemente pelos batizados, e sob esse ângulo a participação na vida do Ressuscitado se volta para a dimensão ética. O indicativo leva ao imperativo, que os vv. 12-23 desdobram com insistência. Enquanto, segundo o v. 2, os batizados morreram definitivamente para o pecado, Paulo exorta no v. 12: "Portanto, que o pecado não mais reine em vosso corpo mortal." Dessa forma, refutou-se a palavra de ordem subjacente à pergunta do v. 1, porque a conseqüência da participação no destino de Jesus é justamente a nova vida, na qual o pecado não governa mais.

Também em outras passagens da teologia paulina existe um relacionamento tenso entre indicativo e imperativo. Em Gálatas 3,27 se afirma retrospectivamente sobre o evento do batismo: de Cristo vos revestistes. Em Romanos 13,14 Paulo solicita aos romanos, que de fato já foram batizados: revesti-vos do Senhor Jesus Cristo.

Nessa tensão, é preciso levar igualitariamente a sério o indicativo e o imperativo. O indicativo fala do fato, de uma realidade, para trás do qual os batizados já não podem retroceder. Sua existência está sendo profundamente marcada por ela. A guinada escatológica que alicerça o indicativo, porém, está aberta para a frente. Ao morrer com Cristo acontece a liberação da vida, na qual a dádiva pode e deve se realizar. A participação em Cristo não pode permanecer sem conseqüências para a prática da vida, mas precisa ser ratificada na conduta ética, no discipulado, na configuração à semelhança de Cristo até sua morte (cf. Gl 2,19; 6,14; Fp 3,10; veja também Mc 10,38s).

De acordo com a Carta aos Romanos, a participação na ressurreição está reservada para o futuro e somente é antecipada pela nova conduta dos batizados. Em contraposição, as cartas aos Colossenses e Efésios consideram também a ressurreição como já realizada (cf. Cl 2,12s; 3,1; Ef 2,5s). Verdade é que somente no futuro será manifesta a realidade existente no abscôndito celestial de

Participação na ressurreição

Deus, sendo formulada igualmente uma ressalva ética similar à da carta aos Romanos: os colossenses morreram com Cristo e, apesar disso, têm de ser admoestados a mortificar o que neles é terreno (Cl 3,3.5). Não obstante, a ênfase recai nitidamente mais sobre a dimensão presente e o indicativo que na Carta aos Romanos.

Razão disso é a preocupação específica da Carta aos Colossenses. Dirige-se a uma igreja que se deixa confundir por outras doutrinas de redenção. Orienta-se em tradições humanas, nos elementos ou rudimentos do mundo (Cl 2,8), não em Cristo. Um pensamento desses, porém, não está em conformidade com Cristo, porque a plenitude da divindade habita em Cristo. Essa argumentação cristológica transita para uma argumentação soteriológica. Colossenses 2,10 assevera à igreja que ela *já se tornou participante* dessa plenitude. A igreja insegura, que apesar de sua confissão cristã ainda busca a salvação em outras coisas, deve ficar certa de que encontrou a salvação em Cristo e a alcançou pelo batismo. A filosofia de Colossos, por assim dizer, é ultrapassada: "Quem foi batizado já possui o que aquela apenas anuncia para o futuro"[2]. Para romper com uma ansiedade diante da salvação, que se torna refém de práticas escravizadoras, a Carta aos Colossenses proclama o batismo como dádiva definitiva da salvação.

3 – Desenvolvimentos histórico-teológicos

3.1 – *A prática de iniciação e a teologia batismal na Igreja antiga*

Acerca da prática iniciatória na Igreja antiga informam sobretudo a *Traditio Apostolica* (acervo básico por volta de 210 d.C.), escritos de Justino († 165) e Tertuliano († 220), bem como para o âmbito oriental o *Didaquê* (primeira metade do século II, Síria/Palestina) e a *Didascalia* (início do século III, Síria).

Catecumenato

A *Traditio Apostolica* já pressupõe como natural um catecumenato como preparação para o batismo. No início dele os candidatos são perguntados por sua motivação; adicionalmente busca-se o testemunho daqueles que os trouxeram (fiadores, os posteriores

---

2. Michael WOLTER, *Der Brief an die Kolosser. Der Brief an Philemon*, Gütersloh, Würzburg, 1993 (ÖTBK 12) 131.

padrinhos). O exame se refere às condições de vida dos candidatos. Certas profissões que são inconciliáveis com a existência cristã (porque estão associadas, por exemplo, à veneração dos deuses) têm de ser abandonadas, a saber, já no começo do catecumenato. De acordo com Tertuliano, os catecúmenos já precisam viver em todos os aspectos como cristãos:

> Ninguém argumente que por ser julgado durante o período de exame dos ouvintes poderia agora ainda incorrer em alguma culpa. Tão logo reconheceste ao Senhor, deves temê-lo. [...] Que ainda te separa de um servo perfeito de Deus? (*De paenitentia* 6,14s; CChr.SL 1, 331).

A *Traditio Apostolica* não informa sobre um rito especial de admissão ao catecumenato. O catecumenato é um tempo de exercitar-se na nova vida em Cristo e de crescer para dentro da fé. Sua duração é regulada de maneira flexível de acordo com a conduta. As fontes citam períodos de dois a seis anos. O ensino acontece durante o culto da igreja. Mas os catecúmenos ainda oram separados dos crentes e ainda não são membros plenos da igreja. No entanto, em situações de perseguição seu testemunho é considerado plenamente válido.

Com base na conduta de vida os catecúmenos são selecionados para o batismo; são separados dos catecúmenos restantes e podem ouvir o evangelho.

A *Traditio Apostolica* representa a primeira documentação segura para exorcismos prévios ao batismo, cuja prática mais difundida é atestada somente para o século IV. Visto que atos de exorcismo eram disseminados em correntes gnósticas e ali se conectam com um determinismo ético, sua acolhida no rito batismal cristão de forma alguma é óbvia. Essa acolhida somente se torna viável em associação com uma ênfase ética que destaca a liberdade humana. Pelo fato de que os sacramentos são acontecimentos dialogais, nos quais convergem a atuação divina e a resposta humana, é necessário que a libertação do mal pelo exorcismo se ligue a uma aversão ativa do mal, como é examinada em interrogatórios chamados de escrutínios, e selada com a negação do mal no rito batismal. No entanto, o empenho pessoal pela superação do mal está envolto pelo respaldo de Deus, como é expresso nos atos de oração dos

Exorcismos

exorcismos. Exorcismo e renúncia ao mal formam uma unidade: "Explicitam os dois lados da salvação do ser humano do poder do mal por meio de Cristo no batismo, a libertação (passiva) e a decisão (ativa)" (KRETSCHMAR/102, p. 81). Aqui repercute o nexo litúrgico entre indicativo e imperativo.

<small>Rito batismal</small>

O rito da celebração batismal descrito na *Traditio Apostolica* começa (no batistério) com uma oração sobre a água e orações sobre os óleos. A guinada de vida celebrada no batismo começa pela renúncia a Satanás e por uma unção de exorcismo, para depois passar para uma interrogação batismal de três partes. Com base na confissão de fé o batizando é batizado. Seguem-se duas unções pós-batismais, das quais a segunda é prerrogativa do bispo, acontecendo presumivelmente quando todos os batizandos estão reunidos na igreja. A imposição de mãos e a unção pelo bispo constituem a raiz para o posterior desenvolvimento da confirmação. Sinal com a cruz (consignação), abraço e beijo selam a acolhida na comunhão dos que crêem. O batismo desemboca na celebração da eucaristia: ela faz parte da iniciação.

Outras fontes documentam ritos similares de batismo. Em ordens batismais do Leste, porém, ocorre somente uma unção pré-batismal, que não é interpretada como exorcismo, mas como transmissão do Espírito. Uma segunda peculiaridade da ordem batismal oriental é a fórmula de batismo. Enquanto no Ocidente o batizando é interrogado por sua fé, no Oriente a pessoa que o batiza profere uma fórmula batismal de segmento único ou trinitária.

Característica marcante da prática batismal antiga é a concomitância de iniciação na prática da vida e na liturgia. O catecumenato é a via de um crescimento intensivo para dentro da fé cristã e, sobretudo, na atitude cristã de vida. No batismo, a vida, já configurada de maneira nova, é marcada em termos sacramentais: a liturgia da iniciação "pressupõe, [...] por um lado, que a pessoa se tornou cristã, e o proclama solenemente; por outro, representa ao mesmo tempo o adensamento e o ponto alto dessa realidade" (JILEK/112, p. 34).

Na celebração iniciatória ocidental August Jilek destaca (com base na *Traditio Apostolica*, e respaldado por escritos de Tertuliano e Cipriano de Cartago, † 258) três etapas: a aversão ao mal, que é marcada pela unção exorcista pré-batismal, o direcionamento para

Cristo no rito da água, ao qual corresponde a unção do corpo todo com o óleo de ação de graças, e, por fim, a plenificação com o Espírito de Deus pela imposição de mãos, à qual corresponde a unção da cabeça com o óleo de ação de graças (cf. JILEK/112, p. 37-44). A dinâmica inerente à iniciação se expressa em uma dramaticidade litúrgica, sem que com isso fosse possível atribuir analiticamente diversos efeitos a cada um dos ritos.

No século IV, com a nova posição do cristianismo, muda também a prática da iniciação. Muitas pessoas se voltam para a Igreja, mas permanecem paradas no limiar da Igreja, no catecumenato. O tempo de experiência e aprovação na ante-sala do batismo se torna uma forma duradoura, menos compromissiva, de ser cristão: uma "possibilidade de ser cristão em condições facilitadas"[3]. A decisão a favor do batismo é com freqüência tomada apenas por ocasião de uma enfermidade grave pouco antes da morte. Liturgicamente isso leva ao desdobramento dos ritos do catecumenato. Aos poucos, a própria liturgia batismal fica encorpada pelo intercâmbio de ritos entre as igrejas locais bem como pela transformação de metáforas em ritos concretos (por exemplo, revestir-se da vestimenta branca).

<small>Mudança no século IV</small>

Característica da teologia batismal da patrística é a abordagem tipológica do batismo a partir de modelos do Antigo Testamento, conforme foi preparada em 1 Coríntios 10,2 e 1 Pedro 3,20s. Como indícios do batismo são lidas sobretudo a salvação de Noé no dilúvio e a passagem pelo Mar Vermelho: "O povo saiu ileso do mar, também nós saímos da água como vivos dentre os mortos, salvos pela graça daquele que nos chamou (cf. Ef 2,5). A nuvem, porém, era uma sombra da dádiva vinda do Espírito" (Basílio de Cesaréia, *De Spiritu Sancto* 14,31; FC 12, p. 164). O significado do batismo é descortinado aos recém-batizados de forma mistagógica, através da interpretação da liturgia batismal, ao se tornar o simbolismo do batismo transparente de múltiplas maneiras para a dramaticidade do acontecimento: a virada de Oeste para Leste simboliza a negação do mal e o direcionamento ao paraíso perdido; a nudez imita o Jesus desnudo na cruz, mas ao mesmo tempo deixa explícita também a pureza reconquistada. A água é interpretada como símbolo da

<small>Teologia batismal da patrística</small>

---

3. Georg KRETSCHMAR, verbete *Katechumenat/Katechumenen*. I. Alte Kirche, in: *TRE* vol. 18 (1990) 1-5,3.

morte, de modo que o batismo liga com a paixão, cruz e morte de Jesus; ele chega até mesmo a ser chamado de cruz. A tríplice imersão descreve os três dias de Jesus na sepultura. A tais interpretações corresponde a forma muito difundida das pias batismais em forma de cruz. O batismo é réplica litúrgica da morte e ressurreição de Jesus, viabilizando por meio dessa imitação (*mímesis*) em forma de réplica a participação na realidade da salvação.

> Não morremos de fato, não fomos de fato sepultados, tampouco ressuscitamos de fato como crucificados, mas a imitação aconteceu na figuração, porém a salvação na realidade. Cristo foi realmente crucificado, de fato sepultado e verdadeiramente ressuscitou — e tudo isso ele nos concedeu graciosamente, para que nós, que pela imitação obtivemos participação em seus sofrimentos, realmente obtenhamos a salvação. Amor transbordante aos humanos! Cristo recebeu pregos perfurando suas mãos puras e padeceu. A mim ele presenteia, sem sofrimento e sem esforço, apenas através de minha participação, graciosamente com a salvação (CIRILO DE JERUSALÉM, † 387, *Mystagogicae catecheses* 2,5; FC 7, p. 116/118).

Disso resulta uma mudança radical na vida humana, como é representada no ato batismal na virada do Oeste para o Leste: o batismo conduz das trevas para a luz, do cativeiro para a liberdade, da morte para a vida. Quem sobe do batismo, recebe, como Jesus ao ser batizado por João, o Espírito.

> Cristo foi de fato crucificado e sepultado e ressuscitou; a vós é concedida no batismo a dignidade de ser, figuradamente, crucificados e sepultados com ele, bem como de ressuscitar com ele. É assim também agora por ocasião da unção: aquele foi ungido com o óleo intelectual da alegria, ou seja, com o Espírito Santo. [...] Vós, porém, fostes ungidos com mirra e assim vos tornastes partícipes e companheiros de Cristo (CIRILO DE JERUSALÉM, *Mystagogicae catecheses* 3,2; FC 7, p. 126).

Batismo de infantes

A *Traditio Apostolica* já atesta o batismo de crianças, acerca de cuja introdução na Igreja antiga não se constata em momento algum qualquer controvérsia. É bem verdade que a instituição existente é alvo de críticas. Tertuliano reclama que crianças ainda não são capazes de assumir o compromisso ético contido no batismo (o juramento à bandeira! — veja acima p. 49s). Em contraposição Orígenes justifica o batismo de crianças por meio do perdão dos pecados que também é necessário para crianças. A relação com o pecado marca a concepção do batismo de infantes, particularmente no Ocidente. Isso vale preponderantemente no seguimento de Agostinho († 430), que toma a prática do batismo de crianças como argumento para sua teologia do pecado hereditário. No Leste, porém, o batismo de crianças é preferencialmente fundamentado com o aspecto salvífico do batismo.

> A posição oriental se reflete na seguinte declaração de João Crisóstomo († 407): "Por isso também batizamos pequenas crianças, embora não tenham pecado, para que sejam santificadas e justificadas, a fim de que obtenham a filiação e a herança, para que se tornem irmãos e membros de Cristo, e o Espírito Santo passe a habitar nelas" (*Catecheses baptismales* 24,6; FC 6/1, p. 259.261). Nessa linha situa-se também a concepção dos pelagianos relatada por Agostinho: "As crianças recém-nascidas do ventre da mãe recebiam o batismo não por causa de um pecado a ser remido, mas para serem nascidas em um nascimento intelectual em Cristo e se tornarem participantes do reino dos céus" (*De peccatorum meritis et remissione et de baptismo parvulorum* 1,18,23; CSEL 60, p. 22). Em contraposição, Agostinho acentua o perdão dos pecados: "Se, pois, a prova de que morremos para o pecado reside no fato de que fomos batizados na morte de Cristo, então também as crianças que são batizadas em Cristo morrem para o pecado, porque, afinal, são batizadas na morte dele" (*Enchiridion* 14,52: CChr.St 46,77; cf. DH 223).

3.2 – A iniciação na prática e teologia da Idade Média

Enquanto no Oriente se preserva a forma da ordem batismal antiga, permanecendo determinante a teologia batismal da patrística grega, alteram-se mais fortemente a prática e teologia do batismo no Ocidente. O batismo de crianças, que se torna o caso normal, faz com que se juntem os ritos do catecumenato e do batismo. Em consideração com a situação de menoridade se substitui — além de várias simplificações — o interrogatório batismal pela fórmula batismal no indicativo. No contexto germânico os exorcismos ganham maior relevância, negligenciando-se o compromisso do batismo na liberdade ética (cf. ANGENENDT/99).

[margem: Mudança da prática batismal no Ocidente]

A segunda unção pré-batismal, reservada ao bispo, torna-se independente quando as cerimônias batismais por princípio não mais são conduzidas pelo bispo (primeiramente na situação singular do batismo de emergência – cf. DH 210 –, depois também regularmente em igrejas rurais dirigidas por presbíteros). Em uma carta de 416, Inocêncio I salienta a prerrogativa dos bispos de conceder a confirmação (DH 215); contudo, é provável que a prática tenha sido diferenciada. A regulamentação romana se dissemina na seqüência das reformas litúrgicas carolíngias. Enquanto no começo a confirmação era recuperada o quanto antes (os batizados são levados ao bispo, sob Gregório I [† 604] são atestadas viagens do bispo para as confirmações), começa-se a perguntar no século XIII por uma idade mínima para a confirmação. Em virtude da separação posterior do rito de confirmação, ele inicialmente é bastante precário. Na Idade Média não está claro qual é o rito central: a imposição de mãos ou a unção (cf. a formulação contemporizadora em DH 785, bem como a concepção de que a confirmação é realizada *em lugar* da imposição de mãos, em DH 1318).

Teologia escolástica

A teologia escolástica levanta as perguntas pela definição, obtidas do conceito geral de sacramento. Visto positivamente, torna-se possível desse modo distinguir o cerne do batismo de ritos secundários, sobretudo dos exorcismos que se avolumavam, bem como superar unilateralidades. Dessa forma se corrige a fixação na matéria, surgida no contexto da devoção medieval (veja acima p. 57), uma fixação que faz a bênção da água batismal parecer, em analogia à eucaristia, como consagração da água, por um entendimento do batismo como ato, como *aplicação* de água (cf. *STh* III, q 66, a 1). O reverso do empenho por definição é a tendência de orientar a teologia unicamente no rito central do sacramento e negligenciar a riqueza maior da liturgia.

Depois da separação litúrgica entre batismo e confirmação impõe-se a pergunta sobre qual é o conteúdo e a especificidade da *confirmação*. Predominantemente se cita o fortalecimento para a vida terrena e o testemunho (cf. DH 1319). Tomás de Aquino († 1274) relaciona a confirmação com o crescimento do ser humano na vida intelectual em analogia com a idade plena da vida natural (*STh* III, q 72, a 1).

3.3 – Batismo e confirmação desde a Reforma

3.3.1 – O entendimento do batismo pela Reforma e o Concílio de Trento

Em concordância com os dois pólos da doutrina da justificação, Martinho Lutero († 1546) acentua no batismo a convergência do agir justificador de Deus, para o qual o ser humano não pode contribuir nada, e a fé como órgão de recebimento da graça. Enquanto o jovem Lutero salienta a necessidade da fé, a obra objetiva de Deus no ser humano passa para primeiro plano na controvérsia com os anabatistas, que por causa da importância da fé rejeitam o batismo de crianças.

Conforme a destacada espiritualidade batismal de Lutero, o batismo determina a vida toda: "Considere cada qual o batismo como sua vestimenta cotidiana, em que sempre deve andar, para que todo o tempo se encontre na fé e em seus frutos" (Catecismo Maior. *Livro de Concórdia*, São Leopoldo/Porto Alegre, 1980, 485). Por isso não resta espaço para um sacramento da penitência equiparado ao batismo como "segunda tábua". "Se caíste do barco, entra nele de novo. É um eterno presente, *character indelebilis*. A palavra de Deus não cai se eu cair e deixar de crer" (Prédica de 15 de janeiro de 1531; WA 34/1 97,25-27). Sob essa perspectiva, porém, o que permanece no batismo não constitui uma marca existencial no ser humano (veja abaixo p. 132), bem como acima, na Seção 1, IV.6.2), mas promessa constante de Deus como uma "dádiva eterna".

<small>Lutero</small>

Embora se encontrem afirmações em Ulrico Zwinglio († 1531) e João Calvino († 1564) que descrevem o batismo como evento eficaz, a ala reformada da Reforma acentua o caráter de sinal certificador do batismo e sua função constitutiva da Igreja. Por conseqüência, redescobre-se nas ordens batismais reformadas a dimensão comunitária eclesial. Pela primeira vez a liturgia leva em conta, no batismo de infantes, a situação de menores.

<small>Teologia reformada</small>

Comum aos Reformadores é a rejeição da confirmação entendida como sacramento. Censuram a falta de base na Escritura e criticam a tendência de preencher de conteúdo a confirmação à custa do batismo. Lutero, no entanto, admite a prática da confirmação, desde que não seja contada como sacramento.

No contexto reformado se introduz, seguindo-se impulsos de Erasmo, um exame doutrinário subseqüente a uma instrução catequética e uma renovação pública do voto batismal, que em Martim Bucer († 1551) é até mesmo combinada com uma imposição de mãos.

Concílio de Trento

As declarações teológico-batismais do Concílio de Trento (DH 1614-1627) estão em estreita ligação com a doutrina da justificação e dizem respeito à compreensão da vida após o batismo, sobretudo a relação entre fé e desafio ético e a importância de promessas (veja também abaixo, acerca do sacramento da penitência, p. 187s). Contra os reformadores radicais defende-se o batismo de crianças. Acerca da confirmação, Trento sustenta que ela é um "verdadeiro e essencial sacramento", não uma cerimônia inócua nem apenas uma espécie de catequese. O bispo é definido como o oficiante ordenado (DH 1628-1630).

3.3.2 – Novos impulsos no século XX

Foi na teologia do batismo que Odo Casel († 1948) fez avançar da forma mais marcante a renovação do entendimento do sacramento (veja acima p. 66). Quando SC 6 formula que "os seres humanos são inseridos pelo batismo no mistério do *Pessach* de Cristo", isso se deve aos impulsos de Casel.

Liturgia

Fruto do Concílio Vaticano II é, em nível litúrgico, a redescoberta do nexo iniciatório de batismo, confirmação e eucaristia (cf. SC 71). O rito batismal passa a diferenciar o batismo de crianças ("adequado à situação real das crianças": SC 67; *Ordo baptismi parvulorum*, 1969) e a incorporação de adultos ("deve ser restabelecido um catecumenato de vários estágios para adultos": SC 64; *Ordo initiationis de Christianae adultorum* 1972). A cerimônia batismal foi profundamente mudada e reestruturada. Basta mencionar a reintrodução da consagração da água e, por conseguinte, uma oração maior em cada celebração de batismo.

Visão eclesial

A visão eclesial renovada dos sacramentos tem efeitos particularmente para a teologia batismal, com conseqüências até mesmo na eclesiologia. Enquanto por longo tempo ocupava o primeiro plano a necessidade do batismo para a salvação com vistas ao destino eterno de cada ser humano, o Concílio Vaticano II destaca mais intensamente seu significado como base para a vida cristã e sua força constitutiva de Igreja. O batismo é razão da participação conjunta em Cristo, que une todos os membros da Igreja, concedendo-lhes dignidade sacerdotal e inserindo-os em sua missão (cf. sobretudo, LG 10s).

A reflexão sobre o batismo como dignidade que interliga todos os cristãos possui relevância ecumênica, uma vez que o batismo é vínculo sacramental da unidade (cf. UR 2s; 22) entre as Igrejas. O batismo incorpora em Cristo e em sua Igreja, que é somente uma, de sorte que em todas as Igrejas o batismo incorpora na mesma Igreja una e fundamenta em todas as Igrejas a vida eclesial única. Contudo, visto que uma Igreja adquire forma concreta, a respectiva prática do batismo está ligada à Igreja (confessional) (cf. ÖD 97/19, p. 58). Relevância ecumênica

Justamente no direcionamento eclesial do batismo, porém, evidenciam-se ainda, igualmente, diferenças, uma vez que o lado evangélico enfatiza que o batismo é a quintessência de todo o evento de justificação, enquanto o batismo na visão católica romana é entendido mais como iniciação na vida sacramental mais abrangente da Igreja: o batismo é "apenas um começo e ponto de partida, porque em toda a sua essência aponta para a obtenção da plenitude da vida em Cristo. Por isso o batismo está projetado para a confissão plena da fé, para a incorporação integral no empreendimento da salvação como Cristo a desejou, e finalmente para a inserção completa na comunhão eucarística" (UR 22). Visando retomar o diálogo sobre essa questão, reflete-se em uma consulta da Comissão de Fé e Constituição de 1997 (21) sobre a ordenação, que faz parte do batismo e abarca, com a educação cristã e a vida na comunhão eclesial, mais que apenas o batismo em si.

Quanto à confirmação demanda-se na Constituição da Liturgia uma melhor vinculação retroativa com toda a iniciação cristã (cf. SC 71). A discussão que sempre de novo se manifesta na pastoral mais recente, em torno da idade da confirmação, aponta para a questão, pertinente à teologia da confirmação, acerca da especificidade do sacramento (veja abaixo item 4.2). Confirmação

4 – Desdobramento teológico-sistemático

4.1 – O batismo

4.1.1 – Batismo – necessário para a salvação?

Segundo a visão do Novo Testamento, bem como na história da teologia, o batismo é interpretado como evento de salvação constitutivo para a existência cristã. Que conseqüências isso traz para a questão da necessidade do batismo para a salvação?

Na tradição bíblica e eclesiástica existe uma tensão a esse respeito. Enquanto, por um lado, o batismo vale como necessário para a salvação (cf. Jo 3,5; Tt 3,5; Mc 16,16; DH 1618; LG 14), a perspectiva da vontade divina de salvação universal, por outro (cf. 1Tm 2,1-3), permite abrir uma possibilidade de salvação para não-batizados.

> Ambrósio († 397) desdobra a concepção de que em caso de martírio de um catecúmeno o batismo acontece em seu sangue, em direção da certeza de que o anseio do catecúmeno chega ao alvo, ainda que morra de morte natural antes do batismo. A doutrina do *votum baptismi* [voto de batismo] pressupõe inicialmente o desejo explícito, mas é ampliada em direção do voto implícito (DH 1524; DH 3870). Enfim, Tomás de Aquino já tem noção de um batismo espiritual ou penitencial, no qual se pode alcançar, por meio de atos de fé e amor, o efeito do batismo também sem ser batizado (*STh* III, q 66, a 11). Nessa linha de pensamento há, segundo LG 16, uma possibilidade de salvação para não-batizados em virtude da busca sincera por Deus até mesmo sem referência ao batismo (LG 16).

Dessa forma definem-se os pontos extremos: por um lado não se pode descartar qualquer possibilidade de salvação fora do batismo, e por outro não se deve relativizar a importância salvífica do batismo. Contudo, será o batismo ainda relevante para a salvação, se a salvação não estiver ligada incondicionalmente a ele?

A pergunta precisa ser respondida diante do pano de fundo do que foi afirmado na Seção 1, IV.5.2. O evento da salvação em Jesus Cristo não apenas torna a salvação potencialmente acessível, mas já a enxerta no mundo como realidade concreta. Por consequência, a história toda já está marcada pelo prefixo da salvação. É verdade que ela ainda não se impôs na vida de todas as pessoas como realidade aceita, motivo pelo qual se desdobra como evento em eventos. O batismo é o evento de salvação no qual o corte escatológico do evento de Cristo se torna novo evento na vida do indivíduo e dos indivíduos, modificando sua situação de maneira escatológica.

Cabe notar que a nova vida escatológica não está vinculada ao batismo pelo simples fato de que Deus não pretendia conceder a todas as pessoas a salvação já no aqui e agora ou que a condicionasse arbitrariamente a uma ação concreta. Pelo contrário, deve-se levar a sério que ele franqueia aos humanos a salvação pela comunhão consigo mesmo. Contudo, a comunhão vive de relacionamentos que brotam de um encontro dialogal. O batismo é evento de salvação porque nele pessoas crentes se abrem para a atuação de Deus. Entretanto, Deus não permanece passivo diante dessa prontidão para a resposta de fé, mas pode conceder em vista dela o que desde sempre planejava conceder. Por isso abre-se para os batizados o caminho para ter já aqui e agora comunhão com aquele no qual somos presenteados com vida em abundância: Jesus Cristo. Na verdade, nenhuma vida humana é sem Deus, e para a vida de cada ser humano vale o "por nós" da auto-entrega de Jesus Cristo. Seu objetivo, porém, é "estar em Cristo" e "estar com Cristo", ou seja, concretizar a comunhão. O batismo constitui o evento concreto-corpóreo dessa concretização.

Por isso o batismo leva para dentro de uma participação na salvação, para a qual, por um lado, todas as pessoas são convidadas, mas que, por outro lado, ainda não se concretizou para todos. Para os batizados, porém, essa "vantagem na salvação" com que foram presenteados precisa ser incumbência e envio. Ter um novo fundamento para a própria existência mediante o batismo em Cristo significa tornar-se propriedade dele e ser incluído em seu envio salvífico. Por meio do batismo a história de vida dos batizados foi colocada expressamente após o prefixo de Jesus Cristo. Em conseqüência, estão por seu turno capacitados e responsabilizados para levar toda a realidade de sua vida e do mundo com que se defrontam a entrar em contato com Cristo. Sob essa perspectiva, o batismo é necessário para a salvação também em sentido eclesial: há necessidade de batizados que, como membros da Igreja, se saibam chamados com toda sua vida ao serviço da vontade salvadora de Deus. Justamente essa convocação ao serviço integra inversamente a dádiva da nova vida como ditosa comunhão com o Senhor no envio.

4.1.2 – A RELEVÂNCIA DO EVENTO BATISMAL

Efeito ontológico

A importância do batismo para a *concretização* da salvação é expressa na tradição católica romana atribuindo-se a ele um efeito ontológico. Ele não somente explicita algo nem apenas marca a consciência do ser humano, mas transforma sua realidade existencial. Praticamente um gérmen inicial dessa mudança é o *character indelebilis* (veja Seção 1, IV.6.2), mas que visa a transformação mais abrangente do ser humano. A teologia evangélica teme que com um linguajar ontológico desses se poderia favorecer a separação da dádiva da salvação de seu doador. Por isso prefere categorias pessoais, relacionais, falando de uma redefinição da relação entre Deus e ser humano. Uma vez que categorias ontológicas e pessoais não se contradizem, pode-se afirmar em conjunto que o ser pessoa é reconstituído em virtude do batismo mediante a participação em Jesus Cristo e sua relação de Filho junto ao Pai. Está em jogo uma visão do batismo, de acordo com a qual ele atinge e marca duradouramente as raízes da existência de um ser humano.

Batismo como sacramento da vida

Sobre essa base pode desenvolver-se uma espiritualidade do batismo, que através da totalidade da vida humana retorna ao sacramento da vida, o batismo, consciente de ser por ele perpassado e presenteado. Os aspectos do acontecimento batismal a serem descritos a seguir (perdão dos pecados, morrer com Cristo e participação em seu destino, dádiva do Espírito e da nova vida escatológica, bem como incorporação na Igreja) são dádivas do batismo, porém não se deixam restringir ao evento do batismo. Conforme a tradição expressou por meio da doutrina do *character indelebilis*, introduziu-se pelo batismo algo permanente na vida de uma pessoa. O batismo cria o fundamento vital, sobre o qual os cristãos podem retornar durante a vida inteira. Em formulação mais dinâmica: o batismo veste os batizados com uma nova vestimenta; no batismo vestiram-se de Cristo, contudo trata-se de uma vestimenta grande demais. Crescer para dentro da veste batismal demanda todo um processo de vida, de tornar-se semelhante a Cristo.

Remissão dos pecados

O perdão dos pecados constitui apenas aparentemente a dádiva óbvia do batismo a ser mencionada por primeiro. Não se trata de duas fases que no perdão e na comunicação de nova vida na comunhão com Deus seriam rigorosamente consecutivas, como se primeiramente o ser humano tivesse de ser tornado amável antes que Deus pudesse amá-lo. Pelo contrário, a remissão dos pecados constitui uma faceta da afetuosa auto-revelação de Deus, que demonstrou seu amor por nós no fato de que Cristo morreu por nós quando ainda éramos pecadores (Rm 5,8).

O perdão dos pecados no batismo não se circunscreve a transgressões isoladas da história prévia da pessoa batizada, mas liberta de forma fundamental do poder do mal. O batismo causa uma reviravolta, na qual se deixa para trás o velho ser humano em virtude do morrer com Cristo (cf. Rm 6,6; Cl 3,9). Símbolo disso é a água batismal, que segundo o entendimento cristão não é simplesmente símbolo da vida, mas primordialmente símbolo da morte e do juízo (como defende, na perspectiva exegética, com grande radicalismo OSTMEYER/96). A morte do velho ser humano aponta para a nova orientação de vidas dos batizados. Escapam da voragem da história da perdição, porque, em vez de ser reféns do passado, vivem já agora como novas pessoas no relacionamento com o Ressuscitado a partir do futuro pleno de salvação irrompido com ele. A nova existência humana, porém, não se deixa derivar da origem nem das condições deste mundo, mas vem ao encontro delas a partir do futuro (cf. 1Cor 15,44-49).

Obviamente, a mudança de vida concedida pelo batismo precisa ser buscada por meio de um novo direcionamento da vida. No rito batismal da Igreja antiga, quando os batizandos se voltavam de Oeste para Leste (Oriente!), expressava-se assim simbolicamente a orientação segundo a nova realidade de vida descortinada por Jesus Cristo. Para os catecúmenos da Igreja antiga essa orientação já se havia tornado determinante para a vida em uma trajetória mais longa. Sem tais processos a iniciação permanece inconclusa. Ademais, para a questão de como se torna concreta a superação do velho ser humano, possui relevância a dimensão eclesial do batismo: os batizados são incorporados na Igreja, na qual foram presenteados com uma nova relação vivencial, em que pessoas se tornam umas para as outras testemunhas e representantes da graça (cf. WEGER/117, p. 161-175). Ambos os aspectos possuem máxima importância especialmente para o reavivamento do catecumenato de adultos.

Participação no destino de Jesus Cristo

O batismo não entrega o batizando a um Deus transcendente além da história, mas ao Deus triúno, que em Jesus Cristo e no Espírito se abriu para os humanos. O caminho para a comunhão com Deus, franqueado pelo batismo, está permanentemente ligado à pessoa de Jesus Cristo e à sua trajetória. Ele é o novo ser humano, no qual se mostra como Deus imaginou a existência humana e no qual a existência humana é renovada e aperfeiçoada. Sua vida abre o caminho da superação do pecado e da morte, ao serem suportados no espírito de perdão e amor, ao invés do ódio. De acordo com a fé cristã patenteou-se em Jesus Cristo uma nova vida. Tornar-se cristão significa agarrar essa nova possibilidade de viver e fundar novamente a existência humana na ligação pessoal com Cristo. A liturgia expressa o direcionamento cristológico do batismo com um simbolismo múltiplo. O batismo faz com que a pessoa seja sepultada com Cristo na morte dele (cf. Louvação e invocação de Deus sobre a água: *Feier der Eingliederung* 215/24, 137); a unção com o crisma é expressão de que os batizados pertencem a Cristo para sempre (cf. celebração do batismo de crianças 29/23, 44), pela veste branca se simboliza que se revestiram dele como vestimenta (cf. celebração da incorporação 225/24, 144). Iluminados por Cristo, a luz do mundo, os batizados devem ir ao encontro do Senhor (cf. celebração da incorporação 226/24, 144). Em tudo isso se processa o que LG 7 sintetiza assim: "Afinal, por meio do batismo somos configurados à semelhança de Cristo".

Dádiva do Espírito

Para os batizados tornou-se possível assemelhar-se a Cristo porque lhes é comunicado o princípio de vida, pelo qual ele viveu: o Espírito que o liga com o Pai, que segundo Lc 1,35 constitui a existência humana e que desce sobre ele no batismo para conduzi-lo. O mesmo Espírito possibilita aos batizados chamados a seguir a Jesus que não apenas "copiem" a vida dele, mas a traduzam para dentro de outros contextos, vivendo-a ali com originalidade. Desse modo, o Espírito rompe a figura individual de Jesus Cristo, propicia participação em seu relacionamento com o Pai e desdobra a trajetória única de Jesus na multiplicidade de caminhos de discipulado humano.

Em consonância com os testemunhos do Novo Testamento, o Espírito é a dádiva escatológica aos batizados, penhor de sua indestrutível comunhão com Deus, mas simultaneamente dádiva que é concedida aos batizados para o bem da comunhão da Igreja.

Na história da teologia foi negligenciada a dimensão eclesial do batismo diante da forte ênfase de sua necessidade para a salvação dos indivíduos. Em contrapartida, salienta-se hoje com razão, tanto em termos litúrgicos como teológicos, a incorporação na Igreja como aspecto essencial do evento batismal. O Cristo, com o qual o batismo liga a pessoa, não existe sem sua Igreja.

<small>Incorporação no corpo de Cristo/na Igreja</small>

Ocasionalmente, a incorporação na Igreja é chamada de "parte intermédia" (*res et sacramentum*) entre a execução do sacramento e seu efeito último visado (veja acima p. 102s). Em analogia ao *character indelebilis* na teologia escolástica, a incorporação na Igreja seria assim o efeito primeiro, mais direto e sempre existente, pelo qual se transmitem as demais dádivas do batismo. "Essa incorporação [...] não é apenas um efeito qualquer, 'também' existente, do batismo, mas ela mesma sacramento, sinal para os demais efeitos do batismo" (RAHNER/80, p. 78). Contudo, visto que a incorporação na Igreja pelo batismo não é simplesmente uma acolhida do batizado na comunhão formal da Igreja, mas a inserção do batizado no corpo de Cristo, não é possível diferenciar entre incorporação na Igreja e incorporação em Cristo no sentido de fases distintas. Além disso, o efeito cristológico do batismo não é inequivocamente posterior ao efeito eclesial. Assim como morte e ressurreição de Jesus constituem o fundamento da Igreja como corpo de Cristo, assim morrer com Cristo é fundamento para a inserção no corpo eclesial.

A dimensão eclesial do batismo não é apenas significativa para os diversos batizados, mas igualmente vale o inverso para a Igreja. O batismo é o sacramento que confere fundamentalmente uma base sacramental para a vida eclesial.

4.1.3 – SACRAMENTO DA FÉ – OU: BATISMO DE INFANTES

No acontecimento do batismo a fé constitui um elemento imprescindível. Como evidenciam as perguntas do diálogo batismal, o batismo é realizado com base na fé (veja acima p. 121s). Isso torna questionável se o "sacramento da fé" pode ser sensatamente celebrado como batismo de crianças, ou melhor, como batismo de bebês. A discussão em torno do batismo de crianças se move em diversos níveis. Exegeticamente persiste a impossibilidade de decidir como o Novo Testamento se posiciona diante do batismo de crianças (veja acima p. 114). Eticamente se levantam ressalvas se com o batismo de menores se tomam decisões sobre sua trajetória à revelia da liberdade deles. Objeções pastorais contra o batismo de crianças favorecem uma Igreja de livre adesão, capaz de ser digna de crédito com base em uma decisão positiva de fé de seus membros.

O ponto crítico da discussão no nível dogmático diz respeito ao significado da fé no ato do batismo. Observando-se mais de perto, não está em jogo a pergunta se a fé é dispensável ou não – ela não é! Contudo cabe discutir a avaliação de até que ponto essa fé existe suficientemente no batismo de infantes. Essa controvérsia atinge em primeira linha a concepção do ser humano e as conseqüências para o entendimento da comunhão da Igreja.

Enquanto no passado ser criança era entendido como mero estágio prévio ao ser adulto, a infância é hoje descrita nas disciplinas antropológicas como um modo próprio de ser pessoa. Ser criança não é medido unilateralmente pelo parâmetro da vida adulta (e aquilatado como deficiente), mas considerado em sua forma de valor próprio. Nisso se evidencia quanto uma criança é um ser profundamente relacional: ser criança significa viver em participação com outras pessoas e, em virtude dessa participação, vir a descobrir-se a si mesmo. Assim como desde o nascimento uma criança adota dos pais e do entorno formas de comportamento exterior e de atitudes interiores, assim ela também participa à sua própria maneira (decididamente ativa) da fé, conforme é vivenciada pelos pais e expressa na celebração do batismo. Nesse sentido, a criança é crente de um modo adequado à sua condição de criança.

Fé vicária Entretanto, essa forma da fé ainda não é plenamente desenvolvida. Nesse aspecto cabe complementar a fé da criança por formas de fé vicária. A criança participa da fé dos pais e da Igreja, que por sua vez completa e representa o que ainda falta na fé da criança. Pois isso de forma alguma contradiz a essência da fé, que sempre é fé comunal. No rito, a circunstância de os pais carregarem a criança constitui um profundo símbolo para essa ligação. Sem dúvida a fé vicária, bem entendida, traz no bojo a perspectiva de que a própria criança cresça de forma cada vez mais consciente para dentro dessa fé. Contudo, o testemunho vicário dos pais pode valer como antecipação da fé, a qual a criança um dia há de assumir responsavelmente como sua própria. O cuidado para que essa antecipação se torne verdade constitui a incumbência de pais e padrinhos.

Estando assim respondida positivamente a pergunta pela fé a ser pressuposta para a celebração do batismo, resta esclarecer como um agir vicário desses pode ser responsabilizado com vistas à liberdade de um ser humano. Nessa questão é preciso distinguir objetivamente dois aspectos, a legitimidade do próprio batismo e a legitimidade de uma educação cristã. Com vistas ao segundo aspecto deve-se rejeitar, já com base na psicologia do desenvolvimento, o ideal de uma educação isenta de valores. Não existe um espaço neutro. Quem abre mão da mediação de valores entrega as crianças ao jogo de não-valores. Por isso, introduzir crianças na fé não causa prejuízo à liberdade delas, mas constitui justamente um modo como pais crentes descerram para o filho o espaço vital da fé, experimentado por eles como precioso e libertador. Se alguém pretendesse educar uma criança de maneira cristã, mas renunciasse ao batismo, isso não corresponderia à essência do que é cristão, que representa dádiva graciosa antecipada, não mero elemento cultural. Crianças são cristãs não pela mercê de seus pais, mas com base na vocação por meio de Deus, que presenteia com essa possibilidade de vida. No batismo pais rogam para seu filho mais do que conseguem dar-lhe pessoalmente, mais do que mera educação cristã é capaz de realizar.

Educação isenta de valores?

Apesar da defesa a favor da legitimidade e do valor do batismo de crianças, deve-se enfatizar que o batismo de menores de forma alguma é — como se ouve ocasionalmente — o "modelo clássico" do sacramento propriamente dito. Em termos de teologia da graça seria extremamente problemático tentar fixar a eficácia do sacramento e, por conseqüência, uma forma ideal da graça, ali onde inexiste a consciência humana. Assim como a graça não faz concorrência à liberdade, mas liberta para a liberdade, assim os sacramentos visam justamente o livre consentimento e resposta humanos, a fim de poder fundar e aprofundar uma comunhão viva. Também entre adultos é o próprio Deus com sua graça que conduz homens e mulheres à Igreja: "De múltiplas maneiras tu os estimulaste e te antecipaste a eles, de modo que o anseio por ti se torna cada vez

Batismo de crianças não é modelo!

133

mais intenso neles" (Oração na celebração da acolhida: celebração da incorporação 82/24, p. 61).

4.2 – A confirmação

Relação entre batismo e confirmação

Por causa da diferenciação posterior da confirmação, separando-a do rito originalmente unitário da iniciação, a teologia da confirmação precisa percorrer um divisor de águas. Por um lado tem de levar em conta quanto a confirmação está ligada ao batismo e relacionada com ele. Ainda que por isso não se possa negar-lhe o caráter de um sacramento independente, é preciso considerar com carinho a diferença entre *sacramenta minora* e *sacramenta maiora* (veja acima Seção 1, IV.6.1). Ela orienta para não se definir o conteúdo da confirmação à custa do batismo, mas em relação a ele. Por outro lado o processo de independência da confirmação não está fundamentado apenas por razões práticas e pragmáticas, mas remonta à opção teológica de realizar a unção depois do batismo pelo bispo. Por conseguinte, constitui tarefa da teologia da confirmação demonstrar até que ponto a confirmação, apesar do nexo com o batismo, não deixa de ser um sacramento com relativa autonomia.

Uma definição dessas do sentido da confirmação pode ser realizada de duas maneiras. Uma visão *complementar* entende a confirmação como acontecimento que acrescenta algo ao batismo. Diante dessa visão cabe examinar com cuidado se o aspecto complementar por direito não deveria ser atribuído ao batismo. De acordo com uma descrição *comparativa*, explica-se e desdobra-se na confirmação um aspecto que está alicerçado no batismo. Constitui aqui um ponto crítico a pergunta até que ponto uma função dessas justifica que se fale de um sacramento. Na teologia contemporânea ocorrem diversas sugestões de definição de sentido de seu conteúdo.

Não por último, em vista da enfadonha discussão em torno da idade da confirmação, diversos teólogos olham atualmente para a prática da Igreja oriental, que combina o batismo e a unção da crisma em uma única celebração litúrgica. Seguindo essa prática proíbe-se, conforme concepção de Michael Kunzler (cf. 115), a separação entre confirmação e batismo, porque somente a unção da confirmação concede a participação divinizadora no Espírito. Aqui, contudo, parece que a tendência ocidental para a análise (com atribuição precisa de determinados efeitos a certas práticas) está se apoderando da visão oriental, mais integral, tendo como conseqüência que o batismo parece ser mera preparação daquilo que somente é de fato concedido pela confirmação.

A visão tipicamente ocidental foi acertada com precisão por Hans Küng em uma definição antropológica de sentido (cf. 114). Por ser o batismo de crianças uma modalidade incompleta de batismo, ele demanda por um aperfeiçoamento na fé e no testemunho dos próprios batizados. A confirmação seria *confirmatio* como atestação subjetiva da fé por parte dos batizados e como fortalecimento objetivo, por intermédio do Espírito, dos batizados que agora se confessam publicamente a favor da fé. A pastoral, porém, depara nesse caso com a pergunta de quando está assegurada a demandada "maioridade". Além do mais, não está bem claro por que a confirmação constitui um sacramento à parte também por ocasião da celebração do batismo de adultos.

Uma visão complementar da confirmação também resulta da justaposição com os eventos-chave da história da salvação, a Páscoa e o Pentecostes. Visto que cada sacramento deve ao mesmo tempo ser entendido em termos cristológicos e pneumatológicos, seria fácil demais entender o batismo como acontecimento cristológico e a confirmação como pneumatológico.

Outro aclaramento preciso pode se dar pela interpretação que recorre a declarações do Concílio Vaticano II, desenvolvendo a partir delas uma teologia da confirmação com ênfase eclesiológica. De acordo com LG 11, pela confirmação os batizados são "mais perfeitamente ligados à Igreja e revestidos de uma força especial do Espírito. Por conseqüência, estão rigorosamente comprometidos a simultaneamente disseminar e defender a fé como verdadeiras testemunhas de Cristo com palavras e ações". Essas declarações comparativas devem ser questionadas quanto a *até que ponto* a confirmação na perspectiva eclesiológica significa algo mais diante do batismo, uma vez que o batismo já insere no corpo de Cristo. Para isso é preciso, agora, levar em conta a raiz histórica para a separação entre confirmação e batismo: a vinculação com o bispo. A confirmação desdobra a importância da dimensão eclesial de toda a existência cristã, na medida em que a Igreja apostólica representada pelo bispo traz mais intensamente ao campo de visão o aspecto do envio. A confirmação é aquele sacramento que inclui no envio histórico concreto da Igreja e também capacita para uma participação responsável e criativa nesse envio por meio da invocação dos dons do Espírito (cf. BREUNING/107).

Sugestões de leitura

Uma introdução abrangente na prática e teologia bíblicas do batismo é trazida por Gerhard Barth (93) e Lars Hartman (94). A riqueza da teologia patrística do batismo se torna palpável nos volumes da série *Fontes Christiani* (2-6), mas também obtém uma exposição marcante no belo volume de Lothar Heiser (101: patrística grega). A teologia batismal mais recente (ainda) não tem nada equivalente a oferecer, de modo que os impulsos decisivos para uma elaboração sistemática do batismo precisam ser procurados nas fontes. Justamente na proximidade da tradição patrística reside a força das — mais numerosas — obras francesas sobre a teologia batismal (106; 108). De maneira nítida e marcante, August Jilek (112) fornece portas de acesso a partir da liturgia.

capítulo II
EUCARISTIA

1 – Introdução

Dentre todos os sacramentos foi a eucaristia que na história da teologia mais atraiu a atenção. Em vista disso, o sacramento da unidade tornou-se ao mesmo tempo o sacramento em torno do qual se acendeu o maior número de conflitos. Nem sempre foi preservada neles a visão do todo. E nem sempre – contrariando a orientação na prática, algo necessário para a teologia dos sacramentos (veja acima p. 17) – a singela profundidade do ato constituiu o ponto de partida e o alvo da reflexão.

A exposição subseqüente tem o objetivo de, partindo de uma exaustiva fundamentação bíblica, chegar a uma visão sistemática que, na medida do possível, integre os diversos aspectos em um conjunto.

2 – Fundamentação bíblica

Terminologia

Quanto ao nome: de acordo com Atos 2,42 faz parte das características dos cristãos reunir-se para o *partir do pão*. Paulo fala da *ceia do Senhor* (cf. 1Cor 11,20). Em contraposição, a designação eucaristia apenas repercute um uso não-específico do verbo agradecer (*eucharistein*; cf. Lc 22,19; Cl 3,17s). Somente na Igreja antiga essa palavra torna-se uma designação específica do ato, de acordo com o qual posteriormente também são denominadas as dádivas.

2.1 – A prática da ceia em Jesus

Alimento como sinal para a vida

A Última Ceia de Jesus com seus discípulos situa-se dentro do contexto de uma proclamação que retoma, em palavra e sinal, experiências humanas da dependência de alimento, bem como da alegria pela comida e refeição, para conduzi-las para além delas mesmas.

Jesus espera – bem de acordo com a fé judaica (cf. Sl 104,14s; 145,15s; Dt 8,8s) – o alimento mantenedor da vida do cuidado do Pai pelos humanos (cf. Mt 6,25). O cuidado divino se encarna na compaixão de Jesus, que presenteia com abundância a carência da multidão faminta (cf. Mc 6,32-44; 8,1-10; cf., como pano de fundo, Sl 23). Como sinal da vida, a ingestão de alimento é usada no contexto da ressuscitação da filha de Jairo (cf. Lc 8,55), assim como o próprio Jesus, após a ressurreição, também se evidenciará como vivo ao se alimentar (cf. Lc 24,41).

Ceia fundadora de comunhão

Jesus cultiva a realização da ceia constituinte de comunhão, uma ceia que em suas parábolas é essência da incipiente soberania de Deus (como em Lc 14,15-24; cf. a esse respeito Lc 24,1; Is 25,6). Busca a comunhão de mesa com pessoas sem considerar o escândalo que ele causa quando "dá boa acolhida aos pecadores e come com eles" (Lc 15,2; cf. Mt 9,10-13). É conduzido pela pretensão de que na comunhão da ceia propiciada por ele se expressa o favor redentor e restaurador do próprio Deus (cf. Mt 9,12s; Lc 15). Logo é concedido aqui um antegozo da ceia escatológica.

2.2 – A Última Ceia de Jesus

Relatos da ceia do Senhor

Possuímos relatos da Última Ceia de Jesus em quatro versões: Marcos 14,12-26a; Mateus 26,21-30; Lucas 22,7-28 e 1 Coríntios 11,17-26. Essas narrativas são oriundas de duas correntes da tradição: Mateus é dependente de Marcos (tradição de Marcos), Lucas está muito próximo de Paulo (tradição de Antioquia). Há controvérsias sobre qual tradição seria a mais antiga.

Na comparação das diversas formulações chamam atenção algumas diferenças.

> a) Somente Lucas fala, no relato sobre a ceia, especificamente do *Pessach*; b) em Marcos como em Mateus a perspectiva escatológica ocorre no final, em Lucas se dá no começo; em 1 Coríntios ela aparece resumidamente como comentário de Paulo; c) Lucas fala de um primeiro cálice antes da ação com o pão; d) ao contrário de 1 Coríntios, Marcos e Mateus informam que Jesus teria dado o pão aos discípulos, acompanhado de uma solicitação expressa: "Tomai, comei"; e) constata-se uma assimetria marcante das palavras sobre pão e cálice em Marcos e Mateus, que ao contrário de Lucas e 1 Coríntios trazem a palavra do pão sem explicação; f) ao "pelos muitos" na palavra do cálice em Marcos e Mateus corresponde o "por vós", que em 1 Coríntios consta na palavra do pão, e em Lucas nas palavras do pão e do cálice; g) somente 1 Coríntios e Lucas têm conhecimento da ordem do memorial; h) 1 Coríntios e Lucas mencionam uma ceia entre os atos do pão e do cálice; i) Marcos nota (precocemente, no que se refere ao conteúdo): "e todos beberam dela"; Mateus transmite a solicitação "bebei dele todos"; visto em conjunto com "d)", evidencia-se em Marcos e Mateus uma participação mais salientada dos que recebem a ceia no evento; j) a palavra de interpretação sobre o cálice é introduzida de formas diferentes: "esse cálice é" (1 Coríntios e Lucas) - "isso é" (Marcos e Mateus); k) a palavra de aliança está formulada de maneira distinta: meu sangue da aliança (Marcos e Mateus) — "a nova aliança no meu sangue"; l) unicamente Mateus traz a explicação: "para remissão dos pecados".
>
> Por trás dessas diferenças existem intenções diversas: os relatos em Marcos e Mateus são representantes de uma tradição predominantemente (porém não exclusivamente) histórica; Lucas possui uma característica maior de testamento, por inserir o relato em um discurso de despedida: a Santa Ceia faz parte do legado de Jesus; 1 Coríntios remete a prática da igreja à Última Ceia (etiologia cultual), seu destinatário é expressamente a igreja celebrante da eucaristia. Enquanto a tradição histórica permite constatar mais o caráter único da situação, na tradição cultual os fatos históricos passam para segundo plano. O arcabouço narrativo se encolhe para um formato mínimo.

Como as diferenças entre os relatos da ceia no Novo Testamento, convergem neles tradição histórica, interpretação teológica (como apropriação cognitiva do evento pela primeira Igreja) e testemunho da prática cristã primitiva da ceia do Senhor. Por isso torna-se viável apenas de forma limitada reconstruir o evento histórico por ocasião da Última Ceia de Jesus.

A configuração da ceia se assemelha à forma de ceias festivas judaicas. Nelas bebe-se no contexto da entrada um primeiro copo *kiddush*, e na ceia do *Pessach* ainda o copo da *haggadá* (cf. Lc 22,17). A refeição principal, que sacia, é emoldurada por um pão acompanhado de uma oração de gratidão e por um cálice de bênção subseqüente à ceia, oferecido com uma oração de ação de graças. É com esse pão e esse cálice que se associam as palavras eucarísticas de Jesus.

Ceia do Pessach?

Embora os sinóticos anunciem a ceia vespertina de Jesus como ceia do *Pessach* (cf. especialmente Lc 22,15), os ritos do *Pessach* como tais não têm relevância. Por isso se reveste de certa probabilidade a suspeita de que se trate mais de uma interpretação teológica que de uma datação histórica (ainda mais que também outros motivos depõem em favor da cronologia do evangelho de João, que datam a morte de Jesus no dia da preparação para a festa do *Pessach*). A ceia do Senhor não é ceia do *Pessach* no rito judaico, mas com vistas ao *Pessach* "que o próprio Jesus há de vivenciar" (LÉON-DUFOUR/119, p. 251).

A ação da ceia

Mediante adoção de costumes da ceia judaica, Jesus, agradecendo a Deus, toma o pão e o vinho, os quais, ao contrário do costume judaico, ele não degusta pessoalmente, e lhes confere, por meio das palavras que os acompanham, uma nova e inesperada relação com sua pessoa e seu destino.

O teor das palavras de interpretação leva a supor que os motivos para colocar em paralelo as palavras do pão e do cálice (cf. Mateus com Marcos) se devem à prática litúrgica da Igreja primitiva. Por causa da coloração semítica, ocasionalmente se atribui maior originalidade ao "pelos muitos" de Marcos; mas também é possível que se trate de uma ampliação posterior do "por vós" situacional. Tampouco se pode esclarecer em definitivo se a palavra do pão foi abreviada na versão de Marcos e Mateus, quando na prática litúrgica da Igreja primitiva não havia mais, entre os ritos do pão e do cálice, uma refeição que saciava as pessoas, de sorte que a palavra toda do cálice podia oferecer uma interpretação para o evento todo. É controvertida a historicidade da incumbência de celebrar a memória.

A pergunta pelo sentido que o Jesus histórico deu a sua ação está estreitamente ligada à pergunta cristológica por sua autocompreensão e sua própria interpretação da morte iminente. De acordo com a tônica dos evangelhos, Jesus se apercebeu de que a situação se aguçava contra ele. A situação da Última Ceia é determinada pela iminente condenação pelas autoridades religiosas e pela esperável execução. Dessa forma questiona-se ao mesmo tempo, de maneira radical, sua reivindicação. Contudo, há muitos indícios de que Jesus soube integrar sua iminente morte violenta em sua entrega e sua reivindicação. Em favor disso depõe não por último a palavra escatológica nos relatos da instituição: "Ao expressar, pois, sua certeza de um dia 'beber de novo' o cálice no reinado de Deus que irrompe, Jesus subentende que a comunhão da ceia, que até então foi viabilizada por ele e que antecipa a soberania de Deus, não será anulada por meio de sua morte, mas deverá ter um futuro" (ROLOFF/184, p. 53). A partir disso projeta-se uma luz sobre o evento da Santa Ceia. Em vez de apenas preparar pão e vinho como ceia mediante o gesto abençoador de recebimento e ação de graças, Jesus lhes atribui, na antecipação de sua própria morte, e com grande soberania, um novo significado. Nos sinais de pão e vinho sua presença deve perdurar para além de sua morte, para que desse modo, ao mesmo tempo, sua entrega corporal suportada ao extremo possa tornar-se fundamento duradouro de um novo relacionamento de aliança: no sinal Jesus oferece sua existência, para que a participação nele possibilite o envolvimento com seu destino.

<small>Intenção de Jesus</small>

Essa guinada no evento da ceia se destaca com maior nitidez quando se leva em consideração o clima que transparece em todas as tradições: informa-se acerca da Última Ceia de Jesus que está sob o sinal da despedida, traição e morte. A ceia, que em si é sinal de comunhão e alegria, é retocada de maneira peculiar por aquilo que a rigor se contrapõe ao cumprimento desse sinal. Apesar disso ela se torna expressão de uma comunhão incomparavelmente mais profunda, porque Jesus faz com que pão e cálice se tornem participação nele próprio e em sua entrega.

Essa interpretação geral precisa ser prolongada com base em uma exegese mais precisa das palavras de explicação do pão e do

<small>As palavras de explicação</small>

vinho, nas quais já se ligam indissoluvelmente o evento histórico e a apropriação cognitiva pela Igreja primitiva. As palavras que na história da teologia foram sempre de novo refletidas (às vezes de forma excessivamente isolada) devem ser consideradas em conjunto com o acontecimento da ceia: são palavras sobre o pão e o cálice, que no entanto se dirigem aos participantes que devem beber deles. O pronome demonstrativo *toúto* se refere ao pão, que já assumiu uma nova qualidade por meio da bênção, que por ser partido já está marcado para a refeição conjunta e que como pão oferecido constitui dádiva aos discípulos. O mesmo vale analogamente para o cálice.

Acerca do pão assim preparado, Jesus afirma que é *corpo* dele. No pensamento bíblico corpo não deve ser entendido no sentido de corpo como oposto à alma, motivo pelo qual tampouco constitui um conceito complementar para sangue, para sintetizar supostamente a dimensão corporal inteira. Pelo contrário, o termo se refere ao si-próprio, à pessoa, mais precisamente – de forma absolutamente não-espiritualizada – "à pessoa, na medida em que é capaz de se expressar"[1]. Não por último a partir da palavra do cálice, que cita expressamente o *"sangue derramado"*, apontando desse modo para o fato de que Jesus será morto, deve também levar em conta a dimensão histórica: corpo e sangue significam a existência entregue à morte.

A identificação de pão e corpo por meio do "*é*" não deve ser interpretada como igualação material, especialmente com vista à palavra do cálice. Por outro lado, pão e vinho são mais que meras metáforas. O Senhor representado "não está presente apenas de forma figurado-simbólica, mas de forma real em sua dádiva [...] e precisamente presente como aquele que se entrega"[2]. Isso valerá ainda mais quando o "é" for interpretado por meio do "tomai e comei". Pão e vinho são de tal modo verdadeiros portadores da prometida autodoação que o comer e beber concreto-corporal constituem o caminho para participar dela.

---

1. Xavier Léon-Dufour, verbete "Abendmahl" 1. Im Neuen lestament, in: *LThK3* vol. I (1993) 30-34,31.

2. Wolfgang Schrage, *Der erste Brief an die Korinther*. Tomo III: 1Kor 11,17-14,40, Zurique; Neukirchen-Vluyn, 1999 (EKK 7/1), 36.

O cálice é definido como *"a nova aliança em meu sangue"*, respectivamente como *"meu sangue da aliança, derramado para os muitos"*. A formulação "meu sangue da aliança" alude a Êxodo 24,8, em que o sangue do sacrifício serve para reforçar e selar o diálogo do pacto. Segundo a compreensão de Marcos, a morte de Jesus representada na Santa Ceia é, portanto, sacrifício, por meio do qual a aliança obtém novo vigor. Dessa maneira, o sacrifício ritual substituto é transcendido em direção do sacrifício pessoal. Sinal e garantia da aliança já não é o sangue de um animal de sacrifício, mas "meu" sangue. A versão de 1 Coríntios e de Lucas, "nova aliança no meu sangue", considera — em conexão com o discurso profético da nova aliança — que a aliança foi fundada novamente através do sangue.

A entrega de Jesus acontece *"pelos muitos"/"por vós"*; a fórmula de Mateus, *"para remissão dos pecados"*, interpreta o evento da Santa Ceia como fruto do morrer propiciatório de Jesus (cf. a referência a Is 53). O "por vós" pode ser traduzido no sentido de "em vosso benefício", "em favor de vós", mas igualmente pode significar "em lugar de", introduzindo a idéia da vicariedade. Os diversos aspectos de forma alguma se excluem mutuamente. Segundo o entendimento cristão, a pró-existência de Jesus somente será caracterizada de forma suficientemente radical se o "por" tiver a conotação de que sem ela a vida humana, por causa do pecado, não tem futuro. Uma vez que a raiz dessa ausência de perspectivas, da qual o pecador não consegue se libertar por si próprio, reside nele mesmo — e não, por exemplo, na ira de Deus —, é necessária uma libertação a partir de dentro: por intermédio daquele que abre novamente um acesso a Deus no lugar em que os pecadores se encontram. O reconhecimento do caráter catastrófico do pecado constitui a premissa da idéia da expiação. O pecado intercepta possibilidades de vida e conduz para a morte, ao passo que a expiação é o lugar presenteado por Deus que viabiliza a guinada do destino de morte para uma nova vida. Vastas partes da tradição do Novo Testamento consideram Jesus Cristo como esse "lugar", visto que se colocou no lugar dos pecadores, a fim de suportar o destino de morte deles em si mesmo. A idéia da expiação, porém, não deve sofrer o reducionismo para a solução da história de pecados: o alvo é possibilitar aos pecadores uma nova vida no relacionamento com Deus. A auto-entrega de Jesus pelos muitos franqueia a comunhão com ele. Por isso o sentido de "em benefício de vós" se insere essencialmente no "por vós". As palavras da Santa Ceia descerram a pró-existência de Jesus, expressa e enfaticamente, como dádiva: o corpo entregue é alimento para a vida em plenitude, porque franqueia a participação em Jesus Cristo.

[Quanto à palavra memorial, cf. acima Seção 1, IV.4.1]

2.3 – O partir do pão na Igreja primitiva

Vinculação com a ceia de Jesus

Por volta do ano 40, Paulo constata a prática de uma celebração regular da eucaristia, como também é atestada por At 2,42.46; 20,7.11. Ela somente se explica a partir dos últimos dias de Jesus. Com ou sem ordem de reiteração, todos os relatos da instituição permitem reconhecer que os primeiros cristãos se consideravam incumbidos pela Última Ceia de Jesus a realizar essa ceia em memória dele. A impactante ação sinalizadora em um repetitivo rito de refeição sugere, também sem uma incumbência expressa, uma reiteração. Devem ser levados a sério os testemunhos segundo os quais surge novamente, após a ressurreição, o evento da ceia nos moldes da Santa Ceia (cf. Lc 24,13-35). Em tais encontros com o Ressuscitado os discípulos podem ter-se dado conta de que essa ceia deve ser a forma permanente de como ele se torna pessoalmente presente. Em todos os casos, já se conecta por volta do ano 40, em 1 Coríntios 11, a prática da ceia do Senhor com a Última Ceia de Jesus.

Primeira configuração da ceia do Senhor

Depreende-se muito pouco da forma da ceia do Senhor nas primeiras igrejas. Entre os coríntios ela ainda está ligada a uma refeição para saciar as pessoas, para a qual a igreja toda se reúne independentemente de diferenças sociais. É presumível que os gestos da ceia eucarística, originalmente atos que emolduravam a refeição que alimentava as pessoas, aqui já tenham sido reunidos em uma unidade no final da refeição. Conforme At 20,7-12 o partir do pão está ligado à proclamação da palavra. Os textos não informam sobre quem preside as reuniões para a celebração da ceia do Senhor.

Sem visar uma derivação dos cultos de mistério gentílicos, Hans-Josef Klauck (118 e 183, p. 313-347) elabora, principalmente a partir da Primeira Carta aos Coríntios, o parentesco e as diferenças da ceia cristã do Senhor em relação a refeições sagradas da Antiguidade, para justamente assim destacar o teor específico da eucaristia. A ceia é ceia do Senhor (1Cor 11,20): "A igreja sabe que o Senhor está presente no Espírito durante sua celebração" (183, p. 325). Na carta, Paulo sublinha — contrariando certas tendências dos coríntios — a relação com o destino de morte de Jesus. Essa vinculação histórica diferencia fundamentalmente a ceia do Senhor de cultos de mistério, que têm conteúdo mítico. Entretanto, associa-se com a ceia do Senhor a expectativa pelo Senhor vindouro (cf. 1Cor 11,26). Concretizações dessas formas de presença são pão e vinho, que conforme 1 Coríntios 10,16 medeiam a participação em Jesus Cristo. Klauck também remete à "argumentação de Paulo em 1 Coríntios 11,27-30, de cunho singularmente realista" (183, p. 328).

Digno de nota é, nos mais antigos testemunhos, o interesse pela prática autêntica da eucaristia. As palavras de 1 Coríntios 10,14-22 enfatizam o vínculo exclusivo com Jesus Cristo, estabelecido pela participação na eucaristia. A eucaristia propicia participação no corpo e sangue do Senhor e por isso é incompatível com a carne sacrificada a ídolos — que em si é neutra (cf. 1Cor 8,4.8) — quando por meio dela se busca a comunhão com os ídolos. A comunhão com o corpo de Cristo, porém, é ao mesmo tempo comunhão com o corpo eclesial. Por conseqüência, negar a comunhão vivencial com os co-cristãos representa uma afronta à comunhão da ceia do Senhor (cf. 1Cor 11,17-34).

Prática correta e teologia

A isso corresponde a "explicação" da ceia por João por meio da perícope do lava-pés (Jo 13). Ela torna palpável a entrega de Jesus, que constitui o fundamento do acontecimento da Santa Ceia relatado pelos demais evangelhos, destacando seu desafio que compromete os discípulos de Jesus.

Além disso, é significativo para a teologia da eucaristia o discurso sobre o pão, relatado por João (Jo 6). Sua primeira parte é marcada por um modo de ver pessoal, segundo o qual Jesus fala *de si próprio* como pão (cf. vv. 35.48: "Eu sou o pão da vida"). Quem chega a ele com fé, encontra nele a vida. Essa visão pessoal corrige a busca por um "alimento milagroso reificado" (cf. v. 34). Na segunda parte do discurso do pão está em jogo o pão eucarístico como *dádiva da salvação*, pela qual Jesus se doa (v. 51-58: "O pão que eu darei é a minha carne"). João, portanto, preserva uma compreensão realista "sacramental" da eucaristia junto com uma visão pessoal.

3 – Desenvolvimentos histórico-teológicos

3.1 – A Igreja antiga

Ação de graças

Na liturgia da Igreja primitiva a celebração da ceia do Senhor aparece completamente à luz daquilo que ela é de acordo com o nome que agora passa a se fixar: eucaristia, ação de graças. "O trazer (ofertar) de pão e cálice acontece mediante ação de graças, e o trazer (ofertar) agradecido por sua vez vive integralmente da memória do evento da salvação, que foi alicerçado no passado" (JILEK/134, p. 32).

Dimensão eclesial

Determinante é a perspectiva eclesial, segundo a qual o pão único da eucaristia constitui um sinal eficaz da unidade da Igreja (como afirmam na primeira metade do século II o Didaquê e Inácio de Antioquia).

Unidade de criação e redenção

Na controvérsia com o gnosticismo a eucaristia é, para Irineu de Leão († por volta do ano 200), a realização concreta da unidade de criação e redenção. Assim como as dádivas eucarísticas retiradas da criação são santificadas, assim a criação é inserida na redenção, sendo assim conduzida à perfeição.

> Se, pois, tanto o cálice de mistura como o pão preparado acolhem a palavra de Deus e se tornam eucaristia, sangue e corpo de Cristo, e se deles se fortalece e subsiste a substância de nossa carne, como podem eles [os gnósticos] negar, então, que a carne seja receptiva para o presente de Deus que é a vida eterna? (*Adversus haereses* 5,2,3; FC 8/5, p. 34).

A participação na eucaristia é penhor da ressurreição corporal, porque também na eucaristia o pão terreno está associado a um elemento celestial.

> Porque como o pão oriundo da terra, quando recebe a interpelação de Deus, não é mais pão comum, mas a eucaristia, que consiste em dois elementos, um terreno e outro celestial, assim também nossos corpos, quando recebem a eucaristia, não mais pertencem à corruptibilidade, mas possuem a esperança da ressurreição (*Adversus haereses* 4,18,5; FC 8/4, p. 146).

Patrística grega

Nos Padres Gregos a doutrina eucarística de cunho cristológico se situa diante do contexto do pensamento figurado platônico. A eucaristia é acontecimento simbólico de réplica, no qual é concedida a presença de Jesus Cristo. É possível distinguir três aspectos dessa atualização (a esse respeito, cf. BETZ/122s). Presente está o próprio Jesus Cristo como Senhor da ceia ("presença pessoal"). Outro ponto de referência são os eventos da salvação: paixão, morte e ressurreição, e, de forma mais abrangente, a totalidade do destino do Encarnado ("presença atual anamnésica"). Ao mesmo tempo o olhar se dirige para a frente: como memorial da ressurreição, a eucaristia antecipa o que a fé cristã aguarda na consumação. A presença de Jesus Cristo nas dádivas da salvação ("presença real somática"), por fim, é cristalização de sua presença pessoal e da presença do acontecimento. Raramente ocorrem reflexões de *como* deve ser entendida a presença de Jesus Cristo nas dádivas eucarísticas. Contudo, é flagrante que, em troca, o *pneuma* se reveste de relevância fundamental. O Espírito desce e toma conta de pão e vinho, para que sejam corpo e sangue do Senhor. A partir dessa presença real somática fala-se com a terminologia do pensamento figurado platônico. Conceitos como *sýmbolon, eikõn, homoíõma, týpos, antítypos* designam, em uma concepção escalonada da realidade, elementos que não são idênticos com aquilo que designam, mas que participam da verdade do que é designado.

A patrística latina se interessa principalmente pelo aspecto prático e de cuidado pastoral da eucaristia. Em Cipriano de Cartago († 258), por exemplo, a eucaristia é entendida como fortalecimento para a vida eticamente coerente, particularmente como fortalecimento para o martírio. Em Agostinho († 430) a visão eclesial da eucaristia é determinante como sacramento da unidade da Igreja. A eucaristia é sinal não apenas da presença de Jesus Cristo, mas da mesma forma sinal da presença de seu corpo eclesial.

Patrística latina

> Se desejares entender "corpo de Cristo", ouve o que o apóstolo diz aos fiéis: "Vós sois o corpo de Cristo...". Se, pois, sois o corpo de Cristo, [...] então o vosso mistério [o mistério que sois] está depositado sobre a mesa do Senhor. Recebeis vosso mistério. Àquilo que sois, respondeis: "Amém". [...] Ouves: "Corpo de Cristo", e respondes: "Amém". Sê um membro do corpo de Cristo, para que teu "Amém' seja verdadeiro! (AGOSTINHO, *Sermones* 272; PL 38, p. 1247).

Com referência à qualidade ôntica das dádivas, é significativa, em termos de conseqüências históricas, a posição de Ambrósio

(† 397), que reflete mais profundamente sobre a transformação das dádivas (metabolismo), atribuindo-a às palavras da consagração (cf. *De Sacramentis* 4,23; FC 3, p. 151).

3.2 – *Transformações até a Idade Média e síntese da evolução posterior*

Controvérsia sobre a Santa Ceia

A ruptura cultural entre a Antiguidade e a Idade Média (veja acima p. 57), e mais detalhadamente acerca da eucaristia (ver abaixo p. 160s), reflete-se de forma particularmente persistente na teologia da eucaristia. O pensamento simbólico da Antiguidade, que vê convergir no símbolo diversas dimensões da realidade, não é mais compreendido; sinal e verdade, respectivamente realidade, aparecem agora como grandezas opostas. Textos de Agostinho que descrevem a eucaristia como símbolo a ser entendido no *sentido pleno, real*, da presença de Jesus Cristo provocam na Idade Média controvérsias em torno de uma forma realista-objetiva ou apenas espiritualista-simbólica da presença do corpo de Cristo. Essas disputas são efetivadas em dois conflitos pela Santa Ceia nos séculos IX e XI, chegando a uma resposta autêntica apenas pela doutrina da transubstanciação — concebida de formas muito variadas. De forma inegável, a atenção passa a ser dirigida unilateralmente à presença real somática. A formulação predominantemente reificada em si não alcança nem a presença pessoal de Jesus Cristo (Tomás de Aquino, † 1274, tem de clarear especificamente que todo o corpo de Cristo está presente na eucaristia: cf. *STh* vol. III, q 76, a 1) nem o nível do acontecimento (presença atual). Por conseqüência, também a idéia do sacrifício se desprende da reflexão do sacramento, tornando-se problematicamente independente (veja abaixo item 4.1): a presença do Senhor nas configurações eucarísticas e a celebração da eucaristia como sacrifício passam a ser tratadas como dois temas diferentes.

Diálogos ecumênicos no século XX

Sob ambos os aspectos surgem controvérsias na época da Reforma. Impulsos frutíferos para trabalhá-las e aprofundar a teologia da eucaristia são oferecidos desde o século XX pelos diálogos ecumênicos e pelos textos consensuais, a começar pelos diálogos no campo evangélico, que em 1973 conduziram ao Acordo de Leuenberg, passando por diálogos entre católicos romanos e Igrejas evangélicas — cabe mencionar sobretudo um documento surgido nos Estados Unidos sobre "A eucaristia" (relatório final dos diálogos entre católicos romanos e luteranos nos Estados Unidos em 1967, in: GASSMANN/10, p. 57-70), uma declaração, "A caminho de uma única fé eucarística" (1971), do grupo de Dombes (in: GASSMANN/10, p. 104-112), e o relato da Comissão conjunta católica romana e evangélica luterana, "A ceia do Senhor" (1978, p. 13), até o documento multilateral de Lima, de 1982 (16, p. 557-567). Cabe mencionar especialmente o documento dos estudos que aprofunda o tema do sacrifício eucarístico, "O sacrifício de Jesus Cristo e sua presença na Igreja", do grupo de trabalho ecumênico de teólogos evangélicos e católicos romanos, de 1983 (137).

O Concílio Vaticano II desencadeou uma ampla reforma da configuração litúrgica da eucaristia, sendo pretensioso tentar sintetizá-la aqui em poucas linhas. O *Missale Romanum* de Paulo VI ([1969] 1970) foi adotado como base para as liturgias nos respectivos vernáculos; a edição definitiva do missal alemão apareceu, depois de alguns esboços prévios, em 1975 (para maiores informações, veja MEYER/42 e JILEK/134). Concílio Vaticano II

De modo mais exaustivo são integradas na perspectiva sistemática a seguir perguntas levantadas pela controvérsia em torno da eucaristia desde a Idade Média, bem como iniciativas de reflexão mais recentes.

4 – Desdobramento teológico-sistemático

Na prática e teologia originais a eucaristia aparecia como um ato de múltiplas camadas, no qual os diversos aspectos estão interligados, formando uma unidade. As questões controvertidas que surgem na história resultam não por último do fato de que se isolam certos temas. Como movimento contrário, é imperioso manter unidos os diversos pontos de vista em uma visão integral. Ademais, importa não deixar para trás na reflexão o direcionamento de sentido da eucaristia, que o documento de Lima antepõe com singelas palavras às considerações sobre a eucaristia: "A igreja recebe a eucaristia como uma dádiva do Senhor" (Documento de Lima, Eucaristia nº 1/16, p. 557). Com a reflexão sobre a eucaristia procede-se a um deslocamento da perspectiva, porque o pensar se desprende dos acontecimentos diretos de dar graças e de receber. Decisivo para o sucesso da análise teológica é que se permaneça na pós-reflexão da dádiva e não se discuta a partir de uma posição à parte ou superior. Dessa maneira se garantiria melhor, em termos de teologia da eucaristia, que também na eucaristia se deve indagar pelo efeito não apenas sobre as dádivas, mas sobre a comunidade eucarística.

4.1 – Eucaristia como celebração da memória de Jesus Cristo

<small>Memorial da pessoa e do destino de Jesus</small>

De acordo com o nome a eucaristia é ação de graças: "grande ação de graças ao Pai por tudo o que ele consumou na criação, redenção e santificação, por tudo o que ele realiza hoje na Igreja e no mundo apesar dos pecados dos humanos, por tudo o que ele há de realizar quando conduzir seu reino à consumação" (Documento de Lima, Eucaristia n° 3/16, p. 559). Ao agradecer com louvores acontece a memória, na qual a Igreja se entrega à atuação salvífica presente de Deus. A eucaristia é para ela a maneira suprema de celebrar a memória (veja acima Seção 1, III.1), pois, na realidade, a Igreja que celebra a ceia interpreta seu agir como resposta ao agir e à incumbência de recordação de Jesus Cristo na Última Ceia. Obedecendo a ele, a eucaristia celebra com gratidão o sinal, no qual Jesus reuniu toda a sua existência para compartilhá-la. A incumbência de celebrar a memória se refere, conforme Lucas 22,19, não apenas à morte, não apenas a um episódio isolado, mas – personalizando a memória – à *pessoa* de Jesus. Convida os fiéis a participar de sua mesa. Essa presença pessoal, porém, traz imediatamente consigo a presença do acontecimento da salvação. Memória de Jesus Cristo é memória da pessoa do Logos que se tornou ser humano, bem como de sua trajetória, para que sua doação concretamente vivenciada tome conta dos celebrantes.

> A eucaristia é a lembrança (memorial) do Cristo crucificado e ressuscitado, isto é, o sinal vivo e eficaz de seu sacrifício que foi consumado de uma vez por todas na cruz e que continua eficaz para toda a humanidade. [...] O próprio Cristo, com tudo o que ele realizou por nós e por toda a criação (em sua encarnação, sua humilhação, seu serviço, sua instrução, sua paixão, seu sacrifício, sua ressurreição e ascensão aos céus e ao enviar o Espírito), está presente nessa "anamnese" e nos presenteia com a comunhão com ele.

A eucaristia também constitui o gosto prévio de sua parusia e do reino de Deus consumado (Documento de Lima, Eucaristia n. 5s/16, p. 559).

A memória da eucaristia acontece no *fazer*. A incumbência de celebrar a memória diz: "*Fazei* isso em minha memória", remetendo para o: "Tomai e comei". A partir disso entra em cena o terceiro aspecto da recordação eucarística: a atualização da auto-entrega de Jesus nas dádivas do pão e do vinho, que oferecem ao comer e beber.

<small>Auto-entrega no pão e no vinho</small>

Todas as três dimensões da presença de Jesus Cristo (presença de Jesus Cristo como anfitrião, presença do evento da salvação, presença de Jesus Cristo no pão e no vinho) devem ser mantidas coesas. Sua ligação de forma alguma foi negligenciada apenas na história da teologia passada. A prática atualmente difundida de celebrações da palavra de Deus com a distribuição da comunhão novamente isola, no que diz respeito à eucaristia, a presença real somática do acontecimento abrangente. Há necessidade de uma renovação da espiritualidade eucarística, que abarque todos os aspectos da presença de Jesus Cristo e preserve a relevância constitutiva da celebração da eucaristia para a vida da Igreja.

4.2 – *O sacrifício de Jesus Cristo e sua presença na Igreja*

4.2.1 – A COMPREENSÃO DA EUCARISTIA COMO SACRIFÍCIO NA HISTÓRIA DA TEOLOGIA

Excurso G: Acerca da compreensão cristológica do sacrifício

A celebração da memória se refere de modo abrangente à pessoa e ao destino de Jesus Cristo. Mas por causa da situação da Última Ceia a referência à morte e ressurreição de Jesus teve desde o começo um significado especial. Na medida em que a morte de Jesus foi entendida como sacrifício, também a eucaristia podia ser compreendida como sacrifício.

Após uma época em que o pensamento iluminista declarou os sacrifícios como superados e absurdos, surge hoje um novo interesse no fenômeno do sacrifício também no que se refere à sua dimensão religiosa (cf. JANOWSKI; WELKER/133). Justamente por isso, no entanto, cabe esclarecer o que pode ser entendido como sacrifício na visão cristã. Que significa falar da morte de Jesus como sacrifício? Dois aspectos se revestem aqui de importância:

1. Radicaliza-se o que vale já para os sacrifícios no Antigo Testamento: são movimentos dirigidos não primordialmente "de baixo para cima", mas modos concedidos por Deus, para encontrar ou restabelecer a comunhão de aliança com ele. Nesse primeiro sentido, Jesus Cristo é o sacrifício por excelência: a dádiva de Deus a nós.

2. Quanto ao movimento "de baixo para cima", cumpre-se em Jesus Cristo que toda oferta de sacrifício serve para representar a própria pessoa a ponto de a pessoa mesma ser a verdadeira oferenda (cf. Is 53). Nesse segundo sentido, Jesus Cristo é o sacrifício por excelência porque ele viveu toda a sua vida como dádiva e porque por meio de seu relacionamento com o Pai ainda transforma a cruz em um sinal do dar. Dessa maneira se personaliza radicalmente a idéia do sacrifício: sacrifício não é doação de algo, mas de si próprio (cf. Hb 10,1-18).

Em lugar algum se empregam no Novo Testamento conceitos de sacrifício diretamente para a eucaristia. Mas, se a eucaristia é entendida de acordo com a Escritura como memorial da morte e ressurreição de Jesus Cristo, ela também é memorial de seu sacrifício. Por meio da celebração da eucaristia o sacrifício de Jesus Cristo se torna presente na Igreja.

Igreja antiga: memorial do sacrifício

Nos primeiros tempos, os cristãos recebem a acusação de que não sacrificam (ou seja, de que não são religiosos). Em contraposição eles reivindicam, apelando para Malaquias 1,11, ofertar os verdadeiros sacrifícios, a saber, o sacrifício do louvor e das dádivas de pão e vinho. Além disso Ireneu afirma sobre a Igreja que ela oferta o sacrifício da nova aliança instituído por Cristo (cf. *Adversus haereses* 4,17,5; FC 5/4, p. 134). Na reflexão da Igreja antiga essa oferenda é definida como ato memorial. A formulação clássica disso marca a *traditio apostolica*: "*Memores offerimus*": ao lembrar, prestamos oferendas (n. 4; FC 1, p. 226). A constatação que serve de base para essa oração litúrgica é refletida teologicamente no século IV, quando a eucaristia é entendida como representação anamnética do evento da salvação.

> Evidentemente trazemos ofertas; mas ao celebrarmos a memória da morte dele [...] nosso sumo sacerdote é aquele que prestou o sacrifício que agora nos purifica. É precisamente esse que nós agora também ofertamos, o que foi ofertado naquela época, que é inesgotável. Isso acontece em memória

(*anamnesis*) do que aconteceu naquele tempo. Porque consta: fazei isso em minha memória! Não realizamos outro sacrifício que no passado realizou o sumo sacerdote, mas sempre o mesmo, ou, pelo contrário: geramos um memorial do sacrifício (João Crisóstomo, † 407, *Homiliae in Hb* 17,3,169; PG 63, p. 131).

Existe um único sacrifício, que foi trazido por Cristo e é tornado presente na eucaristia da Igreja de forma anamnética.

A crise sacramental na Idade Média (veja acima p. 152s) tem a conseqüência de que também no nível do acontecimento não se imagina mais nenhuma relação de participação entre realidade e sinal. A realidade, ou seja, o sacrifício de Jesus Cristo em sua facticidade histórica, não é abarcada pelo mistério: o ato memorativo em forma de sinal não é, pois, como tal, um sacrifício. As afirmações tradicionais da Igreja antiga acerca do sacrifício eucarístico, porém, precisam ser preenchidas de novo. Independentemente do deslocamento de sentido fala-se agora de um sacrifício próprio da Igreja. Geralmente esse sacrifício é visto no fato de que a Igreja oferta o Cristo presente no sacramento em virtude da transformação. A temática do sacrifício, no entanto, não é refletida mais a fundo, porque o esforço do pensamento teológico se dirige à questão da presença real somática. Essa debilidade teórica vem acompanhada de uma prática que sem receios acolhe e propaga certas concepções acerca do sacrifício na missa.

<small>Idade Média: perda do pensamento sacramental</small>

A compreensão questionável de sacrifício e a prática sem recuperação da teoria provocam a crítica dos Reformadores, que se apóiam sobretudo na Carta aos Hebreus (9,11-10,18). Com razão reclamam que determinadas cristalizações da doutrina e prática do sacrifício da missa contradizem o caráter único e plenamente suficiente do sacrifício de Cristo na cruz. Contudo, também os Reformadores encontram apenas parcialmente o caminho de volta ao pensamento sacramental. Para Martinho Lutero († 1546), o memorial se limita a ser *nuda commemoratio* [comemoração nua e crua] do sacrifício. João Calvino († 1564), porém, que rejeita com a mesma veemência de Lutero a teologia do sacrifício na missa católica romana, fala positivamente da *memoire de ce sacrifice unique* (*Petit traicté de la Saincte Cene*, 1541; CO 5,449: cf. *Institutio* IV,18,10s).

<small>A crítica da Reforma</small>

Concílio de Trento

Em comparação com a teologia anterior, o Concílio de Trento chega a declarações diferenciadas, sem contudo reencontrar uma visão sacramental satisfatória do sacrifício, como já denota o tratamento separado dos diversos temas no Concílio: o decreto sobre o sacramento da eucaristia (DH 1635-1661) é emitido em 1551, a doutrina e os cânones sobre o sacrifício da missa (DH 1738-1760) são editados em 1562. No entanto, uma formulação como "A dádiva sacrifical é a mesma; a mesma pessoa que no passado se sacrificou na cruz se sacrifica agora por meio do serviço dos sacerdotes; somente a modalidade do sacrifício é diferente" (DH 1743) permite reconhecer o esforço de manter unidos o sacrifício de Jesus Cristo e o sacrifício da Igreja. Diferente de um texto preliminar, não se fala de dois sacrifícios, mas enfatiza-se a identidade da oferta sacrifical *e* a identidade daquele que sacrifica. Na distinção da *maneira de sacrificar* se evidencia, no entanto, que não tem êxito a recuperação plena da presença atual comemorativa. O problema do Concílio de Trento, e ainda mais das teorias do sacrifício da missa no período pós-tridentino, reside na utilização de um conceito de sacrifício das ciências das religiões. A razão para o caráter sacrifical da eucaristia não é buscada na memória, mas em um rito visível da celebração: somente quando existe um rito sacrifical é possível que, conforme esse entendimento da missa, se torne atual o sacrifício da cruz.

Século XX: recuperação do pensamento sacramental

Em contrapartida, o século XX significa um marco. Preparado por estudos da ciência litúrgica, particularmente de Odo Casels († 1948), o mistério volta a ser explorado como ação memorial (veja acima p. 84). O Concílio Vaticano II emprega a terminologia sacrifical parcialmente de forma problemática (SC 47 fala da continuação do sacrifício), mas o cerne das afirmações correspondentes reside em que se trata de um único sacrifício (cf. LG 3; 28) atualizado na celebração memorial (cf. SC 47) da morte e ressurreição de Jesus. Sobre essa base também foram solucionadas em boa medida diferenças confessionais: "Dos lados evangélico e católico romano pode-se... afirmar unanimemente que o sacrifício de Cristo na cruz não pode ser continuado, nem repetido, nem substituído, nem completado" (*Lehrverurteilungen – kirchentrennend* [Condenações doutrinárias – divisoras da Igreja]/17, p. 90). Permanece ainda em aberto a pergunta sobre de que maneira a Igreja participa desse sacrifício.

4.2.2 – Auto-ofertório da Igreja

Ainda que na eucaristia a Igreja não sacrifique a Jesus Cristo, respectivamente ofereça o sacrifício dele, ela não deixa de estar — segundo o entendimento católico romano — pessoalmente envolvida nesse sacrifício. O lado evangélico introduz como critério, no esforço conjunto por um entendimento autêntico desse movimento de entrega da Igreja, a mensagem da justificação: o envolvimento da Igreja no sacrifício de Jesus Cristo já não pode servir à redenção, mas é agir dos redimidos. No entanto, justamente não se serve a esse intuito quando o sacrifício de Jesus Cristo e o sacrifício da Igreja são mantidos tão afastados entre si quanto possível. Pelo contrário, cabe compreender a auto-entrega dos cristãos como participação no sacrifício de Jesus Cristo:

Sacrifício da Igreja?

> A existência cristã a partir da ação sacramental nunca é "evento paralelo", no sentido de um adendo independente, mas participação no sacrifício de Jesus Cristo, que possui força redentora para todos os povos e tempos. [...] Somente quando o agir de Deus e a resposta do ser humano não são imaginados como concorrência mutuamente excludente, quando a extraordinária ação salvadora de Deus em Jesus Cristo é descrita de tal forma que ela não somente demanda e acarreta a resposta dos seres humanos, mas anteriormente a *viabiliza e sustenta*, é possível formular de maneira apropriada algo como a participação no sacrifício de Jesus Cristo. Essa resposta ocorre principalmente como um receber, consentir e seguir agradecido da Igreja. (Documento de estudos do grupo de trabalho ecumênico /137, p. 212, citado também em 17, p. 92s).

Participação no sacrifício de Jesus Cristo

Com tais afirmações o lado evangélico se dispõe a entender de forma nova o evento Cristo como um evento que tem o sentido de "nos envolver justamente nesse seu movimento de entrega. [...] Talvez tenhamos de aprender a falar de outro modo e de forma nova [...] da exclusividade de Jesus, de modo que assim se abra a possibilidade de acompanhar a idéia de ser incorporado na trajetória de Cristo sem o medo constante diante de uma atuação conjunta no sentido errado"[3]. Do lado católico romano está na hora de um exame da própria linguagem (teológica e litúrgica). "A dependência

---

3. Ulrich Kühn, verbet "Abendmahl" IV. Das Abendmahlsgespräch in der ökumenischen Theologie der Gegenwart, in: *TRE* vol. I (1977) 145-212,171.

causal daquilo que nas atuais traduções, mas igualmente na bibliografia do ramo, é expresso com o termo 'ofertório', da celebração da lembrança, da memória, da anamnese, é preciso deixar claro que, por exemplo: 'Ao celebrarmos a memória da paixão e morte de Jesus, unimo-nos com sua entrega'" (STUFLESSER/145, p. 298).

Sacrifício e ceia

As clarificações realizadas podem ser ilustradas pela questão ocasionalmente discutida sobre se a eucaristia é ceia ou sacrifício. As duas coisas não se contradizem. Pois a eucaristia não é atualização do sacrifício de Jesus Cristo por ter aspecto sacrifical, mas ela é sacrifício como atualização do sacrifício dele, que não obteve do próprio Jesus nenhum outro sinal sacramental que a ceia.

> Trata-se de estabelecer comunhão como *concessão de participação na própria vida e destino*. [...] O *sinal visível* para a entrega sacrifical de Jesus Cristo na celebração da eucaristia e nosso envolvimento nessa auto-entrega não é um rito qualquer de oferenda imaginado ou construído, mas *a ceia*, ou seja, por um lado a oferta e distribuição dele próprio como alimento, e por outro nossa aceitação e acolhida agradecida dessa sua entrega a nós e por nós (Documento de estudos do grupo de trabalho ecumênico/137, p. 233).

A ceia permite experimentar corporalmente como o sacrifício de Jesus beneficia diretamente aquele que participa da eucaristia como seu alimento para a vida. A eucaristia fundamenta sempre de novo a existência dos crentes como uma vida a partir da entrega. Em vista disso, a comunhão que se forma na ceia não significa para os celebrantes um "aprazível convívio", mas requer a prontidão para a entrega pessoal pela vida do corpo de Cristo — isto é, prontidão para a entrega disposta ao sacrifício no discipulado de Jesus.

4.3 – *Acerca da compreensão da presença real somática*

Na celebração litúrgica da eucaristia, Jesus Cristo está presente de diversas maneiras: como aquele que convida para sua mesa, como aquele que concede participação em seu destino e, por fim, como aquele que para se comunicar pessoalmente escolhe uma forma concreta e corpórea: oferece pão e vinho, aos quais atribuiu um novo significado, a saber, de serem sinal dele próprio, de modo que aqueles que recebem as dádivas eucarísticas recebem-no em pessoa.

Na história da teologia, a pergunta de como Jesus Cristo está presente nessas dádivas atraiu cada vez mais a atenção sobre si. Ponto de partida são as palavras de Jesus na Santa Ceia, "Isso é meu corpo", palavras que não recebem uma interpretação direta no Novo Testamento.

Os cristãos na Igreja antiga estão convictos de que no pão e no vinho recebem corpo e sangue de Cristo. Essa convicção inclui que os próprios pão e o vinho como dádivas eucarísticas adquirem uma qualidade diferente: já não são pão comum (Irineu de Leão, veja acima p. 150), são "pão eucaristizado" (Justino, 1 Apologia 67,5; CorpAp 1, p. 186). Os elementos com nova qualificação são descritos com termos simbólicos: são réplica da presença corporal de Jesus Cristo. No pensamento antigo tais termos simbólicos não excluem, mas incluem uma referência real à realidade apontada.

Pensamento simbólico na Igreja antiga

Enquanto na Igreja antiga a eucaristia é vista como um acontecimento global, isola-se, rumo à Idade Média, o interesse pela presença real somática dos demais aspectos (presença pessoal, presença atual). Esfacela-se o pensamento simbólico, uma vez que sinal e realidade não são mais vistos em conjunto. Desse modo, o símbolo perde profundidade de significado; não é mais algo que participa da verdade daquilo para o que aponta. Por isso a teologia eucarística medieval depara com a (falsa) pergunta alternativa, se aquilo que os crentes recebem na eucaristia é *in mysterio* [como mistério] *ou in veritate* [em verdade] o corpo de Cristo. Mas, se o mistério não é entendido como verdade *no sinal*, chega-se à aporia: ou se acaba vendo a eucaristia apenas como mero sinal sem teor de realidade, ou se entende a eucaristia como dado sensório do corpo histórico de Jesus Cristo. A controvérsia em torno da falsa alternativa entre identidade absoluta e mero caráter de sinal é discutida nas duas disputas em torno da Santa Ceia nos séculos IX e XI.

Idade Média: realismo versus simbolismo

Contra a concepção segundo a qual pão e vinho seriam "apenas" símbolos do corpo e sangue de Cristo, sem teor de realidade (Berengário, † 1068), formula-se a seguinte confissão marcante:

> Após a consagração, o pão e o vinho, que estão sobre o altar, não são apenas o sacramento, mas também o verdadeiro corpo e o verdadeiro sangue de nosso Senhor Jesus Cristo, e são sensorialmente tomados e partidos, não

apenas no sacramento, mas de verdade, pelas mãos dos sacerdotes e mastigados pelos dentes dos crentes (*Professio fidei* 1059; DH 690; cf. DH 700).

<small>Doutrina da transubstanciação</small>

A formulação "não apenas no sacramento, mas de verdade" permite notar como é longo — em ambos os lados — o caminho até o pensamento sacramental que, afinal, visa fixar a verdade no sinal.

Foi somente a distinção de substância (referindo-se à essência inteligível subjacente ao fenômeno empírico) e acidentes (as qualidades que perfazem a configuração perceptível — a *species visibilis*) na doutrina da transubstanciação que voltou a alcançar tal pensamento multidimensional da realidade. A presença real de Jesus Cristo nas formas eucarísticas é descrita como transformação da substância de pão e vinho na substância de corpo e sangue de Cristo, enquanto as qualidades perceptíveis de pão e vinho permanecem inalteradas. Dessa maneira são novamente vistos em conjunto o sinal e a verdade: a essência do corpo de Cristo ocupa o lugar da essência de pão e vinho (verdade), sem substituir em suas qualidades a forma exterior, ou seja, sem anular a realidade sensorial do sinal. A presença real somática volta a ser concebida como presença no sinal.

Essa concepção — que se impõe dessa forma, constituída de versões muito diversas da doutrina da transubstanciação desde Alexandre de Hales († 1245) — é acolhida pelo Magistério no quarto Concílio de Latrão, de 1215 (DH 802), recebendo um aprofundamento teológico no auge da escolástica, mas já no fim da escolástica entra em crise, porque o conceito de substância é redefinido pouco a pouco por um pensamento empirista e naturalista. Quando, porém, se concebe a presença substancial do corpo e sangue de Jesus Cristo de forma sensória e espacial, já se deixou de compreender a verdadeira essência da doutrina da transubstanciação.

<small>Lutero</small>

Martinho Lutero mantém a presença real somática de Jesus Cristo na eucaristia, mas rejeita o conceito filosófico da transubstanciação, ou tenta substituí-lo pela idéia da consubstanciação. Trata-se de uma coexistência de pão e corpo de Cristo, respectivamente de vinho e sangue de Cristo na *unio sacramentalis* de acordo com o exemplo da união hipostática. O corpo de Cristo, portanto, está presente em, com e sob o pão e o vinho. A verdadeira fundamentação da presença real são, para Lutero, as palavras da instituição que ele – discordando sobretudo de Ulrico Zwinglio († 1531) – defende em sua acepção literal. Pedra de toque da controvérsia intrarreformatória em torno da Santa Ceia é a *manducatio impiorum*, ou *indignorum*, ou seja, a pergunta pelo que é recebido pelos incrédulos e indignos. Conforme Lutero a dádiva sacramental é oferecida independentemente de premissas subjetivas: não é a fé dos receptores que qualifica a ceia, mas a promessa da palavra de Deus.

Com base nas palavras da instituição, a confissão de Lutero em favor da presença real se refere a um acontecimento de ceia (presença *in usu* [na execução]). Contra a visão de orientação reificada da Idade Média tardia e sua espiritualidade eucarística centrada na adoração da hóstia, Lutero enfatiza que a incumbência de Jesus Cristo aponta para um fazer. Por isso rejeita a preservação e veneração dos elementos eucarísticos.

Os teólogos reformados se distanciam da doutrina de uma presença real substancial-somática, preservada por Lutero em conformidade com a concepção romana, e dirigem o olhar (como o fez Filipe Melanchthon, † 1560, do círculo em torno de Lutero) para a presença pessoal. Não são substâncias sobrenaturais que se recebem na ceia do Senhor. Pelo contrário, é a pessoa do Senhor entregue por nós que se revela. Foram razões cristológicas que levaram João Calvino à concepção de que Jesus Cristo não poderia novamente estar presente no tempo e no espaço em sua natureza humana, que se encontra à direita do Pai. Pelo contrário, o encontro com ele seria mediado pelo Espírito que conecta os crentes com o Cristo celestial. Contudo, para ele, os elementos eucarísticos, ao contrário do que transparece ocasionalmente em Zwinglio, são mais que símbolos exteriores. Com o pão e o vinho se presenteia a presença de Jesus Cristo, sendo que o "com" não deve ser entendido de modo apenas temporal, mas também modal e causal. Quando Calvino rejeita a *manducatio impiorum*, ele o faz porque para receber a dádiva – oferecida de modo real – é necessária a abertura por parte dos crentes. Assim como a rocha não absorve a chuva, assim os incrédulos rejeitam a graça de Deus com tanta persistência que ela não penetra até eles (cf. *Institutio* IV,17).

Teologia reformada da Santa Ceia

Contra essas formas de concepções o Concílio de Trento mantém a doutrina escolástica da eucaristia. Embora a modali-

Concílio de Trento

dade da presença de Jesus Cristo seja designada como uma que "dificilmente conseguimos expressar com palavras" (DH 1636), tenta-se captá-la conceitualmente por meio da doutrina da transubstanciação: "Por meio da consagração do pão e do vinho acontece uma transformação de toda a substância do pão na substância do corpo de Cristo, nosso Senhor, e de toda a substância do vinho na substância de seu sangue. Essa transformação foi chamada pela Santa Igreja Católica, de forma correta e no sentido próprio, de transformação da essência – *transsubstantiatio*" (DH 1642). Logo, o Cristo oferecido na eucaristia não é recebido apenas espiritualmente, mas de forma sacramental e real (DH 1658).

<small>Nova conceituação no século XX: transignificação, transfinalização, transinstituição</small>

A teologia do século XX depara com o desafio de dar nova formulação à tradicional doutrina da eucaristia. Ponto de partida é a constatação de que sob premissas intelectuais alteradas o sentido da doutrina da transubstanciação dificilmente pode ser veiculado na *terminologia* dela. Porque o conceito de substância utilizado nela, que não visa designar uma realidade física, mas metafísica, é muitas vezes trocado equivocadamente por um conceito de substância das ciências naturais, para o qual o pão representa uma composição química. Por isso predominam na explicação da doutrina da transubstanciação afirmações negativas, que explicam o que ela *não* significa: a presença real e essencial de Jesus Cristo *não* altera o aspecto registrado pela experiência; ela *não* é presença espacial etc. Por essa razão, esboços mais recentes tentam encontrar modelos de explicação que levam a menos equívocos e ao mesmo tempo fazem mais justiça ao caráter pessoal do mistério eucarístico. Nessa linha, a doutrina da transubstanciação é traduzida como doutrina da transsignificação ou da transfinalização (LEENHARDT; SCHILLEBEECKX e outros). O nível mais profundo subjacente ao fenômeno empírico, que se tentava alcançar por meio do termo escolástico da substância, deve ser recuperado mediante categorias de significado e sentido. Ao mesmo tempo, a mudança de significado não é reduzida ao sinal, mas referida à celebração como um todo. A Encíclica *Mysterium fidei* (1965), de Paulo VI, exorta, porém, que o nível do significado deve permanecer acoplado a uma redefinição *ontológica* dos elementos (DH 4413). Na verdade, é muito rasa uma concepção da eucaristia segundo a qual se atribui aos elementos um significado apenas subjetivo. Uma compreensão aprofundada do significado, porém, poderá assegurar que as declarações acerca de sua redefinição atinjam o nível do *ser*.

> Quando se considera o patamar da relação e, por conseqüência, o patamar do sinal como o patamar decisivo *no próprio ser*, pode-se falar, portanto, na eucaristia de uma *transignificação*, que nesse caso se refere a uma transformação de fato ontológica tanto de um *evento* de ceia [...] como também do alimento oferecido nesse acontecimento da refeição (GERKEN/128, p. 179).

Ademais, não se tem em vista uma mudança de significado estabelecido por humanos, mas uma "transinstituição" (HILBERATH/130), uma reinstituição, na qual o próprio Deus confere às realidades de pão e vinho criadoramente uma nova definição ontológica.

Para uma apropriação mais profunda da fé na presença de Jesus Cristo no pão e no vinho é útil a reintegração nas correlações mais amplas (veja acima item 4.1). O acoplamento da presença real somática com a presença pessoal de Jesus Cristo gera uma mudança de perspectiva que justamente não exclui a fé em uma modalidade sacramental de presença, mas enfatiza o direcionamento de sentido dela: eucaristia é acontecimento de encontro, cujo sujeito é Jesus Cristo. Ele visa fazer acontecer o encontro e participar dele – e precisamente, como o evento da ceia permite notar, de maneira corporal, ou seja, em uma forma concreta de expressão da pessoa. É a serviço disso que está o evento que toma conta e transforma pão e vinho: entre a época do encontro como ser humano com um corpo terreno e a época do encontro no fim dos tempos com o corpo transfigurado, a forma de encontro correspondente ao ínterim é a configuração sacramental: o corpo eucarístico (sobre isso, cf. REMY/142). "Até que ele venha" (1Cor 11,26), propicia-se na eucaristia um antegozo da ainda aguardada comunhão manifesta com Cristo. Sob essa perspectiva a celebração da eucaristia é determinada pela expectativa esperançosa do Senhor vindouro (cf. KELLER/124).

Se o corpo eucarístico visa do encontro, fica em primeiro plano a modalidade primária, corporal, do encontro: o recebimento. A teologia da eucaristia refletiu pouco na história acerca do que, afinal, significam o comer e o beber, embora esses constituam de fato o ato decisivo do recebimento (cf. BACHL/125). Nela não se situa em primeiro plano a pergunta de como é possível a presença de Jesus Cristo na eucaristia. Pelo contrário, no relacionamento de fé no Senhor se experimenta como ele busca e deseja conceder comunhão sem ressalvas. Nesse sentido a presença de Jesus Cristo na forma de alimento e bebida não é um problema abstrato de imaginação, mas uma modalidade intensamente expressiva de sua auto-entrega.

Não se pode negar, porém, ao Criador e Redentor, o qual promete a este mundo a nova criação, que essa auto-entrega toma conta, com energia criadora e transformadora, das profundezas do ser, conferindo-lhe um indelével novo significado. Deus atua na história, e para tanto se serve da realidade criada (cf. Seção 1, IV.5.1). Em sua atuação ele não apenas deseja comunicar algo, mas a *si próprio*, porém de forma corpórea. O movimento de encarnação para dentro da história, por meio da qual a proximidade de Deus assume uma forma corporal concreta, não é um fenômeno particular, mas continua sendo, na vida da Igreja, por meio do auto-oferecimento de Jesus no pão e no vinho, o âmago da vida cristã. Como no ser humano Jesus, adensa-se na eucaristia a transparência da realidade da criatura para Deus, em uma presença dele no que foi criado. Seu alvo, certamente, não é a nova qualidade de pão e vinho, mas a transformação das pessoas que o recebem. Não é por acaso que na Igreja antiga se associou a fé na eucaristia com a esperança na ressurreição (veja acima p. 150). O encontro entre Cristo e os crentes mediado pelo sacramento tem por objetivo que se assemelhem com Cristo e finalmente aperfeiçoem integralmente sua existência humana.

Veneração fora da celebração da eucaristia

De acordo com o entendimento católico romano, as dádivas eucarísticas são transformadas na profundeza de seu ser e, nesse sentido, de forma substancial e permanente. Por isso a presença de Jesus Cristo não deve ser restrita ao ato e ao recebimento da eucaristia. Essa fé eucarística cunhou no decorrer da Idade Média diversas formas da veneração eucarística fora da celebração (adoração eucarística, procissões com o sacramento). Não apenas por consideração ecumênica é preciso que uma veneração dessas se oriente conforme a finalidade condizente com a instituição "tomai e comei". O Concílio de Trento já define o recebimento como sentido primordial da eucaristia (DH 1643). A veneração da eucaristia serve para a preparação e o efeito da celebração eucarística. A adoração se dirige ao Senhor presente, que toma conta dos sinais do pão e do vinho, preenchendo-os de modo duradouro, a fim de se comunicar por meio deles. A veneração da eucaristia visa favorecer e intensificar a disposição para a acolhida de sua autocomunicação.

> A ação sacramental aponta para além de si mesma, sim, porque, por ser primordialmente um recebimento do amor de Deus, ela contém um momento essencialmente contemplativo que pressiona para se desdobrar para além do ato. Preciso e desejo continuar considerando "as grandezas que o Senhor realizou em mim". Preciso e desejo abrir para o comer e beber material a dimensão de meu espírito e de minha existência; porque esses foram de fato interpelados pelo Senhor que se doa a mim. O ato do recebimento tem de conquistar a vastidão de minha existência, que é envolvida integralmente pela condição de acontecimento do Senhor eucarístico, que é o "Santíssimo"[4].

Trata-se de que nos tornemos pessoalmente cada vez mais presentes, para nos deixarmos inundar cada vez mais pela presença do Senhor.

No diálogo ecumênico existe unanimidade acerca da presença real de Jesus Cristo no acontecimento da eucaristia; há concepções diferentes quanto ao como dessa presença real, especialmente quanto à pergunta de que significado cabe ao pão e ao vinho. Em primeiro lugar, é preciso configurar a prática da eucaristia em respeito mútuo. Nesse ponto se lança o desafio ao lado evangélico no tocante a seu respeito diante das formas eucarísticas, e ao lado católico romano no tocante a seu respeito para com a ordem da instituição (distribuição da comunhão sob ambas as espécies, a saber, das dádivas ofertadas na celebração). Em ambos os lados a prática nas igrejas a esse respeito fica devendo muito em relação ao estabelecido pelas direções eclesiásticas (cf. no contexto evangélico: 14; no católico romano SC 55: Introdução geral ao Missal, n. 56). Verdade é que seria muito pouco buscar essa aproximação

Ecumenismo

---

4. Hans Urs von Balthasar, *Klarstellungen. Zur Prüfung der Geister*, Freiburg i.Br., 1971 (Herderbücherei 393) 114.

na prática unicamente por considerações ecumênicas. De ambos os lados o alvo precisa ser uma renovação por meio do aprofundamento teológico no empenho conjunto de cumprir fielmente a incumbência do Senhor.

4.4 – Comunhão eucarística e eclesial

Importância eclesial da eucaristia

A eclesiologia recente reconheceu – não por último sob influência da teologia ortodoxa e sua eclesiologia eucarística – mais profundamente a importância da eucaristia para a vida da Igreja. Entre o corpo eucarístico e o corpo eclesial existe uma relação de permanente reciprocidade, uma vez que por meio da eucaristia "a unidade do povo de Deus" é "descrita de forma lógica e efetivada de forma milagrosa" (LG 11). A Igreja surge e se renova na celebração da eucaristia: "Ao partir o pão eucarístico, de fato obtemos participação no corpo do Senhor e somos elevados à comunhão com ele e entre nós. [...] Assim nos tornamos todos membros desse corpo" (LG 7). Em contrapartida, a eucaristia é celebração do corpo eclesial, realização adensada daquilo que a Igreja é (veja acima o exposto sobre 1Cor 10,16s e 1Cor 11,17-34). Esse nexo interior é reconduzido à sua raiz da dupla epiclese da oração principal: assim como o Espírito é invocado sobre o pão e o vinho, ele também é invocado sobre a igreja reunida, para que ela se torne, pela participação no corpo eucarístico, o corpo eclesial uno: "Fortalece-nos por meio do corpo e do sangue de teu Filho e preenche-nos com seu Espírito Santo, para que nos tornemos *um só corpo* e *um só Espírito* em Cristo" (Terceira oração principal: Celebração da Santa Missa /26, p. 496). A isso corresponde a expressão "comunhão dos santos" do Credo Apostólico, atestada para o século IV (cf. BH 19), que oscila entre os significados de "comunhão no que é santo" e "comunhão dos santos":

> Refere-se inicialmente às dádivas sagradas que Deus concede à sua Igreja – particularmente na eucaristia. Somente a partir desse presente que a tudo fundamenta também as pessoas que o recebem se tornam santas: a participação (*koinonia, communio*) nas dádivas sagradas (*sancta*) fundamenta a comunhão (*koinonia, communio*) dos cristãos santificados (*sancti*) com Cristo e entre si (*Communio Sanctorum* 4/22, p. 15).

Toda celebração da eucaristia possui uma vertente eclesial. Por essa razão se associa à eucaristia a reivindicação de receber, junto com o corpo eucarístico do Senhor, também seu corpo eclesial, posicionando-se dentro dele e deixando-se colocar a serviço dele. "Quem escamoteia a vertente direta do alimento sacramental em direção da comunhão, quem visa obter o corpo sacramental do Senhor sem o corpo real do Senhor, a igreja concreta, a igreja feita de pessoas, separa a presença do Senhor do contexto da *koinonia*, acaba caindo em um sacramentalismo egoísta" (SCHNEIDER/45, p. 170). Como sublinha a eclesiologia católica romana, o corpo eclesial não se deixa reduzir para cada comunhão eucarística individual. Não se pode fechar em si mesma, mas aponta para além de si, para todas as demais comunhões eucarísticas com as quais está em comunhão, uma comunhão que também possui implicações estruturais.

A estreita ligação entre eucaristia e Igreja constitui o pano de fundo diante do qual cabe abordar a questão ecumênica pela comunhão eucarística entre as Igrejas. Aqui é preciso distinguir entre modelos gradualmente diferentes de comunicação eucarística, uma distinção em que nem sempre os conceitos são empregados de maneira uniforme.

Comunhão eucarística no diálogo ecumênico

> O alvo é a comunhão eucarística plena. A hospitalidade eucarística, quando ainda falta a comunhão eucarística, prescinde do aspecto eclesial da eucaristia e admite membros de outras confissões à Santa Ceia, seja por razões pastorais em casos isolados (admissão limitada), seja de forma geral. A admissão recíproca mediante acordo de diversas Igrejas entre si é geralmente chamada de intercomunhão. O princípio da comunhão aberta fundamentalmente não nega o acesso a ninguém. A intercelebração se refere à possibilidade de que ministros de outras Igrejas presidam a Santa Ceia, e concelebração se refere à celebração conjunta.

Numerosas Igrejas evangélicas combinaram entre si a intercomunhão na Concórdia de Leuenberg de 1973, que também possibilita a intercelebração. Além dela, elas se concedem amplamente a hospitalidade eucarística ou até mesmo praticam franca comunhão. No entanto, segundo a compreensão ortodoxa e católica romana, a eucaristia é coroamento e conclusão de uma reunificação na fé, não meio para a unificação das Igrejas. O fundamento da posição atual católica romana é UR 8:

> No entanto, não se deve considerar a comunhão no culto (*communicatio in sacris*) como meio válido de modo geral e sem distinção para o restabelecimento da unidade dos cristãos. Aqui são decisivos predominantemente dois princípios: o testemunho da unidade da Igreja e a participação nos meios da graça. O testemunho da unidade da Igreja proíbe na maioria dos casos a comunhão de culto; contudo, em vários casos o cuidado pela graça a recomenda. A autoridade episcopal local deve decidir com ponderação sensata como cabe proceder concretamente nesse caso, levando em conta todas as circunstâncias do tempo, do lugar e das pessoas, desde que não tenha sido deliberado algo mais pela conferência episcopal de acordo com as diretrizes de seus próprios estatutos ou da Santa Sé.

Essas orientações são concretizadas no Diretório Ecumênico. De acordo com a concepção católica romana, existe base eclesial e sacramental no relacionamento com as Igrejas orientais também para uma comunhão na eucaristia, porém se respeitam as ordens mais severas das Igrejas orientais (n. 122/19, p. 67s). No entanto, a admissão de cristãos de outras confissões à celebração da eucaristia é possível apenas em casos excepcionais restritos (n. 129-131/19, p. 69s).

Essa reserva, hoje, não se baseia primordialmente em diferenças na teologia da eucaristia. Como evidenciou a visão panorâmica sistemática, ocorreram significativas aproximações em relação à compreensão da eucaristia como sacrifício, bem como da presença real, ainda que também nesses contextos ainda se possam notar concepções distintas e sobretudo práticas diferentes. Diferenças de maior peso, porém, se constatam na compreensão eclesial da eucaristia. Por causa da estreita ligação entre a eucaristia e a Igreja, a comunhão eucarística, segundo a compreensão católica romana (e ortodoxa), somente é possível com base na comunhão de Igrejas. O reconhecimento de que a Igreja está alicerçada sobre a eucaristia se diferencia de uma compreensão da eucaristia como "meio para a unidade". Porque é verdade que de um lado a eucaristia causa a unidade da Igreja (LG 11), mas que de outro ela é também determinada por meio dessa unidade, sendo por isso um dado prévio.

O acontecimento eucarístico pressupõe que a *communio*, a qual a eucaristia visa gerar, possa ser gerada, por existirem as premissas de fé e de estrutura para tanto.

As diversas Igrejas concordam no reconhecimento de que a celebração conjunta da ceia do Senhor precisa ser correspondida por certa comunhão de Igrejas. No entanto, há diferentes concepções sobre o grau de comunhão entre as Igrejas que precisa ter sido alcançado.

Comunhão eclesial pressuposta

No Novo Testamento, a Primeira Carta aos Coríntios pressupõe a integridade da fé eucarística no sentido de uma conduta condizente com a eucaristia. Quando a comunhão eclesial nega na vida o que ela celebra no sacramento, a celebração não é mais "celebração da ceia do Senhor" (1Cor 11,20). Por natureza, é somente em uma época de surgimento de cismas eclesiásticos que aspectos do conteúdo da fé se tornam relevantes para a comunhão das Igrejas. Esse processo pode ser constatado na Igreja primitiva. Com a Reforma desenvolvem-se diferentes concepções sobre a constituição da Igreja, de modo que se contrapõem à comunhão das Igrejas diferenças na questão dos ministérios.

Que critérios, pois, devem ser aplicados nos dias de hoje, quando se pergunta sobre que base a celebração conjunta da eucaristia pode acontecer responsavelmente? No diálogo atual entre as Igrejas manifestam-se diante dessa questão diferenças na apreciação fundamental do lugar específico das perguntas eclesiológicas.

Na concepção evangélica da Santa Ceia, marcada pela teologia da justificação, o aspecto eclesial tradicionalmente exerce apenas uma função secundária. Os atos salvíficos da pregação e dos sacramentos são prioritários em relação à Igreja. A Santa Ceia, primordialmente entendida como concessão da graça da justificação, é tão destituída de condições prévias como aqueles, de sorte que contradiz ao entendimento evangélico estabelecer condições para a admissão. Mas justamente o diálogo ecumênico trouxe também para a teologia evangélica mais claramente a consciência de que a ceia do Senhor visa à constituição do corpo eclesial (veja o ensaio ecumênico *Communio sanctorum*/22).

No entendimento católico romano, a eucaristia não pode ser desprendida de seu arcabouço eclesial. A comunhão prévia de Igrejas constitui o penhor de que a eucaristia seja capaz de efetuar aquilo para o que aponta: a comunhão eucarística única do corpo de Cristo. Segundo a concepção católica romana, faz parte disso a comunhão na confissão unida, bem como a unidade também estrutural da Igreja. Por esse motivo a eucaristia está indissoluvelmente ligada ao ministério ordenadoministério ordenado, uma determinação com que no lado evangélico se lida de forma mais pragmática. Conforme a UR 22, nas Igrejas evangélicas a "realidade (*substantia*) original e completa do mistério eucarístico" não foi preservada, sobretudo por causa da integridade não salvaguardada da ordenação – *propter sacramenti Ordinis defectum* (a esse respeito, veja abaixo V.3.4.2). Ademais, deve exercer um papel não desprezível para o clima de diálogo entre as Igrejas que nas Igrejas evangélicas não seja atribuída à celebração da Santa Ceia a mesma importância para a vida eclesial. Por fim, as ressalvas diante de uma comunhão eucarística praticada como solução intermediária sem que haja comunhão de Igrejas resultam da sensação de que uma eucaristia desvinculada de uma comunhão vivida de modo abrangente escamotearia injusta e negativamente a finalidade eclesial daquela.

Enquanto o lado católico romano pode esperar das Igrejas evangélicas um aprofundamento da dimensão eclesial da Santa Ceia, respectivamente da fundamentação eucarística da Igreja, ele próprio tem a tarefa de diferenciar melhor como se relacionam a comunhão de Igrejas como premissa da eucaristia e a comunhão das Igrejas como fruto dela. Porque, assim como a eucaristia não é mero instrumento para a unidade, é imperioso também indagar se a eucaristia não constitui fonte da unidade: "A comunhão na Santa Ceia não pode substituir a comunhão das Igrejas, mas uma comunhão eclesiástica em vias de construção torna imprescindível a comunhão na Santa Ceia, porque não pode haver Igreja sem ceia do Senhor"[5]. A unidade da Igreja não é obra humana – será que a eucaristia celebrada imperfeitamente em conjunto não poderia ser também uma insistente prece pela descida do Espírito para unificar as Igrejas?

---

5. Peter NEUNER (ED.), Deutscher Ökumenischer Studienausschuss (Dösta), *Kirchen in Gemeinschaft – Gemeinschaft der Kirche*, Frankfurt a. M., 1993 (suplemento à Ökumenische Rundschau, n. 66), 17.

Sugestões de leitura

O ensaio de Xavier Léon-Dufour (119) abre acessos para compreender a eucaristia a partir dos testemunhos bíblicos. Especialmente na perspectiva da história da teologia continua sendo recomendável a monografia de Alexander Gerken (128). A problemática do sacrifício foi mais intensamente refletida na época recente. O documento de estudos do Grupo de Trabalho Ecumênico e as colaborações reunidas no volume mencionado (137) são tão elucidativos como a *Quaestio* editada por Albert Gerhards (127). Uma excelente combinação de questionamentos sistemáticos e litúrgicos é obra de Martin Stuflesser (145). Para compreender a presença real somática, vale a pena consultar os ensaios de Bernd Jochen Hilberath (130), Georg Hintzen (131) e Dorothea Sattler (143). Por fim, o aspecto eclesial foi reavaliado pelo ensaio de Anton Thaler (146).

capítulo III
SACRAMENTO DA PENITÊNCIA

1. Introdução: Crise e renovação da prática penitencial

Embora haja constantes razões para falar de uma crise do sacramento da penitência, irrompe aqui e acolá uma nova sensibilidade para a importância de um lugar desses para o perdão dos pecados. Ocorre que os fatores da crise são ao mesmo tempo aqueles fatores que cumpre considerar para uma renovação da prática penitencial.

O sacramento da penitência não é o único âmbito da fé em que se denota uma crise de alcance mais profundo: a *crise na compreensão do pecado*. Ela representa a raiz de problemas similares de compreensão na cristologia e soteriologia. A dificuldade das pessoas de hoje para falar de pecado e se entender como pecadoras tem a ver com concepções modificadas do agir humano. Visto que cresceu o entendimento de que o comportamento humano é condicionado, somos levados a avaliar com maior cautela a responsabilidade pelo agir próprio. Irrefutavelmente, as pessoas são determinadas por experiências, particularmente da infância. Por conseqüência, é plausível explicar comportamentos falhos por causas trágicas

<small>Crise na compreensão do pecado</small>

ou doentias. Ao lado de mecanismos de desculpa psicológicos, contrapõe-se à admissão da responsabilidade pessoal também uma experiência fundamental de ser atribulado. A experiência de ter ficado em débito diante do que é correto e diante das próprias possibilidades constitui o ensejo para lamentar a limitação pessoal e os sentimentos de insegurança e sobrecarga, não, porém, para confessar culpa. Em um ensaio um pouco antigo, porém ainda muito atual (*Studie*, 1979, NÜCHTERN/165), foi observado na análise de textos penitenciais litúrgicos da liturgia evangélica que, em lugar do pecado, seu tema são preferencialmente contingências como falta de orientação, perplexidade, medo. Cumpre levar a sério o condicionamento e a atribulação da vida humana, para então também distinguir os sentimentos de culpa falsos dos genuínos. Contudo, isso não deve seduzir para que se omita o pecado, despedindo-se da responsabilidade pessoal e passando a trabalhar sentimentos de culpa somente por meio da terapia. Contudo, a crítica da contemporânea "quimera da inocência" (METZ/164; Sínodo de Würzburg, resolução Nossa Esperança/9, p. 93) não deveria ocultar quanto um encobrimento desses faz parte da natureza do pecado. Adão e Eva também já se esconderam!

Como evidencia a dissimulação da divisa entre confissão de pecados e lamento sobre a fragilidade pessoal, não se trata de um excessivo sentimento de autovalorização que resiste à admissão do pecado, mas justamente, pelo contrário, de um profundo sentimento de insegurança. Por conseqüência, a sensibilização para o pecado não obtém êxito escravizando-se o ser humano por meio de uma visão antropológica "pessimista", mas terá maior resultado pela via oposta, quando a dignidade e responsabilidade humanas forem mantidas em grande apreço. O reconhecimento da pecaminosidade e a prontidão para admitir o pecado crescem sobre o solo da autovalorização positiva.

<small>Crise na fé em Deus</small>

Uma segunda premissa precisa ser mencionada especificamente: a compreensão crente de si próprio. A crise na compreensão do pecado também manifesta uma crise na *fé em Deus*. Diante do lamento pela perda da sensibilidade pelo pecado, merece consideração a indagação de teólogos evangélicos sobre se, afinal, é possível experimentar o pecado (cf. GESTRICH/154, p. 83-86; HAAS/157, p. 42-60). Até mesmo quando por causa da responsabilidade do ser humano e com vistas à situação da pessoa agraciada se considera possível a experiência da culpa e do pecado, resta levar em consideração que uma compreensão autêntica do pecado pressupõe uma noção de si próprio pela fé e, por conseqüência, uma experiência da graça. Somente quando se descortina para uma pessoa quem é Deus e qual é o parâmetro do amor, ele também se poderá dar conta do quanto ele fica em débito diante desse amor, voltando as costas para Deus. Ademais, é somente a perspectiva do perdão que abre uma possibilidade salutar de encarar a culpa, que do contrário teria de acabar em desespero. Significativamente, não se reprime de forma alguma o tema da culpa na literatura moderna. O que é deixado bastante de lado, porém, é aquilo que é característico e irrenunciável para o discurso cristão do pecado: o horizonte do perdão, no qual o pecado se insere e diante do qual ele pode ser movido e superado (cf. KUSCHEL/162, p. 105-123). Para a mensagem cristã "o interessante no pecado..." é "a possibilidade de destituí-lo do poder" (GESTRICH/154, p. 26), conseguindo abrir saídas para as falsas alternativas do desespero, da resignação, respectivamente da capitulação, ou da repressão. Diante do pano de fundo descrito, a pastoral da penitência tem a tarefa de falar de pecado e arrependimento no horizonte da mensagem do Deus que perdoa (FUCHS/153).

O lamento sobre a perda da consciência de pecado se relativiza quando se levam em conta as mudanças nas *sensibilidades éticas*. Os temas tradicionais do discurso da Igreja sobre pecado já não correspondem sem mais nem menos aos âmbitos em que as pessoas de hoje estão sensibilizadas para a culpa. Sem ceder à escamoteação de determinadas dimensões do pecado, é preciso dar atenção ao novo estado de alerta em outros âmbitos. Somente assim a prática da penitência poderá ser experimentada como desafio e como verdadeira ajuda para a vivência cristã. Sensibilidades éticas alteradas

Enfoca-se assim uma preocupação que deveria ser central para uma pastoral penitencial renovada: o *nexo entre sacramento da penitência e prática de vida*. O sacramento da penitência pode ser chamado de sacramento do dia-a-dia: vive de seu desfecho nas circunstâncias concretas do cotidiano. A crise do sacramento da penitência, porém, resulta não por último de déficits nessa área. Sacramento da penitência e prática de vida

A situação inicial em que se mede a inserção da prática penitencial se caracteriza por uma freqüência comparativamente elevada na confissão, como se instalou na primeira metade do século XX pela ligação obrigatória entre confissão e eucaristia, com freqüência intensificada de comparecimento à comunhão. A alta freqüência no confessionário ocasionalmente colocava pessoas em situações desonestas, uma vez que era provável que ela apenas raramente resultava de uma verdadeira exigência ou necessidade da prática da vida, não podendo facilmente ser exercida com sinceridade a partir dela. A evolução para uma ruptura quase total nos costumes da confissão, porém, representa o extremo oposto. Resta buscar uma prática de confissão que convide para uma reflexão salutar sobre a própria vida junto com seus lados sombrios pecaminosos à luz da compaixão de Deus, possibilitando assim também uma autêntica reorientação da trajetória da vida.

Junto com isso deverá ser levado em conta outro complexo de temas. O discurso cristão de pecado e remissão dos pecados e especificamente a prática do sacramento da penitência conjugam pecado e perdão, evento de arrependimento humano e perdão divino. Na forma sacramental da penitência foi enfatizado unilateralmente na consciência tradicional e na prática (bem menos na doutrina!) a eficácia da graça e, por isso, a absolvição. Contudo, se a ênfase incide sobre o perdão atribuído por graça, porventura não se torna dispensável o dificultoso arrependimento humano? A suspeita de que a absolvição assegurada de forma sacramental dispensaria de processos de mudança precisa ser levada a sério por uma reflexão mais profunda (que acolha a compreensão fundamental do sacramento como mediação entre Deus e ser humano, veja acima p. 31-37) da relação entre perdão divino e arrependimento humano também no sacramento. Dessa maneira, pode-se enfrentar simultaneamente mais uma vez a acusação de que a pregação dos pecados seria destrutiva, porque subjugaria o ser humano ao medo. O desafio cristão de não reprimir a culpa e o pecado e o convite de se arrepender à luz da graça perdoadora de Deus preservam a dignidade do ser humano de assumir a liberdade e a vida própria em virtude da responsabilidade acolhida.

Uma prática penitencial determinada pela relação com a vida, capaz de assinalar itinerários espirituais da renovação, possui hoje decididamente uma chance! A atualidade se caracteriza pelo anseio pela autenticidade, por uma humanidade não distorcida e sincera, havendo contudo uma carência de orientações a serem levadas a sério. Por exemplo, experiências no cinema, nas quais filmes — de modo impressionante — apresentam exemplos dessa mudança para a autenticidade, em última análise deixam o indivíduo sozinho. Estaria na hora de superar o acanhamento diante de várias formas falhas da prática penitencial passada e desvendar o tesouro que está contido no chamado do evangelho ao arrependimento e nas experiências da Igreja com o arrependimento e a penitência.

2 – Fundamentação bíblica

2.1 – Pecado, confissão e perdão divino no Antigo Testamento

A Bíblia descreve o ser humano impiedosa e fundamentalmente como pecador (cf. Sl 130,3), que comete injustiças no comportamento interpessoal e religioso. No salmo penitencial (Sl 51,6) o fracasso do ser humano é qualificado teologicamente como pecado perante Deus: "Pequei contra ti, e só contra ti, fiz o que é mau diante dos teus olhos."

O pecado é reconhecido à luz de Deus, mas igualmente é movido em direção Dele. O primeiro passo para isso é a confissão que irrompe do pecador, justamente confiante no Deus que perdoa (cf. Sl 32,3-5). A admissão do pecado já se situa na Sagrada Escritura no horizonte da fé no Deus, junto do qual há perdão (cf. Sl 130,4), sim, que é um "Deus dos perdões" (cf. Ne 9,17). Ao mesmo tempo ele é aquele que já abre o caminho para o arrependimento e convida a percorrê-lo.

O perdão em si é praticamente um privilégio divino: o coração puro, pelo qual suplica o Salmo 51,12, precisa ser gerado pelo Criador. A aceitação do ser humano pelo Deus que perdoa não permanece, na fé de Israel, uma asserção meramente verbal que precisa ser agarrada pela fé, mas toma forma histórica. A condescendência de Deus se manifesta, por exemplo, nos ritos expiatórios instituídos por Deus: sacrifícios por culpa e pecado, nos quais se realiza ritualmente o arrependimento (cf. Lv 9,15-24; Ez 45,17). Justamente assim se possibilita ao ser humano ingressar no acontecimento da conversão.

2.2 – Perdão dos pecados no Novo Testamento

Remissão dos pecados por meio de Jesus Cristo

A concretização do perdão misericordioso de Deus em formas de mediações históricas torna-se relevante no testemunho do Novo Testamento quando a mediação decisiva para o perdão divino dos pecados já não pode ser encontrada em um rito, porém em uma pessoa: em Jesus Cristo. Sua reivindicação de perdoar pecados com autoridade atinge o direito de soberania divino do perdão, motivo pelo qual se depara com oposição, como na perícope da cura do coxo em Marcos 2,1-12 e em Mateus 9,1-8. Na versão de Mateus é significativo o versículo 9,8, divergente do de Marcos, segundo o qual as pessoas enalteciam a Deus, "que dá tamanha autoridade aos homens". Aqui Mateus já pensa na Igreja, a qual ele considera depositária dessa autoridade (veja abaixo).

O problema do pecado após o batismo

Para os primeiros cristãos, o batismo constitui o processo decidido para o perdão dos pecados. Em breve, a Igreja deparou com a pergunta de como lidar com aqueles batizados que de modo grave se haviam devotado novamente ao pecado. No caso de pecados graves (conforme posições rigoristas existem até mesmo pecados imperdoáveis: cf. Hb 6,4-6; 1Jo 5,16s) recomendava-se, já por causa da santidade da Igreja, um procedimento decidido (cf. 1Cor 5; 2Cor 2,5-11).

Remissão dos pecados na igreja

A regra disciplinar de Mateus 18,15-17 dá testemunho da prática do perdão dos pecados na igreja. Prevê para o caso da transgressão de um membro da igreja contra normas fundamentais, vigentes na igreja, um procedimento de três etapas: primeiramente um diálogo a sós com outro membro da igreja; depois, em caso de desacordo, um segundo diálogo mediante recurso a uma ou duas testemunhas. Se esse empenho em prol do pecador for infrutífero, a igreja toda deverá ser confrontada com o caso. Se a correção for rejeitada também diante desse fórum, acontecerá a excomunhão.

Essa regra processual é interpretada pelo dito de ligar e desligar (cf. Mt 18,18). Seu lugar original está em um relato de aparição, segundo o qual o Ressuscitado confere a todo o grupo de discípulos autoridade para perdoar os pecados (cf. Jo 20,23). Ligar significa a retenção dos pecados e a exclusão da comunhão; desligar significa a absolvição dos pecados e a reintegração na comunhão. Ambos os atos são decisões autorizadas com efeito de validade derradeira (cf. também Mt 18,19).

Chama atenção que no contexto da regra processual ocorre em Mateus a parábola da ovelha perdida (cf. Mt 18,12-14), bem como a exortação para estar prontos a perdoar (cf. Mt 18,21-35). Quando se analisa isoladamente a regra processual, o interesse se volta mais para a igreja que, preocupada com sua santidade, regulamenta como lidar com pecadores. No contexto, porém, o foco cai mais sobre o pecador, ao qual importa preservar.

Ao lado desse procedimento formalmente regulamentado, o Novo Testamento tem noção do convívio mais cotidiano com o pecado mediante a exortação recíproca (cf. Gl 6,1; Tg 5,19s) e a confissão de uns diante dos outros (cf. Tg 5,16).

3 – Desenvolvimentos histórico-teológicos

A forma do sacramento da penitência se alterou significativamente ao longo da história, mais que outros sacramentos. Mudanças litúrgicas andam de mãos dadas com deslocamentos de ênfase na relevância de cada parte da penitência. Vale a pena analisar mais de perto essas evoluções, para assim perceber melhor a complexidade do evento sacramental da penitência.

3.1 – A luta pela possibilidade de um segundo arrependimento no período antigo

O arrependimento fundamental é constituído na Igreja primitiva pelo batismo, que como tal também é designado de penitência. A penitência diária, exercitada na confissão e exortação mútuas, na tríade clássica de esmola, jejum e oração, faz naturalmente parte da vida das igrejas e de cada cristão.

Com vistas a pecados graves, que praticamente representam um desmentido da confissão batismal (sobretudo negação da fé, homicídio e devassidão), é preciso esperar na Igreja primitiva uma concomitância de posições rigoristas e de concessão da possibilidade de uma readmissão na Igreja. Posições rigoristas possuem caráter disciplinar e prático – a expectativa imediata urgente demanda uma ética severa – ou fundamentam psicologicamente a impossibilidade do perdão de certos pecados alegando a subjacente atitude empedernida e impenitente. Além disso, requer explicações a pergunta se o perdão não seria uma espécie de segundo batismo.

Mais influente que posições rigoristas é o chamado *Pastor de Hermas*, surgido em Roma por volta de 140 d.C. Nesse livro se concede a possibilidade de penitência única como última chance para qualquer pecado. O princípio de um único perdão pós-batismal para pecados graves é motivado nessa visão pela expectativa imediata do fim dos tempos, mas também é transmitido adiante depois que essa experimenta um recuo, continuando determinante na Igreja ocidental durante alguns séculos.

Por fim, na luta pela possibilidade de conceder um arrependimento pós-batismal, exercem uma função própria as testemunhas que permaneceram constantes nas perseguições. Atribui-se a elas a autoridade de anunciar o perdão divino aos que renegaram a fé, acolhendo-os novamente na comunhão da Igreja. A autoridade espiritual-carismática do perdão, atribuída aos mártires, passa mais tarde para os monges (veja abaixo p. 184s).

3.2 – O procedimento penitencial canônico na Igreja antiga

Com base na concepção de que a Igreja pode perdoar pecados graves, surge na segunda metade do século II uma forma institucional de como um perdão desses pode ser obtido: o procedimento penitencial canônico.

Esse processo penitencial viabiliza uma possibilidade *única* para pecados graves. Como esses em geral são do conhecimento público, a confissão (perante o bispo) no começo desse procedimento penitencial em geral não tem o sentido de revelar os pecados. Pelo contrário, o pecador expressa nele sua prontidão para o arrependimento, com base na qual ele é acolhido na categoria dos penitentes. Esse ato oficial não deve ser entendido como ação de excomunhão pela Igreja, mas visa suspender a excomunhão de fato acontecida pelo pecado. Os penitentes são incumbidos de obras de arrependimento como jejuar e demais renúncias; sua situação se caracteriza pelo fato de não poderem participar de forma plena na vida da Igreja. No entanto, o todo do andamento de arrependimento e reconciliação constitui um processo de vivência eclesial. Ainda que em cada caso a penitência seja assumida e executada pessoalmente, ela está situada dentro da vida da Igreja, sendo carregada solidariamente pela comunhão da Igreja – que sabe de sua própria pecaminosidade. Isso se expressa em esforços pastorais pelos penitentes e na oração de intercessão, bem como nas bênçãos aos penitentes. O alvo do acontecimento penitencial é a reconciliação (realizada, segundo fontes do século V, na Quinta-feira Santa), cujo sinal é a imposição de mãos.

Sobre que base acontece a reconciliação? Qual é precisamente o fundamento da remissão dos pecados? E como um se relaciona com ou outro? A possibilidade do arrependimento foi dada por Deus, que desse modo visa abrir caminho para a reconciliação. Sob esse aspecto, a remissão dos pecados e a reintegração plena na Igreja constituem fundamentalmente dádivas da graça. Apesar disso, não são obsoletas as perguntas de como o perdão divino é transmitido e até que ponto ele pressupõe também o agir do ser humano. Na Igreja antiga há uma ênfase forte na *penitência* do pecador como uma possibilidade franqueada por Deus, para dar expressão concreta ao arrependimento e à intenção penitencial. Nisso as obras penitenciais concretas são vistas pela Igreja como premissas para a reconciliação. Por sua vez, a readmissão na comunhão eclesial também é entendida como afirmação acerca do relacionamento restaurado do penitente com Deus: o ato eclesiástico da readmissão na Igreja é transparente para a atuação de Deus.

Fundamento da remissão dos pecados – obras penitenciais – reconciliação

Por conseqüência, o arrependimento humano, a readmissão na Igreja e o perdão divino dos pecados constituem processos entrelaçados. À luz da graça divina abre-se o caminho do arrependimento humano, que corre em direção da readmissão pela Igreja. Nela, por sua vez, comunica-se a reconciliação com Deus.

3.3 – *A crise do instituto canônico da penitência*

A decadência da penitência pública se deve às mesmas razões que a decadência do catecumenato (veja acima p. 123). Com a decisão de tornar-se cristão já não está ligado naturalmente o compromisso pessoal de santidade. Por conseqüência, desaparece a disposição de se submeter à penitência canônica. Particularmente, entende-se como exagero seu caráter único, bem como as obrigações penitenciais, que perduram também após a reconciliação: ex-penitentes não podem mais casar depois da reconciliação e no matrimônio têm a obrigação da abstinência sexual. São barrados de cargos eclesiásticos. Desde o século V a penitência canônica é praticada cada vez menos como roteiro penitencial em vida, e seu lugar preponderante torna-se — com consentimento expresso da Igreja — o leito do moribundo.

<small>Penitência do moribundo</small>

A penitência do moribundo, porém, é recomendada desde o século VI a *todos os cristãos*. É considerada cada vez mais um ato de devoção como preparação para uma boa morte. Enquanto a penitência canônica foi originalmente uma concessão extraordinária, para dar uma nova chance a um pecador que havia caído abaixo dos parâmetros da situação de salvação já concedida, a penitência do moribundo constitui um caminho regular de salvação na situação da morte. São plausíveis as ilações de uma avaliação de cunho diferente da situação salvífica trazida pelo batismo.

Não obstante, há testemunhos da prática da penitência pública ainda na Idade Média, e ocasionalmente até o final do século XVII. No Ocidente, até mesmo se desenvolvem novos ritos; entre outros, uma segunda absolvição do povo todo, que complementa a absolvição dos pecadores na Quinta-feira Santa e constitui a raiz para a prática medieval da absolvição geral (cf. MESSNER/41, p. 81s.130s).

3.4 – A "confissão" como forma reiterável do sacramento da penitência

<small>Confissão monacal</small>

Em paralelo ao instituto canônico da penitência — de raízes judaicas (cf. Lv 5,5) e de referenciais no Novo Testamento (cf. Tg 5,16) — desenvolve-se desde cedo a prática de um ato penitencial em que a confissão individual está em primeiro plano, porque o ato de tornar públicos os próprios pecados como tal já é considerado salutar. Preferencialmente, a confissão é prestada diante de pessoas de dons carismáticos (mártires ou monges — veja acima p. 182), consideradas como detentoras do Espírito com autoridade para perdoar. Nesse evento penitencial, a confissão e o anúncio do perdão andam de mãos dadas com o acompanhamento espiritual no caminho do arrependimento diário. Uma "penitência acompanhada" dessas possui relevância particularmente no contexto monástico; porém, na Igreja bizantina, dissemina-se também fora dos mosteiros, assumindo cada vez mais o lugar da penitência canônica.

No Ocidente se dissemina uma forma modificada da prática monástica por meio dos monges irlandeses. Como na confissão monástica, demanda-se uma confissão detalhada que não abrange apenas pecados graves do pecador, e que é prestada perante um sacerdote. Contudo, já não é tão necessário por causa da condução das almas, mas para que se possam impor as expiações, dimensionadas para o penitente de acordo com seus pecados. O tipo da expiação é retirado pelo clérigo de livros de penitência, nos quais se prescreve para cada pecado uma expiação meticulosamente fixada. Nessa "penitência tarifária" a culpa é depreendida do ato objetivamente ocorrido. De forma igualmente objetiva a reparação precisa acontecer mediante uma realização compensatória praticamente normatizada (satisfação, *satisfactio*). Segundo a intenção dos livros de penitência, trata-se claramente da prescrição de penitências entendidas como remédio, que são consideradas como cura para o pecado. No entanto, o sistema tarifário se torna questionável pela prática de comutações e remissões, que possibilita saldar uma expiação longa por outra mais breve e, em troca, mais dura, ou incumbir substitutos a cumprir a penitência. No início, falta nesse processo penitencial uma reconciliação; depois de se confessar e cumprir a pena expiatória, o penitente pode voltar a participar da celebração da eucaristia e receber a comunhão.

_{Penitência tarifária}

A penitência tarifária se distingue da penitência canônica da Igreja antiga pela possibilidade de reiterá-la e por seu caráter não-litúrgico, não-público. As expiações são individualizadas, porém — ao contrário da tradição carismática da confissão monástica — permanecem nos contornos das "tarifas" fixadas em livros. Notória é a ausência inicial da reconciliação.

A prática penitencial irlandesa se difunde em virtude da atividade missionária dos monges irlandeses no continente, onde ela evolui e se mescla com elementos da penitência canônica. Do processo penitencial público são adotadas as orações que remontam às antigas bênçãos aos penitentes, bem como o ato de reconciliação. Após a confissão é agora comunicada a expiação cumprida pelo penitente antes que obtenha (na Quinta-feira Santa) a reconciliação. Liturgicamente, isso significa que a reconciliação pode voltar a ser um procedimento público e eclesial.

Mudanças na prática penitencial irlandesa

Paralela a isso, porém, já existe a prática — a ser consolidada após a virada do primeiro milênio — segundo a qual o presbítero confere a reconciliação imediatamente após a confissão (em caráter condicional). Na ordem dos elementos da penitência, portanto, o cumprimento da tarefa penitencial passa para depois da confissão, da comunicação da incumbência penitencial e da reconciliação. A verdadeira obra penitencial passa agora a ser menos a realização formal da satisfação, mas, pelo contrário, a confissão, ou a atitude subjacente da contrição. Dessa forma, também mudam as fórmulas da reconciliação: enquanto no começo o sacerdote realizava uma oração de intercessão em prol do penitente (absolvição deprecativa ou suplicatória), desenvolvem-se posteriormente fórmulas de absolvição que inicialmente são moldadas como voto (absolvição optativa). Desde meados do século XIII impõe-se a fórmula indicativa de absolvição, apoiada por uma reflexão teológica entrementes evoluída.

Fundamento do perdão dos pecados – obra penitencial – confissão – contrição

A teologia penitencial escolástica defronta-se, não por último em vista das mudanças litúrgicas, com a pergunta sobre o que, afinal, no sacramento serve de fundamento para o perdão dos pecados. Em consonância com a prática da antiga forma penitencial irlandesa sem ato de reconciliação, a teologia inicialmente não inclui a reconciliação em suas considerações. Pelo contrário, a remissão de pecados é atribuída à penitência, à confissão ou ao arrependimento. Quando o penitente que cumpriu suas tarefas penitenciais volta a ser considerado sem mais nem menos reconciliado, parece ser bastante inequivocamente sua *obra penitencial* que fundamenta o perdão dos pecados. Mas, quando mudanças litúrgicas deslocam a absolvição sacerdotal para antes da *satisfactio*, torna-se questionável se ela contribui para a remissão dos pecados. Em troca, é a própria *confissão* que agora passa a ser considerada obra penitencial remitente de pecados, na medida em que o ato de se confessar, a confissão, é vexatório e por isso meritório. Finalmente, está difundida a opinião doutrinária de que é a *contrição* que obtém o perdão divino da culpa pelos pecados. Isso, no entanto, reduz fortemente a importância da cooperação da Igreja para o acontecimento penitencial: o arrependimento constitui sobretudo um processo interior, que se basta sem um fórum público ou uma reconciliação formal.

– Absolvição

Que relevância possui, então, a *absolvição* sacerdotal? Tenta-se explicar isso com diversas teorias de absolvição. À concepção do efeito remitente dos pecados por parte da contrição humana corresponde a teologia *declaratória* da absolvição. Segundo ela, a absolvição tão-somente atesta o perdão previamente já presenteado por Deus em vista do arrependimento humano (Pedro Abelardo, † 1142). Ao sacerdote cabe unicamente fixar uma penitência correspondente e interceder pelo pecador. Isso corresponde à forma deprecativa da absolvição.

Em contraposição desenvolve-se uma concepção *causal de absolvição* que, no começo, de fato não se refere ao perdão dos pecados, mas à remissão da pena. Para combinar essa teoria com a doutrina da força justificadora da contrição, defende-se a idéia de que a absolvição transformaria o arrependimento imperfeito (*attritio*) em perfeito (*contritio*).

Tomás de Aquino († 1274) adere ao efeito remitente de pecados da *contritio* por um lado, mas por outro relaciona o arrependimento de tal modo com a absolvição que ela se insere de modo constitutivo no evento da justificação. Porque, segundo sua concepção, a *contritio* tem por conteúdo o propósito de confessar e cumprir a *satistactio* e, assim, a intenção do penitente de se entregar ao poder eclesiástico das chaves. Por seu turno ela já atua de maneira prévia. Útil para a definição da relação das diversas partes da penitência é a aplicação da diferenciação entre *forma* e *materia* (veja acima p. 60). *Materia* do arrependimento são, conforme Tomás, os atos penitenciais humanos (arrependimento, confissão, obra de penitência), que são determinados pela absolvição, que funciona como *forma*. Portanto, a absolvição, que passa a ser chamada de causa do perdão, justamente não torna supérfluos os atos penitenciais humanos, mas os coloca como componentes essenciais da penitência após o prefixo da graça. Corresponde ao novo significado da absolvição a fórmula indicativa de absolvição que se impõe no século XIII. O magistério eclesiástico acolhe a teologia penitencial de Tomás em 1439, no Decreto aos Armênios (DH 1323).

3.5 – A controvérsia em torno da sacramentalidade do arrependimento e as obras penitenciais na época da Reforma

A partir da doutrina da justificação se cristaliza na teologia penitencial de Martinho Lutero († 1546) uma contraposição enfática

Lutero

de confissão e absolvição, mediante desconsideração das obras penitenciais. Lutero defende que é obscurecido o caráter de graça da absolvição quando o arrependimento humano recebe a marca de uma realização, ao se exigir, por exemplo, uma confissão consistente — por experiência própria, o ex-monge agostiniano considera isso um martírio para a consciência. De forma análoga, com sua pergunta "Como encontro um Deus misericordioso?" ele propõe, no entanto, entender a busca do pecador pela graça. A absolvição é, em lugar de uma sentença judicial, simplesmente uma palavra de libertação que precisa ser aceita pela fé. Nessa compreensão, a confissão, em última análise, é para Lutero agudização individual da pregação da justificação, sendo como tal sumamente apreciada por ele. Ocasionalmente, até mesmo a cita entre os sacramentos, contudo sente falta do sinal visível. Ademais teme que o batismo poderia ser depreciado por meio de um segundo sacramento de remissão de pecados (veja acima p. 126). A prática da confissão auricular permanece intacta por longo tempo no luteranismo, mas se apaga quase totalmente no curso dos séculos XVIII e XIX. Somente em meados do século XX tenta-se — com pouco sucesso — uma revitalização.

Calvino   João Calvino († 1564) rejeita uma compreensão da penitência como sacramento, porém demonstra interesse particularmente na prática do arrependimento público na Igreja antiga, a respeito do qual deseja decididamente "que ela seja restabelecida hoje" (*Institutio* IV,19,14).

Posição católico-romana   A controvérsia entre a teologia penitencial da Reforma e a católica romana já começa com a bula de Leão X em 1520 (cf. DH 1455-1464), sendo prolongada pelo Concílio de Trento (cf. DH 1667-1693; 1701-1715). O conteúdo da controvérsia se concentra em torno de três pontos: a sacramentalidade da penitência, as partes do arrependimento e o caráter da absolvição. Com base na instituição por Cristo, atestada em João 20,22, a penitência é um sacramento independente, distinto do batismo. O Concílio Tridentino sublinha três atos, ou partes, do evento penitencial (contrição, confissão e satisfação), empenhando-se em uma exposição diferenciada da razão e relevância deles. Isso é particularmente importante com vistas à satisfação, que segundo a concepção luterana contraria a justificação, mas que conforme a concepção católica romana constitui parte imprescindível do evento penitencial. Em declarações doutrinárias do Concílio de Trento isso também é fundamentado antropologicamente com a função preventiva e restauradora das obras penitenciais. No entanto, nitidamente, o ponto de referência da satisfação não é o perdão, como se ele pudesse ser conquistado por obras satisfatórias, mas o castigo. Ademais, a inclusão *per Christi merita* [pelos méritos de Cristo] deixa transparecer o esforço dos Padres Conciliares de acoplar a *satisfactio humana* com a *satisfactio de Jesus Cristo* (cf. DH 1691; 1713s). A *satisfactio humana* no evento penitencial é dependente da graça de Cristo, situando-se em última análise no horizonte do assemelhar-se com Cristo. Analisando bem, as posições católicas romanas e reformatórias — ainda que em linguagem diferente — são bem próximas em vários aspectos. Evidenciam-no também os esforços de unificação em Augsburgo no ano de 1530, que alcançam um expressivo entendimento e definem como ponto controvertido tão-somente a vinculação da *satisfacfio* com o aniquilamento da pena pelos pecados (em relação ao todo, cf. SATTLER/166, p. 10-48).

3.6 – Pluralidade renovada no século XX

No século XX a investigação da história penitencial na Igreja (B. POSCHMANN, K. RAHNER) leva a uma nova compreensão da penitência, particularmente com vistas ao caráter eclesial da penitência. Em consonância, o Concílio Vaticano II demanda uma revisão de rito e fórmulas do sacramento da penitência (cf. SC 72), para que o evento penitencial possa ser mais respaldado pela Igreja e reconhecido como convergindo na reconciliação com ela (cf. LG 11). Fruto desse impulso de reforma é, na *Ordo Paenitentiae* (1973), a nova fórmula de absolvição, que se destaca tanto pelo caráter anamnético como pela relação eclesial, e ainda pela reintrodução do estender das mãos para a absolvição. Por outro lado, ressurge a consciência de que ao lado da confissão individual existem outras formas do sacramento da penitência e de arrependimento não-sacramental: celebrações penitenciais combinadas com a oferta da confissão auricular (ou, sob condições especialmente qualificadas, com uma absolvição geral), bem como celebrações penitenciais de natureza não-sacramental e de outros atos penitenciais (a esse respeito, veja item 4.1 a seguir).

Caráter eclesial – pluralidade das formas penitenciais

4 – Desdobramento teológico-sistemático

4.1 – Vida no horizonte do perdão, a multiplicidade de formas de arrependimento cristão e o sacramento da penitência

<small>Fé no horizonte do perdão</small>

Será que alguém pode encarar a culpa sem perspectiva de perdão (veja acima p. 176s)? Do ponto de vista da fé essa pergunta já chega sempre atrasada, visto que a existência cristã como tal situa-se no horizonte do perdão: a fé cristã confessa Deus como o Deus disposto a perdoar, e a reconciliação acontecida por e em Cristo constitui o conteúdo de qualquer anúncio de remissão dos pecados.

Apesar disso, a reconciliação não é um acontecimento do passado, sobre o qual apenas se precisaria lançar um olhar retrospectivo. Pelo contrário, como "evento dentro de eventos" (veja acima p. 93) ela se projeta para dentro da atualidade, a fim de alcançar e incorporar todas as pessoas em sua história. A palavra da reconciliação de Deus visa à conversão e ao arrependimento como a resposta do ser humano viabilizada e sustentada pela graça de Deus. Para o acontecimento dialogal, em que seres humanos se envolvem existencialmente com a misericordiosa condescendência de Deus, necessita-se na vida cristã eclesial de lugares de anamnese da reconciliação presenteada em Cristo, ou seja, lugares de perdão, nos quais pode ser brindado o perdão aqui e agora.

<small>Lugares de perdão – formas penitenciais sacramentais e não-sacramentais</small>

De tais lugares cumpre falar no plural. Fundamentalmente precisa ser citado o batismo, e além dele a celebração da eucaristia como lugar do perdão dos pecados diários. Ademais, vale também o que é formulado pela Introdução Pastoral à Ordem Penitencial: "De múltiplas maneiras o povo de Deus concretiza esse arrependimento contínuo" (n. 4/28, p. 11). Arrolam-se sofrimento paciente, obras de misericórdia e de amor, conversão ao evangelho, cultos de penitência, proclamação da palavra, oração. As diferentes formas não devem ser contrapostas, mas consideradas complementares. Isso precisa ser frisado especialmente em vistas de formas penitenciais sacramentais e não-sacramentais. Pelo fato de que o perdão dos pecados também é concedido fora do sacramento da penitência, não é apropriada a fixação na confissão individual e em celebrações penitenciais com absolvição sacramental. Sob esse aspecto, a redescoberta da multiplicidade de formas penitenciais não-sacramentais significa uma salutar ruptura com certa fixação na confissão individual. No entanto, seria um eufemismo pensar que a ruína da prática da confissão auricular, muitas vezes quase total, constitua tão-somente um deslocamento. "Pelo abandono da confissão não se desenvolve simplesmente uma nova cultura de conversão, arrependimento e perdão."[1]

Na comparação das formas possíveis da prática pública da penitência precisam ser introduzidos diversos pontos de vista. Um aspecto é a possibilidade de celebrar a penitência de maneira litúrgica. Essa possibilidade se franqueia mais facilmente nas celebrações penitenciais comunitárias que na confissão auricular.

Outro critério é o caráter eclesial, ao qual as celebrações comunitárias correspondem melhor, sem que ambas as dimensões pudessem ser simplesmente identificadas: também a confissão auricular possui caráter eclesial. Porém, a celebração penitencial pode expressar de modo mais enfático que, por um lado, todo pecado inclui uma culpa em relação à comunhão eclesial e que, por outro lado, também a comunhão eclesial deixa a desejar no tocante a sua vocação.

Por fim – como pólo oposto à dimensão eclesial –, cumpre citar o aspecto individual de pecado e penitência. Por mais que todo pecado tenha caráter eclesial, ele não deixa de ser pecado pessoal, porque sempre são indivíduos que deixam a desejar em sua vocação cristã e eclesial. Pelo fato de que a culpa é insubstituivelmente culpa própria, o desafio individual constitui parte imprescindível do arrependimento. Isso é motivo para a valorização da confissão auricular, que demanda uma confissão formulada pessoalmente. Na realidade não é a única maneira de assegurar o caminho da penitência individual, que também pode ser percorrido no âmbito e no entorno de celebrações penitenciais com ajuda dos impulsos correspondentes, por meio de processos de conversão, diálogos etc. Para todas as formas de penitência vale que um caminho penitencial é tão frutífero como a entrega de indivíduos a ele, encarando honestamente seu fracasso e permitindo sinceramente que Deus lhes conceda um novo começo.

---

1. Gerhard NACHTWEI, Beichte - ein not-wendiges Sakrament. Ein-leitung aus der Sicht eines praktischen Seelsorgers, in: 152, 153-157; aqui, 153.

A especificidade do sacramento da penitência

Em vista da multiplicidade das formas penitenciais cabe perguntar pela especificidade do sacramento da penitência. Que é que precisamente diferencia a forma sacramental da penitência (em sua modalidade comum, ou seja, a confissão auricular) de outras formas de penitência? Na penitência sacramental se aguçam os aspectos humano e divino da penitência. De um lado a configuração sacramental da penitência obriga a uma confrontação intensa com a culpa pessoal, uma vez que o ou a penitente precisam se confessar como sujeito da culpa. Não apenas o pecado em geral é submetido à luz do perdão, mas a situação individual de cada ser humano em sua culpa, com a qual se carregou de forma insubstituível.

A essa concentração na responsabilidade pessoal corresponde, por outro lado, que no sacramento da penitência também o perdão não é proferido de maneira geral, mas referido à situação concreta e pronunciada do pecado. A palavra de perdão, porém, não ocorre apenas como confirmação do Deus disposto a perdoar, mas como asserção autorizada por parte do clérigo ordenado. A absolvição por meio de um ser humano, que por definição não representa a si próprio, mas ao que o próprio Deus deseja realizar, explicita de forma adensada a dimensão da graça do perdão, o *extra nos* [fora de nós]. Ao mesmo tempo, o clérigo é o representante competente, e chamado por parte da comunhão eclesial, que anuncia perdão em nome da Igreja e pode acolher um pecador novamente na Igreja no caso de um pecado grave.

Isso não implica que uma concretização tão bilateralmente intensificada de arrependimento e perdão aconteça exclusivamente no sacramento. O sacramento, porém, propicia um espaço da graça em que pode ter sucesso esse aguçar da penitência diária. A Igreja, que tem de se preocupar com sua própria santidade da mesma maneira como com a santidade pessoal de seus membros, condiciona a absolvição, em caso de pecado grave, à confissão auricular sacramental. Ao mesmo tempo ela considera "costume salutar" (DH 1683) que os fiéis se confessem uma vez por ano.

Confissão de pecados na celebração

Se a chamada obrigação de se confessar diz respeito aos pecados graves, cumpre indagar especificamente pelo sentido da confissão na celebração que é praticada regularmente, ainda que não haja a ocorrência de culpa grave.

Aqui é preciso partir da dificuldade de definir pecado grave. Na confissão regular se trata justamente de buscar, com disposição penitencial sensível, rudimentos aparentemente insignificantes de pecado. Nessa busca é possível que as pequenas transgressões se revelem como formas de como se erra em proporção maior na caminhada pessoal de vida e nos deveres para com os semelhantes. Nisso se reveste de principal importância a declaração dos pecados. Se para muitos âmbitos da pessoa humana vale que somente a corporificação concretiza o que estava inerente "ao espírito", isso vale também no tocante ao auto-reconhecimento. O que se passa dentro de um ser humano, seja positiva ou negativamente, com freqüência desvenda-se de modo autêntico e honesto apenas na tentativa de verbalizá-lo perante outras pessoas. Nesse sentido, processa-se na confissão uma objetivação que de certo modo corporifica a culpa sem retoques, viabilizando assim aquele distanciamento que faz parte do processo penitencial. A ousadia de confessar constitui ao mesmo tempo o caminho para não apenas revolver a culpa pessoal no exame de consciência, mas de fato entregá-la à misericórdia de Deus.

Ao mesmo tempo, a graça do perdão, experimentada de forma adensada e anunciada expressamente, liberta para um novo começo. A Introdução Pastoral à Ordem Penitencial formula: "Quem, no entanto, cai em pecado leve e experimenta diariamente sua fraqueza extrai forças da celebração repetida da penitência para chegar à liberdade plena dos filhos de Deus" (n. 7/28: 14). A prática da confissão de pecados é expressão do empenho constante de aperfeiçoar a graça batismal, "para que em nós, que trazemos no corpo a paixão e morte de Jesus Cristo, se torne cada vez mais visível a vida de Jesus. Nessa 'confissão durante a celebração' os fiéis [...] devem sobretudo empenhar-se para se tornar mais conformes a Cristo e seguir com mais cuidado o chamado do Espírito" (n. 7b/28: 15).

Foi intensamente discutida a questão de como deve ser apreciada a prática de celebrações penitenciais com absolvição geral. Conforme o direito canônico, compete ao prelado local, em acordo com a respectiva conferência episcopal, decidir se existe uma necessidade grave para conceder absolvições gerais. No âmbito de fala alemã a prática evoluiu de modos diferentes nessa questão. Uma

Celebrações penitenciais com absolvição geral

vez que de qualquer modo persiste o compromisso da confissão auricular em caso de pecado grave, enquanto outros pecados não estão sujeitos ao dever estrito da confissão, a discussão deveria se guiar menos pela pergunta das regulamentações e orientar-se mais segundo o empenho de uma prática penitencial autêntica. Como mostra a comparação entre a prática alemã ou austríaca com a Suíça, onde são freqüentes as celebrações com absolvição geral, o retrocesso na prática da confissão auricular dificilmente depende de que as celebrações penitenciais sejam celebradas com ou sem absolvição geral. A verdadeira pergunta é, portanto: Como as celebrações penitenciais coletivas se relacionam com a prática da confissão auricular?

<small>Prática penitencial comunitária e caminhos pessoais de penitência</small>

Motivo para a valorização da confissão auricular como forma máxima da penitência e como forma regular do sacramento da penitência é o nítido caminho individual de penitência nela demandado. Em contraposição, expressa-se a preocupação de que a disseminada substituição da confissão individual por celebrações penitenciais comunitárias poderia liberar excessivamente os indivíduos da confrontação com sua culpa pessoal. Observando-se mais de perto, porém, na verdade foram colhidas, com a prática de celebrações penitenciais com ou sem absolvição geral, experiências positivas que de forma alguma dão razão à acusação corrente de que aqui se ofereceria "penitência barata". Um controle quanto à intensidade com que os indivíduos se envolvem no acontecimento penitencial não é possível nem mesmo na confissão auricular, e, além do mais, nem é desejável. Deve ser decisivo que na prática penitencial comunitária se abra espaço para a confrontação pessoal com a própria culpa, a fim de que seja depurada e intensificada. Uma deficiência das formas (meramente) comunitárias de penitência é a ausência de atos concretos em que cada pessoa se expõe por meio de um testemunho pessoal e, em contrapartida, igualmente experimenta de forma pessoal e individual o anúncio do perdão.

Por princípio, seria desejável que da multiformidade das formas históricas de penitência ainda se aprendesse adicionalmente sobretudo no que diz respeito às vias penitenciais em forma de processo. Por exemplo, a celebração penitencial que ocorre pouco antes da Páscoa poderia ser anunciada mais cedo ou preparada por meio de uma celebração de penitência no começo da Quaresma — na

Quarta-feira de Cinzas. Associado a isso poderia ser anunciado o convite para um caminho pessoal de penitência, decididamente com uma confissão auricular e uma tarefa penitencial, de modo que a celebração penitencial comunitária possa prever no fim do período quaresmal, com boa razão, uma absolvição geral ou, melhor ainda, uma imposição individual de mãos e anúncio do perdão (veja a esse respeito JILEK/159, p. 153s).

Fundamentalmente, os sacramentos não estão em concorrência com atos vivenciais cristãos não-sacramentais, mas demandam-nos como adendo complementar. Por isso, deveria haver no acesso e no contexto do sacramento da penitência outras formas de lidar com o pecado. Ao lado das diferentes maneiras de reflexão e arrependimento sempre praticadas individualmente, cabe citar aqui a da correção mútua — a ser praticada com grande cuidado. Cristãos são responsáveis uns pelos outros, até mesmo no tocante à maneira como vivem como cristãos. <!-- Correção mútua -->

A confissão perante leigos constitui, segundo o entendimento atual, uma confissão expressa de pecados no diálogo com uma pessoa não-ordenada (respectivamente com um diácono). No lugar da absolvição, que pressupõe a ordenação, acontece nesse caso uma oração de intercessão. Essa prática tem por premissa — de ambas as partes — uma viva percepção e uma noção dos limites da competência — cristológica e eclesial — da referida pessoa não-ordenada. <!-- Confissão perante leigos -->

4.2 – A relação entre dimensão eclesial e individual do sacramento da penitência

Ainda que a dimensão eclesial de pecado, arrependimento e reconciliação não seja idêntica com a execução pública e comunitária da penitência, a privatização do processo penitencial foi a que mais contribuiu para que o caráter eclesial do sacramento da penitência fosse perdido de vista durante séculos, ou estreitado para a autoridade funcional do oficiante. Até que ponto a penitência constitui um evento eclesial?

De acordo com a concepção bíblica e da Igreja antiga, os pecados de indivíduos batizados prejudicam a santidade da Igreja, diminuem sua fama e dificultam o cumprimento de sua missão salvadora. Por meio do pecado o cristão também acumula culpa contra a Igreja, transgride contra o envio dela e contribui para uma degradação dela. Por isso, o pecado da pessoa batizada não apenas compromete o relacionamento consigo próprio, com o mundo e com Deus, mas também traz efeitos negativos para a Igreja, causando, portanto, um distanciamento da Igreja. O retrocesso da prática de confessionário provavelmente se deve ao fato de que para muitos cristãos há pouca consciência disso. Com razão Paul Wess diagnostica, insistindo em uma renovação da consciência em prol do vínculo com a Igreja:

> Uma conseqüência da falta de consciência batismal e eclesial também deve ser que o sacramento da reconciliação é recebido cada vez mais raramente. Afinal, seu sentido é o restabelecimento da comunhão plena do batizado com a Igreja como sinal da reconciliação com Deus. Quem nunca se decidiu pessoalmente por essa comunhão, também não entenderá por que ele deve desculpar-se junto dela quando transgride contra ela[2].

Uma vez que a vocação cristã é uma vocação eclesial, o pecado sempre constitui também uma transgressão contra a Igreja, de modo que o perdão do pecado tampouco constitui uma coisa que indivíduos possam resolver com seu Deus. Por isso o chamado à conversão, em casos graves, remete expressamente à prática penitencial da Igreja e à competência do clérigo ordenado: a reconciliação com Deus se transmite por meio da reconciliação com a Igreja, vindo a expressar-se nela. Ademais, a possibilidade de experimentar o perdão de Deus também depende do fato de pecadores experimentarem ou não, bem como da forma como experimentam, a aceitação pela comunhão eclesial. Isso estava mais bem assegurado na ordem penitencial antiga do que na prática da confissão, na qual a Igreja somente está representada por um funcionário no momento do ato penitencial. A fórmula de absolvição da nova Ordem da Penitência na verdade expressa que a reconciliação acontece "pelo serviço da Igreja" (Celebração da Penitência, n. 46/28, 32), mas falta a concretização por meio da reintegração real na Igreja. No entanto, apesar de serem justas as queixas sobre déficits nessa área, não é fácil dizer como se deve expressar mais claramente a

---

2. Paul WESS, Konfirmation in zwei Stufen? Ein Vorschlag, in: *Heiliger Dienst* 51 (1997) 130-144; aqui, 133.

reconciliação com a Igreja. Porque a uma reintegração pública na comunhão eclesial deveria, afinal, corresponder uma prática penitencial pública. Como premissa disso, deveria ser primeiramente desenvolvida outra vez toda uma cultura de consciência do pecado, de confissão e de penitência (cf. considerações a respeito em JILEK/159 e MESSNER/163).

Enfim, se a Igreja é constituída de homens e mulheres, que são sempre também pecadores, então a própria Igreja vive da penitência: do acontecimento da conversão, do perdão e da renovação.

4.3 – Os momentos do acontecimento sacramental da penitência

O evento sacramental da penitência está envolto pela graça de Deus. Penitência não é o caminho humano até Deus, mas resposta a Seu convite sobre um caminho aberto por Ele. O envolvimento da totalidade do acontecimento penitencial dificilmente se torna consciente na confissão auricular em vista da ausência do arcabouço litúrgico. A Ordem da Penitência de 1973/74 prevê como facultativa uma leitura da Escritura, que poderia contribuir para não reduzir a condescendência de Deus no evento penitencial à absolvição. Na prática mereceria ser ponderado se a palavra de Deus (em vez do lugar psicologicamente desfavorável antes da confissão) pode ser integrada na palavra de anúncio, quando os próprios penitentes não situam – em caso do costume regular de confissão auricular – sua confissão sob a luz de um texto da Escritura.

_{Condescendência de Deus}

Com vistas à apreciação dos atos penitenciais humanos como matéria do sacramento por Tomás de Aquino, observa Walter Kasper: "Não existe sacramento mais humano que o da penitência" (KASPER/160, p. 97). Justamente pela diferenciação dos atos humanos no evento penitencial é enfatizado que processos vivenciais humanos fazem parte imprescindível do acontecimento sacramental. Nesse caso contrição, confissão e penitência não constituem condição ou causa para a graça de Deus, mas caminhos, sobre os quais acontece a ação da graça divina. "Conversão e penitência acontecem, portanto, na tensa imbricação e concomitância de agir divino e humano" (KASPER/160, p. 96).

_{Atos penitenciais humanos}

A possibilidade de dar meia-volta se alicerça sobre a natureza do ser humano. Historicamente constituída, a liberdade humana, por

_{Arrependimento}

mais que vise obter caráter definitivo, jamais consegue dispor de si mesma em um único ato e fixar-se integralmente. Pelo contrário, faz parte do ser humano revisitar suas decisões anteriores, podendo e precisando assim sempre recomeçar de novo. Justamente por isso, porém, ele também pode dar meia-volta. É verdade que ninguém consegue desfazer sua história, nem no bem e tampouco no mal. Contudo, é possível retornar à própria história e assim qualificá-la de maneira nova, para que seja integrada em uma nova perspectiva existencial, em uma nova opção fundamental.

O arrependimento é esse retornar à própria história, um retornar sob perspectiva alterada, que permite dar uma nova avaliação ao que aconteceu, por se reconhecer o lado negativo do ocorrido. Nesse processo, certamente se justificam diferenciações entre diversas formas de arrependimento, como a distinção escolástica entre arrependimento perfeito e imperfeito. O arrependimento posterior pode se basear no fato de que alguém teme a própria má fama. Pode ser motivada pelo fato de que alguém percebe que em uma decisão ou ação se tornou infiel a si próprio — e também isso *pode* ainda ser egoísmo velado. Por fim, o arrependimento leva a que já não se veja algo ocorrido apenas na perspectiva pessoal, mas se tenha sensibilidade para as conseqüências que o ocorrido acarreta para outros. Por isso — conforme Jürgen Werbick —, constitui o alvo da educação cristã ao arrependimento

> cultivar o arrependimento não como sentimento depressivo, mas como paixão produtiva — como paixão pelos outros. Nesse caso a introdução ao arrependimento seria equivalente a *sensibilização*: arrependendo-me, lamento o que cometi contra o outro... aprendo de forma nova a me experimentar não apenas a partir de mim mesmo — de minhas necessidades e intenções — mas a partir do outro (WERBICK/168, p. 50).

Arrependimento, pois, familiariza com a perspectiva da outra pessoa, em relação à qual me tornei culpado, mas também com a perspectiva de Deus, a cujo chamado não correspondi.

Confissão   Estreitamente ligado à percepção (arrependida) está o processo da verbalização: a confissão nomeia a culpa como culpa. O ser humano encontra sua identidade na atualidade unicamente quando assume seu passado, admitindo-o em certos casos como carregado de culpa e dispondo-o a assumir as conseqüências de seus próprios atos. Na confissão, o pecador qualifica seu passado de forma nova e o reinterpreta. Admitindo que poderia ter sido possível agir de outro modo, a possibilidade de ação alternativa, melhor, é integrada em um novo projeto existencial. Em vez de ser mera oportunidade perdida, constitui possibilidade para o futuro.

Pela confissão, a culpa é posicionada no espaço público. Nesse sentido, a confissão já possui um efeito de cura. Por meio dela o ser humano, que tentava realizar sua existência de forma egoisticamente ensimesmada, distorcida e apaixonada por si próprio, volta a se abrir para a comunhão. Submete a culpa "ao juízo e veredicto de todos, para que façam com ela o que quiserem — que me condenem e expulsem ou me acolham com indulto. Ao verbalizar minha culpa, entrego-me pessoalmente nas mãos — e no coração — da comunhão" (Henrici/158, p. 398).

Em Trento, a absolvição foi descrita "nos termos de um ato judicial" (DH 1685). Essa comparação deve ser entendida "de maneira análoga"[3], não como se nesse caso a decisão fosse tomada por "uma instância humana, um magistrado da Igreja, se a um ser humano é assegurada e propiciada a graça de Deus" (*Lehrverurteilungen — Kirchentrennend*/17, 1,69). Pelo contrário, a dimensão do juízo serve para manter viva na consciência a seriedade do evento penitencial. O perdão dos pecados não é a resposta óbvia esperável de Deus ao pecado. Quando o pecado é percebido como é, destrutivo e maligno, esse instante e o portador desse pecado necessariamente são submetidos ao juízo. Na absolvição, tampouco se declara bom o pecado; pelo contrário, seu alvo é o salutar distanciamento do pecador de seu pecado.

A dimensão do juízo

Uma comparação com a interpretação escatológica do motivo do juízo pode propiciar aqui uma compreensão mais profunda. A esperança escatológica do juízo está ligada à expectativa da vinda definitiva de Jesus Cristo. O juízo, portanto, deve ser entendido de

---

3. Esse processo judicial "somente pode ser comparado de forma análoga com tribunais humanos": João Paulo II, Missiva Apostólica na seqüência do sínodo episcopal *Reconciliatio et paenitentia* aos bispos, sacerdotes e diáconos e a todos os crentes acerca da reconciliação e do arrependimento no envio da Igreja de hoje (1984).

maneira pessoal como encontro com o Senhor, que possui caráter doloroso por causa do pecado. Esse encontro, no entanto, visa em última análise ao "ser julgado" e "tornar-se correto" do ser humano pecador para a perfeição. O objetivo do juízo não é a condenação, mas a transformação.

Diálogo pastoral

Algo semelhante vale para o evento penitencial. Também aqui cabe ter o cuidado de que, como acontecimento de um encontro, inicie um processo de transformação purificadora. Para isso serve a exortação, que coloca o arrependimento e a confissão sob a luz do Senhor amoroso. Sua finalidade não é mero apaziguamento. Pelo contrário, sob essa luz as sombras do próprio erro se tornam bem mais patentes como distanciamento do amor. Ao mesmo tempo, é preciso que a palavra de aconselhamento pastoral explicite a perspectiva de futuro que se descortina no encontro com o Deus misericordioso.

Absolvição

Na história do sacramento da penitência, a trajetória leva por formas de orações que suplicam de maneira deprecativa o perdão de Deus sobre o penitente, até chegar a fórmulas indicativas de absolvição. As razões teológicas para a ênfase maior na absolvição são dadas por desenvolvimentos em outras áreas teológicas, sobretudo na eclesiologia e na teologia da graça. Deus concede sua graça de forma criadora e soberana, e é preciso haver lugares em que isso também se expresse de forma inolvidável. Um lugar desses é, não por último, o sacramento da penitência, que com o anúncio direto do perdão dos pecados possui um caráter libertador. O distanciamento da Igreja, ocasionado pelo pecado, é consertado de ambos os lados — até mesmo quando não houve excomunhão.

Apesar disso, a absolvição continua sendo, sob diversos aspectos, um fragmento (veja a exposição fundamental disso acima, p. 101s). No atual rito penitencial a reconciliação com a Igreja está sendo apenas representada pelo sacerdote — mas deveria expressar-se igualmente na vida da Igreja (veja acima p. 196). Ademais, o amor perdoador de Deus, cuja expressão mediadora é a absolvição, não é necessariamente experimentado também como libertador e remidor. Por fim, a absolvição aponta para além de si, para um processo penitencial contínuo.

Obras penitenciais

No período inicial da Igreja, a seriedade da transformação radical da vida realizada no batismo de fato tornava questionável a possibilidade de um segundo arrependimento. Uma possibilidade dessas foi concedida finalmente por razões pastorais, embora sob a premissa de duras penas penitenciais. No curso da história, as obras penitenciais demandadas foram cada vez mais espiritualizadas, passando tanto para o segundo plano que se pode falar, em tom bastante malévolo — com Paul M. Zulehner[4] —, de um sacramento para desviar-se da penitência. Isso de forma alguma corresponde ao sacramento, que não é nem celebração do arrependimento nem celebração da absolvição, mas celebração da reconciliação. Por isso é urgente que o sentido das obras penitenciais sejam elucidadas de novo na teologia e na prática. Um auxílio desses para trabalhar a culpa provavelmente corresponde de fato a uma necessidade, porque, como defende o teólogo evangélico Christof Gestrich, "nem sequer se pode descartar que esteja mais disseminado o anseio por 'realizações de expiação' (a ser impostas ao penitente) que imaginamos" (GESTRICH/155, p. 188).

Nesse sentido, a penitência possui dois aspectos. O primeiro se refere ao conserto, tradicionalmente chamado de reparação, daquilo que o pecado trouxe ao mundo em termos negativos. Isso demanda também uma reparação bem concreta às pessoas, às quais o pecado trouxe danos, ou o empenho para se reconciliar com pessoas. O segundo aspecto da penitência diz respeito ao próprio pecador: a saber, a correção da atitude negativa que se perfilou nele por meio do pecado. A nova mentalidade resultante do evento penitencial precisa ser mantida viva por meio das tarefas penitenciais. Nesse sentido, a Introdução Pastoral acerca da Ordenação escreve que a reparação "não deve ser apenas uma expiação por culpa passada, mas também uma ajuda para uma nova vida e um meio de salvação contra sua fraqueza. Por isso a obra penitencial deve corresponder, na medida do possível, à gravidade e propriedade dos pecados. Pode consistir em oração, em autonegação, mas sobretudo em serviço ao próximo e em obras de misericórdia, para que se torne visível o aspecto social de pecado e perdão" (n. 18/28, p. 19).

Em ambos os aspectos cumpre levar em conta que esse trabalho pessoal nem é tão simples assim. Nesse sentido, faz parte do

---

4. Paul M. ZULEHNER, *Prinzip und Verwirklichung*. Am Beispiel Beichte, Frankfurt a. M., 1979, 102.

arrependimento também a disposição de suportar as conseqüências do próprio passado até que se desfaçam. Isso também tem a ver com a interpretação cristológica do acontecimento penitencial. Trata-se da disposição de assumir as conseqüências do pecado, em seguimento ao Crucificado.

Justamente a experiência de que a penitência continua sendo um fragmento e não desemboca em uma reconciliação universal faz com que se anseie a perfeição — de sorte que o arrependimento mantém viva a saudade.

> "Redenção" de fato seria a única saída imaginável do enredamento em culpa estrutural. Redenção: isso significa uma intervenção restauradora e salvadora de Deus, que em sua onipotência como condutor do mundo concederia ao convívio social estruturas e leis completamente novas. [...] Pedindo perdão por mim mesmo [...] sei ao mesmo tempo que com esse perdão ainda não foi apagada toda a culpa, de modo que esse perdão parece praticamente um indício e uma antecipação de uma anulação muito mais abrangente, definitiva, da culpa na redenção do mundo. É a essa redenção definitiva e abrangente que se dirige meu pedido de perdão em sentido profundo. [...] Desse modo, o sacramento da penitência se torna sinal sacramental não apenas do perdão da culpa pessoal, mas da redenção do mundo propriamente dita" (HENRICI/158, p. 405).

Sugestões de leitura

August Jilek (159), próximo das fontes, descreve a disciplina penitencial da Igreja antiga, aliada a estimulantes reflexões para uma renovação da prática penitencial nos dias de hoje. Uma visão geral mais abrangente da história da penitência consta em Reinhard Messner (163). Elucidativo para a história da teologia (particularmente a Idade Média, Reforma e Trento) é o ensaio de Dorothea Sattler (166), que ao mesmo tempo constrói acessos sistemáticos abrangentes ao tema da *satisfactio* [reparação]. Para a dimensão antropológica do sacramento recomenda-se o ensaio de Walter Kasper (160). Joachim Zehnder (170) estabelece interessantes pontes para o tema perdão em outras disciplinas.

capítulo IV
Unção dos Enfermos

1 – Introdução: Enfermidade na perspectiva antropológica e teológica

"O mais importante é ter saúde"; esse é um adágio freqüente de nossa época. Será que o sacramento da unção dos enfermos se insere nesse desejo fundamental do ser humano?

Enfermidade e morte fazem parte daquelas situações humanas que em muitas culturas são acompanhadas de ritos religiosos (veja acima p. 85s). Onde a vida é atribulada e ameaçada buscam-se e invocam-se poderes de cura, espera-se uma salvação que fundamente e preserve a vida. Que significa para a doença e a morte o serem cristianizadas?

A confissão cristã testemunha o Deus, cujo poder não pára nos limites das possibilidades humanas. Apesar disso, faz parte da atitude de fé cristã apostar na atuação de Deus, não sem levar em conta a liberdade pessoal. A fé, que espera tudo de Deus, desafia ao mesmo tempo (sempre de novo) para uma configuração da própria vida no sentido da fé. Isso precisa ser considerado quando hoje se fala de diversas maneiras do poder de cura da fé. Pois normalmente seu poder de cura

Fé e cura

se torna eficaz perpassando a liberdade humana, porque e quando a fé muda atitudes, por exemplo concedendo uma serenidade confiante ou levando a estabelecer novas prioridades.

Uma crise como a enfermidade pode significar, na perspectiva meramente antropológica, um apelo para submeter a vida pessoal a uma revisão e perguntar por razões que levaram a adoecer e que talvez também (!) podem ser constatadas na própria conduta vivencial. Nesse exame, a fé engrenará até mesmo em um ponto mais fundo: será que porventura se expressa em uma enfermidade que estou fugindo de algo? Que estou andando um caminho que não é meu, de modo que constantemente torno a viver contra minha vocação ou uma decisão tomada?[1] Longe de visar uma explicação monolinear da enfermidade, ou até mesmo uma atribuição de culpa, tais perguntas, contudo, fazem valer com razão uma apreciação integral do ser humano e de seu bem-estar. Deixando de lado esse tipo de considerações, que se situam primordialmente no nível da pergunta pelo porquê, uma enfermidade desafia para uma reorientação direcionada para o futuro: para onde aponta a enfermidade? Que atitude é apropriada para aprender a lidar com ela? Como a fé chega a uma confiança salutar apesar da enfermidade e dentro dela?

A enfermidade precisa ser considerada de forma integral. Diante desse pano de fundo, a unção dos enfermos não deve ser entendida como meio que atua automaticamente para a convalescença física, mas realizada como pedido por cura integral.

Enfermidade, morte e a comunhão com Cristo

Uma segunda ponderação faz valer, além disso, uma perspectiva especificamente cristã. O horizonte da fé, no qual os enfermos se deixam posicionar por meio do sacramento cristão, é marcado pela cruz como sinal da nova vida presenteada pela morte de Jesus. Dessa forma se cita, por um lado, a esperança maior, para a qual os cristãos são chamados. A vida não se esgota no âmbito dos limites das possibilidades humanas: quando a força vital parece secar e a vida acabar, não estão esgotadas as possibilidades do Deus, que tem na mão as saídas da morte (cf. Sl 68,21). Por outro lado, sofri-

---

1. Cf. Matthias BECK, *Seele und Krankheit. Psychosomatishe Medizin und theologische Anthropologie*, Paderborn, 2000.

mento, enfermidade e morte – situações que como tais conduzem à ausência de relacionamento – podem tornar-se, para os fiéis, situações de comunhão com Cristo. Sem louvar a apatia estóica que desiste de lutar contra a enfermidade, a unção dos enfermos convida a aceitar sofrimento e morte como caminhos de se igualar a Cristo.

2 – Fundamentação bíblica

Na Bíblia indaga-se de múltiplas maneiras qual é a relação da enfermidade com Deus, se ela representa uma conseqüência do pecado imposta por Deus e até que ponto se deve esperar pela cura Dele. Uma interpretação não-diferenciada da enfermidade como castigo por transgressões é rejeitada cada vez mais. Muitos salmos trazem a situação da enfermidade para dentro da oração e, por conseguinte, para dentro do relacionamento com Deus (por exemplo, Sl 88).

Enfermidade perante Deus

Na atuação de Jesus, percebe-se que Deus deseja a salvação, mais precisamente a salvação integral do ser humano. As curas de enfermos e a correspondente reintegração na comunhão são sinais do senhorio de Deus que se inicia.

Curas de enfermos como sinal da soberania de Deus

De acordo com Marcos 6,13, faz parte da atividade dos discípulos de Jesus realizar unções em enfermos e curá-los (cf. Mt 10,8). Deve-se supor que ao relato de Marcos 6,13 corresponde uma prática eclesial nos mesmos termos. Tanto no judaísmo como no âmbito helenista, o óleo é tido como remédio e tratamento de feridas. Na interpretação religiosa atribui-se ao óleo da vida um efeito similar para a salvação escatológica como à água da vida e ao fruto da árvore da vida: proteção diante da morte e preservação da vida.

Para o cuidado da enfermidade no cristianismo, Tiago 5,14s alcançou uma relevância especial. A carta incentiva a chamar, em caso de enfermidade, os anciãos, ou seja, os dirigentes da Igreja, solicitando sua oração e uma unção em nome do Senhor. O fruto desse ato de oração é descrito por três promessas consecutivas, cujo sentido específico somente pode ser determinado de forma presumida. Salvar e pôr de pé podem em princípio significar tanto a preservação da morte física como também, no sentido escatológico, a redenção para a salvação definitiva. Contudo, o pôr de pé também pode ser relacionado com a condição psíquica do enfermo. O anúncio do perdão dos pecados está ligado apenas condicionalmente ("se tiver cometido pecados") à unção: a enfermidade como tal não constitui indício de pecado. Em suma, aguarda-se um efeito integral, que incide tanto sobre corpo e alma como na situação perante Deus.

Tiago 5,14s não pode ser lido sem mais nem menos como fundamentação do Novo Testamento para a posterior unção sacramental dos enfermos. O texto é um testemunho de que entre os primeiros cristãos era costume ungir enfermos. Essa prática da unção está nitidamente em continuidade com costumes não-cristãos, mas é colocada dentro de um contexto eclesial e conduzida por uma oração de cunho cristão[2].

3 – Desenvolvimentos histórico-teológicos

3.1 – Sagração do óleo e prática da unção na Igreja antiga

Nos primórdios da Igreja devemos imaginar a prática assim que os fiéis trazem consigo para a celebração da eucaristia, além de outros produtos, o óleo, o qual o bispo abençoa após o término da oração eucarística. Dessa maneira, o óleo é santificado, podendo servir como portador de bênção. As orações de bênção que foram transmitidas (não há registro de orações da própria unção nos primeiros tempos) permitem reconhecer múltiplas áreas de uso do óleo.

Uma carta do papa Inocêncio I (416) faz distinção entre um uso geral do óleo, com o qual todos os cristãos podem ungir a si ou aos seus quando necessário, e a unção realizada por presbíteros. Com vistas aos destinatários da unção o, pode-se depreender do escrito que se têm em mente fiéis enfermos, mais precisamente aqueles que se encontram na comunhão plena com a Igreja: os penitentes não podem ser ungidos com o óleo, "porque faz parte dos sacramentos. Porque como se poderia permitir essa modalidade aos que se negam os demais sacramentos?" (DH 216). Embora naquele

---

2. Na fórmula atual da unção, Tiago 5,14s é acolhido na unção das mãos como segue: "O Senhor, que te livra de pecados, te salve, em sua graça ele te ponha de pé".

tempo o conceito de sacramento ainda estivesse aberto, a notória restrição atesta uma compreensão já precisa da unção que, como outros sacramentos, pressupõe a comunhão plena com a Igreja.

3.2 – O desenvolvimento até o sacramento da extrema-unção

A partir do final do século VIII, parece haver motivos para instar os sacerdotes a concederem a unção dos enfermos. Tais instruções são combinadas com determinações para a penitência de enfermos no leito de morte e com o sacramento da extrema-unção. Presumivelmente, o deslocamento para a situação de morte também se deve ao fato de que a unção de enfermos está associada a taxas e ainda acarreta, em analogia à penitência, compromissos ascéticos para a vida toda. De qualquer modo, altera-se por fim a exortação de ministrar o sacramento *pelo menos* a moribundos, para a determinação de *apenas* concedê-lo àqueles que já estão à beira da morte. Assim, a prática da unção dos enfermos se entrelaça com a penitência dos moribundos (veja acima p. 184), terminando por substituí-la. Consistentemente, enfatiza-se nas orações por ocasião da unção, além da prece por cura, também o aspecto do arrependimento e do perdão dos pecados. A unção é realizada em várias partes do corpo, entre outras nos cinco sentidos (isso, sobretudo, com vistas ao perdão dos pecados), bem como no local em que o enfermo sente a dor mais intensa. A prática, portanto, é ambivalente: na situação de morte, arrependimento e perdão dos pecados estão no centro, mas a referência à enfermidade e um efeito corporal da unção ainda se mantêm no foco, tanto na execução como também nas orações.

Mudança na prática

Como no sacramento da penitência, também na unção dos enfermos a reflexão teológica ocorre na interação com a prática cambiante. Já nos primórdios da escolástica o sacramento é visto basicamente a partir de seus efeitos psíquicos, enquanto a referência ao corpo e à cura corporal passam para segundo plano. A situação de morte – agora a única relevante na prática – sugere interpretar o sacramento de modo escatológico: vale como preparação para ver a Deus e para a vida eterna. Coerentemente o sacramento passa a ser chamado extrema-unção (*extrema unctio*). "Somente pode ser ministrado a um enfermo cuja morte é aguardada" (como diz o Decreto aos Armênios: DH 1324).

Teologia escolástica

3.3 – A Reforma e o Concílio de Trento

Lutero

Martinho Lutero († 1546) rejeita o entendimento da unção como sacramento, porque não é qualquer instrução do Novo Testamento que de imediato fundamenta um sacramento. A unção documentada em Marcos 6,13 representaria um costume que deixou de ser praticado da mesma maneira como a autoridade – atestada em Marcos 16,17 – de espantar serpentes. Uma crítica mais ampla de Lutero traz à baila a avaliação especificamente cristã da enfermidade. Pois o conselho de Tiago não seria dado a todos os enfermos, "visto que na Igreja a enfermidade é considerada uma honra e a morte, lucro" (*De captivitate babylonica*, 1520, WA 6,570, 8). Por isso os destinatários seriam apenas aqueles que suportam a enfermidade com impaciência e fraqueza na fé. De resto, Lutero vê que a unção referida na Escritura não é uma extrema-unção, combatendo por isso a reinterpretação da unção dos enfermos em rito de moribundos. Bem semelhante é a crítica de João Calvino († 1564) na *Institutio* IV,19,18-21.

Concílio de Trento

Em contraposição a isso, o Concílio de Trento (cf. DH 1694-1700; 1716-1719) defende, mediante recurso a Marcos 6,13 e Tiago 5,14, a unção dos enfermos como sacramento, que teria sido instituído por Jesus Cristo (a saber, aludido em Marcos – *insinuatum* – e recomendado e anunciado por Tiago: DH 1695). Deve ser ministrado a enfermos, "sobretudo (*praesertim*) naqueles que jazem de modo tão perigoso que já parecem estar no fim da vida" (DH 1698). Nessa formulação foi abandonada uma posição restritiva anterior (*dumtaxat*: unicamente naqueles), para não cair em contradição com Tiago 5,14. Como efeitos do sacramento são citados, bem francamente, o perdão dos pecados, o soerguimento, o fortalecimento e "às vezes, quando beneficia a salvação da alma", a cura do corpo (DH 1696).

3.4 – *Os esforços reformatórios do Concílio Vaticano II*

Nos preparativos do Concílio Vaticano II surge o desejo de libertar a unção dos enfermos do entrelaçamento com o perigo iminente da morte. De maneira mais cautelosa que um esquema prévio, o texto definitivo da Constituição de Liturgia formula: "A 'extrema unção', que também pode ser chamada – de maneira melhor – 'unção dos enfermos', não é apenas o sacramento daqueles que se encontram em perigo extremo de vida" (SC 73).

Na reforma pós-conciliar, o rito foi simplificado (redução do número de unções) e renovado (fórmula de ministração; cf. a Constituição Apostólica de Paulo VI. *Sacram Unctionem infirmorum*, de 1972, e a *Ordo unctionis infirmorum*, de 1972.

As considerações sobre a unção dos enfermos preservam na Introdução Pastoral um duplo direcionamento, por um lado suportar a moléstia, por outro sua superação, a saber, também pela resistência ativa (cf. n. 6/29, 15). Em uma palavra introdutória dos bispos do âmbito da língua alemã se expressa a expectativa de que por meio do novo rito da atual extrema-unção, muitas vezes temida, se chegue futuramente à celebração consoladora da unção dos enfermos, que faz parte do cotidiano normal de uma Igreja cristã.

Nas igrejas evangélicas foi redescoberta nos últimos anos, ou já há décadas, a bênção aos enfermos.

4 – Desdobramento teológico-sistemático

Na teologia da unção dos enfermos discutem-se hoje principalmente dois aspectos ligados à prática: a pergunta pelo ministrante e a pergunta pela finalidade do sacramento: trata-se de um sacramento de moribundos ou de um sacramento para enfermos?

4.1 – A questão de quem ministra o sacramento

De acordo com o Concílio de Trento, o verdadeiro ministrante do sacramento é o sacerdote ou o bispo (DH 1697). Já nos antecedentes do Concílio Vaticano II levantou-se a solicitação de que o diácono deveria ter o direito de assumir a função de ministrante extraordinário da unção dos enfermos. Hoje, além disso, analisa-se se leigos atuantes no cuidado pastoral a enfermos, representando oficialmente a Igreja como conselheiros e conselheiras, também não poderiam ministrar a unção dos enfermos. Motivo dessa discussão é a dicotomia, sentida como insatisfatória por enfermos e conselheiros, entre acompanhamento pastoral e celebração do sacramento. Aqui se anuncia uma reflexão precisa da relação entre aconselhamento pastoral e sacramento.

O sentido dos sacramentos é um engajamento da Igreja, no qual acontece mais que a dedicação entre humanos e mais que a oração de uns pelos outros. A celebração dos sacramentos vive da certeza de que o próprio Senhor exaltado preenche o sinal sacramental de sua presença com verdade. A esse algo mais serve o vínculo da celebração dos sacramentos com o ministrante ordenado ou servo do sacramento[3] (veja acima p. 94s).

Nesse sentido, também a unção dos enfermos não é apenas o último adensamento do acompanhamento durante uma enfermidade. Pelo contrário, ela é sinal da proximidade do Senhor, que também acompanha para dentro daquelas sombras físicas e psíquicas em que humanos já não podem prosseguir sem companhia. O sacramento expressa de forma salutar que o favor prometido de Deus rompe os limites da ajuda humana e acolhe a situação da enfermidade em uma dimensão diferente. Pelo fato de que a presença direta do Senhor tem caráter de sinal, o vínculo da celebração sacramental ao ministério ordenado continua sendo necessário e plausível, devendo ser diferenciado do aconselhamento pastoral, que a seu modo torna perceptível o favor de Jesus Cristo. Sob a consideração do perfil profissional, a tarefa genuína de conselheiros e conselheiras leigas deveria preferencialmente ser buscada em cuidar para que os enfermos sejam sustentados pela Igreja.

4.2 – Sacramento de enfermos ou de moribundos?

Dimensão escatológica

Na discussão mais recente pleiteia-se enfaticamente — continuando uma evolução que começou com o Concílio Vaticano II — a favor de que a unção dos enfermos seja liberta do ranço do sacramento de moribundos. Em favor disso depõem razões bíblicas como também histórico-teológicas. No entanto, o teor escatológico do sacramento não deveria ser posto de lado (cf. GRESHAKE/173 e 174). A reorientação não deve levar a lidar levianamente com a unção dos enfermos, por exemplo em uma prática que prevê ge-

---

3. Esse vínculo com o ministério sacramental é exigido no Ocidente não sem razão para a própria unção, e não apenas para o óleo. Contra toda a tendência de fixação na "matéria sagrada" (veja p. 57), ocupa o primeiro plano dos sacramentos sua aplicação, ou seja, a execução.

nérica a distribuição para pessoas a partir de determinada idade, enquanto no outro extremo o sacramento praticamente deixa de ser considerado para a situação da morte. Particularmente, deve-se cuidar para que não se ceda à tendência da sociedade de fazer da morte um tabu — que, afinal, se anuncia em toda moléstia mais grave: "De fato, basta um pouco de malícia para observar que a palavra morte não ocorre na ordem da celebração para a unção dos enfermos — exceto em relação a Cristo. Segundo essa crítica, uma unção fora do risco de vida — que às vezes evolui para uma 'celebração da quarta idade de vida' — consegue contornar um confronto pessoal com a mortalidade" (Depoortere/172, p. 561). A unção dos enfermos anuncia cura para dentro da crise da enfermidade: sobre o leito de um enfermo afloram tanto culpa reprimida como medo diante da morte. Ambas precisam ser levadas a sério, quando proclamação e liturgia verbalizam a esperança de perdão dos pecados e de salvação da morte. Uma "prática sacramental que coloca o ser humano 'diante de sua morte'" (Greshake/173, p. 117) representa uma confrontação salutar com a realidade do morrer e da morte.

Ademais, não se deve ignorar que na situação do morrer — visto que pela experiência se sabe que com freqüência já não é possível receber a eucaristia (como "viático", *viaticum*) — a unção de enfermos se reveste de relevância como rito para moribundos: "Não pleiteamos pela reintrodução da 'extrema-unção', porém por uma unção de enfermos que de fato possa funcionar como rito de transição" (Depoortere/172, p. 561).

Para uma prática responsável da unção dos enfermos é útil uma nota na Introdução Pastoral ao Ritual: "O ser humano gravemente enfermo carece da graça especial de Deus, para que não seja acometido, sob a pressão do medo, pelo desânimo e, refém das tentações, possivelmente fracasse na própria fé" (n. 5/29, p. 15). Portanto, o critério para a pergunta de quando existe uma enfermidade "grave" não é exclusivamente sua apreciação médica, mas o olhar para seus efeitos nefastos. "A crise interior, em que o enfermo possivelmente fracassa como cristão, torna-se o verdadeiro parâmetro da capacidade sacramental do acometimento com uma doença" (Knauber/179, p. 234). Uma visão diferenciada dessas é necessária particularmente em vista de moléstias que na realidade

Critérios

não oferecem risco de vida, mas que não deixam de representar uma crise incisiva e uma atribulação da vida, como, por exemplo, graves deficiências físicas ou também males psíquicos.

4.3 – Acerca da relevância da unção dos enfermos

<small>Presença do Deus restaurador</small>

Na situação de crise desencadeada por enfermidades graves, o sacramento da unção dos enfermos visa assegurar salvação e possibilitar cura no sentido abrangente acima debatido. A enfermidade, que é e continua sendo um mal, é colocada, na referência comemorativa ao evento Cristo, sob a luz do Redentor, que torna presente o Deus que cura e traz salvação. Contra todas as dúvidas, se Deus, afinal, é ou não benevolente, reluz o inequívoco sim de Deus à vida e ao bem-estar dos humanos. Esse sim incondicional de Deus é asseverado ao enfermo simultaneamente na memória do Crucificado, na qual estão abarcados todos os abismos de enfermidade e morte.

<small>Morrer com Cristo</small>

Para quem agarra essa promessa, a situação de enfermidade pessoal foi transformada em situação de encontro com Deus. A isso se associa o convite de colocar a moléstia, como comprovação cordata do próprio batismo, não apenas sob a luz da salvação, mas, além disso, no serviço da salvação. Será que nesse sentido a imposição de mãos na unção dos enfermos, primordialmente gesto de favor que cura e consola, também poderia ser entendida como fortalecimento e incumbência? Ao que é batizado está assegurado que em última análise já superou a morte e que pode viver a partir da ressurreição. A disposição de confiar nisso e soltar possibilidades próprias, terrenas, de vida, é desafiada de forma nova diante do perigo e da morte. A enfermidade grave força a aceitar incisões e restrições marcantes – beira o morrer. Esse morrer deve ser transformado novamente em morrer com Cristo mediante o cumprimento da promessa do batismo. Para esse morrer com Cristo vale a promessa de que os sofrimentos a ser suportados completam no corpo de Cristo aquilo que ainda falta nos sofrimentos de Cristo (cf. Cl 1,24). Nesse sentido, acontece por meio da unção dos enfermos uma guinada radical da vida: a tensão entre já e ainda não é adensada para uma simultaneidade paradoxal, na medida em que a experiência da diferença em relação à salvação (ainda não) se transforma na modalidade da experiência da presença da salvação (já), e uma situação que parece sem sentido é preenchida de sentido pelo chamado ao discipulado.

Sugestões de leitura

Os artigos relacionados na bibliografia fornecem, a partir de sua respectiva visão, noções sobre as discussões mais recentes em torno da situação de doença que deve ser pressuposta para a unção dos enfermos (cf. especialmente GRESHAKE/173) e em torno da questão do ministrante. Estimulante é a contribuição de Kristiaan Depoortere (172). Uma empática introdução na prática é trazida pelo ensaio de Jutta Johannwerder (178).

capítulo V
ORDENAÇÃO

1 – Introdução: A perspectiva eclesiológica

A reflexão sobre a ordenação e o ministério ordenado sacramental situa-se na interface da teologia dos sacramentos e da eclesiologia. Porque a ordenação não visa à sagração para uma condição que serve à santidade pessoal; pelo contrário, corresponde à constituição sacramental da Igreja, que vive de palavra e sacramento e conhece para isso um serviço que pressupõe uma autorização sacramental.

Por que esse serviço é necessário na Igreja, e por que ele precisa dessa autorização? A pergunta atualmente se apresenta diante de um quadro de compreensão de Igreja que se constrói sobre a dignidade igual de todos os cristãos (conhecendo também diversos serviços pastorais, que não se baseiam na ordenação). Somente pode ser respondida no âmbito dessa visão de Igreja e na consciência da responsabilidade comum de todos os cristãos pela vida da Igreja. Para isso é preciso retornar brevemente à concepção da própria Igreja.

A fim de propiciar aos humanos participação em sua plenitude de vida, Deus lhes franqueia uma nova base de existência em seu Filho Jesus Cristo, no qual foi recriada a vivência humana no

<small>Igreja como sacramento</small>

relacionamento com Deus (veja acima Primeira Seção, IV.2). Essa nova criação na comunhão com Deus se situa dentro da Igreja. É nela que se descerra o que os humanos não conseguem conquistar por si mesmos, porque ela mesma é um arcabouço de relacionamentos, no qual estão entrelaçadas a comunhão humana e a comunhão divino-humana: ela é em Cristo, como declara o Concílio Vaticano II, sacramento da unificação com Deus e dos seres humanos entre si (LG 1).

Como a localização "em Cristo" permite notar, é somente na dependência dele que a Igreja representa uma realidade salvífica, na qual se comunica a comunhão com Deus. O conceito de sacramento aponta para uma diferença constitutiva, isto é, para uma permanente tensão, para uma ruptura na Igreja que perfaz sua essência: Igreja é o que é não por si mesma, mas bebe de um inesgotável fundamento vital que ela não encontra dentro de si a partir de si mesma.

Ancoragem sacramental em Cristo

O enraizamento da vida eclesial em Jesus Cristo se espelha no fato de que ela, ouvindo a palavra e celebrando os sacramentos, é sempre de novo reconduzida para seu fundamento de vida, a fim de se renovar a partir dele.

Isso, por um lado, ocorre por meio da fundamentação da vida eclesial no batismo e na confirmação, e pela renovação constante na eucaristia (veja acima p. 78s). Com base nos sacramentos de iniciação não somente é gerada a respectiva vida cristã individual, mas também a vida do povo sacerdotal de Deus.

No entanto, de acordo com a concepção católica romana, a ancoragem da Igreja de Jesus Cristo nele também se reflete no fato de que as pessoas, que foram incumbidas do serviço à palavra, ao sacramento e ao serviço da direção, são ordenadas, isto é, autorizadas de maneira sacramental. O denominador comum da ordenação caracteriza o agir das pessoas que são responsáveis por essas práticas alicerçadoras da vida eclesial, como serviço instrumental para a atuação de Jesus Cristo.

Corporificação eclesial do ab extra

De modo um pouco enfático, a estrutura sacramental da Igreja e a decorrente posição destacada do ministério ordenado sacramental na eclesiologia católica romana poderiam ser descritas como conseqüência eclesial da doutrina da justificação.

Em termos simples, na doutrina da justificação trata-se de que os seres humanos não podem realizar pessoalmente o que é decisivo em seu relacionamento com Deus e, por isso, tampouco o que é decisivo para sua vida bem-sucedida, mas isso lhes é presenteado de fora (*ab extra*). A noção do caráter de graça da existência cristã é decididamente comum às posições evangélica e católica romana. O ponto delicado na controvérsia reside na pergunta se e como esse "viver da graça" se corporifica, e, principalmente, como ele se corporifica *eclesialmente*. Na tradição católica romana como na luterana, os sacramentos são considerados práticas em que a graça divina é assegurada de maneira adensada. Além disso, o pensamento católico romano encara a própria Igreja como determinada por estruturas que (no sentido pleno da palavra) simbolizam que a nova vida nela inaugurada é presenteada de forma não-derivável. O ministério sacramental não é tema da discussão ecumênica por contradizer a valorização evangélica da doutrina da justificação, mas porque a avaliza no nível das estruturas da Igreja, que segundo o entendimento evangélico (luterano) são relativizadas pela doutrina da justificação. O pensamento católico romano não concorda com essa relativização, porque dá um peso maior à atuação de Deus por meio de pessoas. Os momentos constitutivos da Igreja não são apenas de cunho "objetivo" (palavra e sacramento), mas igualmente se situam em nível pessoal: há pessoas responsáveis por palavra e sacramento, cujo serviço também constitui, ele próprio, uma realidade teologicamente relevante. Contudo, no intuito oposto de qualificar teologicamente a contribuição humana e não deixar que a Igreja se assemelhe a algo autocrático, o serviço de direção e o serviço à palavra e ao sacramento são entregues ao ministério em que se expressa pela ordenação que aqueles que o assumem não se levantam por si mesmos.

No diálogo ecumênico, entrementes, a importância desse nível pessoal é verbalizada explicitamente, refletida teologicamente e, por conseqüência, também é respaldada pela parte evangélica: "Anúncio do evangelho em palavra e sacramento implica o serviço da proclamação da palavra e da administração dos sacramentos. Isso corresponde ao testemunho bíblico segundo o qual faz parte da palavra da reconciliação o 'ministério da reconciliação' (2Cor 5,18s)" (*Kirche und Rechtfertigung* n. 40/20, p. 31).

Excurso H

Esclarecimento terminológico

Por causa do decidido direcionamento para o serviço à Igreja prefere-se geralmente, na terminologia de teologia alemã mais recente, para traduzir o latim *ministerium*, o conceito do serviço, e não o de ministério. Enquanto falar de ministério leva em conta seu arcabouço institucionalizado, o conceito do serviço enfatiza o direcionamento para a Igreja, que no entanto também, e até mesmo mais enfaticamente, em vista do caráter de compromisso, está contido no conceito do ministério. Porque um ministério é por definição uma tarefa de cuja execução alguém é responsável para o bem do todo. Ambos os conceitos, portanto, podem se interpretar mutuamente. No entanto, faz pouco sentido a distinção terminológica de ministério como acompanhado de ordenação e serviço para as vocações pastorais sem ordenação. É verdade que o conceito dogmático tradicional de ministério se refere exclusivamente ao ministério ordenado; contudo, entra em atrito com o conceito de ministério do direito eclesiástico, que descreve como ministério (*officium ecclesiasticum*) todo serviço "que foi instalado por instrução divina ou eclesiástica de forma duradoura e que serve à concretização de uma finalidade espiritual" (CIC can. 145 § 1). Com razão, Adrian Loretan reivindica: "Os chamados conceitos 'dogmático' e 'canônico' de ministério precisam ser coadunados"[1]. A diferença específica entre funções pastorais com e sem ordenação não consiste em que os ordenados desempenham um ministério, e os leigos um serviço. A ambos os grupos foi dado um serviço, e esse serviço de ambos é serviço ministerial. Os diferentes ministérios pastorais, porém, se distinguem de forma dogmaticamente relevante na maneira como foram incumbidos. O serviço com ordenação possui sua especificidade na ordenação (veja abaixo item 4.2) e também deveria ser caracterizado conceitualmente em referência a isso como ministério ou serviço com ordenação sacramental.

2 – Fundamentação no Novo Testamento

Uma vez que somente em termos a história cristã dos ministérios remonta a ministérios em Israel (sobretudo ao ministério dos

---

1. Adrian LORETAN, *Laien im pastoralen Dienst*. Ein Amt in der kirchlichen Gesetzgebung, Pastoralassistent/-assistentin, Pastoralreferent/-referentin, Freiburg/Suíça, ²1997 (PraktisheTheologie im Dialog, vol. 9), 269.

anciãos, que como tal pode ser reconhecido apenas de forma imprecisa), a fundamentação bíblica deve se limitar ao Novo Testamento. Cabe perguntar até que ponto a existência de ministérios eclesiásticos específicos pode ser embasada em Jesus e como se configuram as formas do ministério nas Igrejas do Novo Testamento.

2.1 – Jesus e seu grupo de discípulos

A proclamação de Jesus tem a finalidade de reunir em redor dele pessoas que desejam abraçar sua mensagem. Sua proclamação e seu chamado ao discipulado valem para todas as pessoas. No âmbito desse movimento de agregação, certos indivíduos são chamados para dentro de um relacionamento especial com Jesus e de uma incumbência relacionada com ele. Como colaboradores em sua atuação em prol do reino de Deus eles devem, com ele, chamar Israel a se arrepender, oferecendo a salvação com palavras e ações. Uma "função multiplicadora" dessas, porém, não é assumida pelos discípulos de maneira autônoma e equiparada a Jesus, mas na dependência dele e mediante seu envio. Para a participação na atuação de Jesus se pressupõe o ingresso em uma comunhão de vida e destino com ele determinada pelo reino de Deus: dos discípulos se demanda o abandono da profissão anterior (cf. Mc 1,18), a desvinculação da família (cf. Mt 8,21s; 10,37) e dos bens, bem como a participação na inconstante vida itinerante de Jesus (cf. Mt 8,20).

Movimento de agregação

O único grupo numericamente delimitado no movimento de Jesus é o dos Doze (cf. Mc 3,13-19; Lc 6,12-16). A escolha dos Doze deve ser entendida como ato de sinal profético, porque nele estão reunidos em forma de sinal as doze tribos de Israel em torno de Jesus: representam a reivindicação de Jesus sobre todo o Israel. Justamente por isso não podem valer diretamente como prefigurações de prelados posteriores.

Grupo dos Doze

Enquanto, pois, é provável que historicamente os Doze possuíam significado simbólico, são-lhes atribuídas na perspectiva dos evangelistas cada vez mais tarefas especiais. Aqui se impõe o interesse teológico em uma ponte entre Jesus e a Igreja. Como mostram as passagens 3,13-19 e 6,7-13 de seu evangelho, Marcos está empenhado em explicitar uma continuidade entre a atuação de

Jesus e dos Doze. Ao mesmo tempo, projeta a prática missionária da Igreja primitiva para dentro do envio dos Doze. "Prolongam a atividade de Jesus, prefiguram de antemão a missão da Igreja"[2], constituindo assim um elo de ligação entre Jesus e a Igreja.

Em Lucas, esse interesse pela continuidade entre Jesus e a Igreja é mais intenso, de modo que teologias ministeriais anteriores viam nele a construção de uma sucessão ministerial juridicamente fundamentada dos doze apóstolos, passando por Paulo, até os posteriores ministros nas igrejas. No entanto, dificilmente isso corresponde à teologia de Lucas. É verdade que possui um interesse marcante nos ministérios, assim como em certa continuidade correspondente desde o início. Contudo, para ele, o ministério dos Doze, os quais identifica com os apóstolos (cf. Lc 6,13), se vincula ao testemunho ocular (cf. At 1,21s), razão pela qual não é possível continuá-lo. Na forma de exercer o ministério os apóstolos são protótipos de posteriores prelados, enquanto seu ministério em si não se prolonga.

Em síntese, é preciso distinguir dois níveis. Em relação à atuação *de Jesus* cumpre fixar que ele reúne em torno de si um grupo mais íntimo de discípulos, mas que como tal não é alvo de sua atuação no sentido de uma elite, possuindo porém sentido instrumental para sua mensagem. Próprio de Jesus, portanto, é o envio de colaboradores, enquanto a fundação de uma Igreja com estruturas próprias e novos ministérios não possui espaço em sua proclamação escatológica. Os Doze possuem significado simbólico e presumivelmente nenhuma função que exceda a dos outros discípulos. No nível da *teologia do Novo Testamento*, os Doze, em Lucas os doze apóstolos, se revestem retrospectivamente, a partir da Igreja primitiva, de relevância para a continuidade entre Jesus e a Igreja, sem que seja feita a tentativa de prolongar seu ministério específico para dentro do presente.

2.2 – *Formas do ministério nas congregações do Novo Testamento*

Na época do Novo Testamento deve-se contar com uma multiformidade de estruturas de igreja em diferentes lugares.

---

2. Joachim GNILKA, *Das Evangelium nach Markus*. Tomo 1: Mc 1-8,26, Einsiedeln, Neukirchen-Vluyn, ³1989 (EKK 2/1), 239.

Nos tempos iniciais, a direção da igreja de Jerusalém esteve presumivelmente nas mãos do grupo dos Doze, sob a liderança de Pedro. Alguns indícios, porém, permitem reconhecer evoluções. Gl 2,1-10 menciona um grêmio de três pessoas, em que Pedro não é citado em primeiro lugar, um indício de que a autoridade diretiva se desloca para Tiago. Também o significado do simbolismo dos Doze parece recuar em favor de uma valorização do título de apóstolo, de modo que após o martírio de Tiago (cf. At 12,2; ao contrário de At 1,15-26) não acontece a eleição de um substituto.

A igreja de Jerusalém

Nessa mudança de ênfase denota-se o recuo da expectativa escatológica imediata. Os Doze eram símbolo de esperança para a iminente restauração direta de Israel, ou seja, atualização simbólica de um ponto de referência no futuro, enquanto os apóstolos como testemunhas da ressurreição são representantes do acontecido, a saber, do evento do Cristo. Avalizam o vínculo retrospectivo da igreja com as origens em Jesus Cristo. Associa-se a isso uma transição eclesiológica da congregação salvífica escatológica de Israel para a comunhão daqueles que estão congregados em torno de Cristo (cf. ROLOFF/184, p. 79).

À medida que essa reorientação leva para a missão aos gentios e os apóstolos se dedicam à atividade missionária fora de Jerusalém, diminui logicamente sua relevância para a igreja em Jerusalém, de modo que ali se formam novas estruturas. Enquanto conforme Atos 15 são estereotipicamente "os apóstolos e anciãos" que determinam o concílio dos apóstolos, mencionam-se no retrospecto sobre o decreto do concílio dos apóstolos em Atos 21,18-26 apenas os anciãos. Sua importância parece ter aumentado com o passar do tempo.

Nas igrejas apresentadas por Lucas em Atos dos Apóstolos privilegia-se, portanto, também uma estrutura que, conforme o modelo da igreja de Jerusalém, prevê que a direção da igreja é entregue a anciãos (cf. At 11,30; 14,23). Fala-se dos *presbýteroi* [anciãos] no plural, ou seja, deve-se imaginar um grêmio dirigente. Marcos e Mateus fornecem poucos informes sobre estruturas eclesiásticas.

Evangelhos sinóticos

As igrejas no âmbito da atividade missionária de Paulo não possuem uma estrutura uniforme. O próprio Paulo assume diante delas uma autoridade que ele justifica cristologicamente (cf. Gl 1,1; Rm 1,1.5; 2Cor 5,20). Quando não pessoalmente presente,

As igrejas de Paulo

ele a exerce por meio de cartas ou envia colaboradores que por incumbência dele cuidam da boa ordem na igreja.

Pontos de apoio da missão são primeiramente algumas casas como local de reunião da pequena comunidade cristã. Nelas, pessoas responsáveis parecem assumir funções diretivas, designadas de formas diferentes (presidentes: Rm 12,8; 1Ts 5,12; "cibernetas", cuja tarefa, no entanto, é obscura: 1Cor 12,28).

A igreja em Corinto, na realidade de caráter carismático, apesar disso possui cargos fixos, como explicita a lista de carismas em 1 Coríntios 12. Cita primeiramente apóstolos, profetas e mestres, falando deles de modo pessoal, enquanto outras tarefas são citadas em separado (não mais enumeradas), sem ser atribuídas a determinadas pessoas. Em contraposição, a enumeração em Romanos 12,3-8 é feita totalmente sem uma ordem de importância. Nessa passagem Paulo visa fazer valer a diversidade dos carismas, cuja harmonia acontece com êxito quando cada um contribui para o todo com aquilo que é capaz de contribuir.

A carta aos Filipenses se dirige "a todos os santos em Cristo Jesus, que estão em Filipos, com seus bispos (*episkopoi*) e diáconos" (Fp 1,1). *Epískopos* é um termo de origem profana, do âmbito administrativo. No contexto cristão deve ter sido incumbência do epíscopo cuidar da permanência da igreja nos parâmetros da fé e conduta cristãs. *Diákonos* é uma criação terminológica cristã que se refere ao servir de Jesus.

Dos *epískopoi* também se fala no âmbito das cartas deuteropaulinas. Enquanto aqui os apóstolos constituem somente um fenômeno do passado – lançaram o fundamento sobre o qual a igreja está edificada (cf. Ef 2,20) –, a igreja desse tempo conhece uma tríade de serviços: evangelistas, pastores (*epískopoi*) e mestres.

Evolução posterior

Resumindo-se a questão de maneira simples, há no âmbito da Palestina igrejas dirigidas por anciãos, enquanto no âmbito paulino recebem maior peso as igrejas com *epískopoi*. No período posterior pode-se notar, agora, como ambas as formas estruturais convergem e se fundem. Notória é, por exemplo, a interpelação dos anciãos de Éfeso por Paulo como *epískopoi* em Atos 20,17.28 (fragmento de um discurso anterior a Lucas?). Inegavelmente, as cartas pastorais visam implantar a constituição de *epískopoi* em igrejas que anteriormente conheciam a estrutura de anciãos. Nessa transição, porém, os presbíteros não devem desaparecer na ordem episcopal, mas são coadunados com ela. Disso resulta uma estrutura eclesiástica em que o *epískopos* vale e é reconhecido como dirigente responsável da igreja e ao mesmo tempo como instância situada acima de outros detentores de funções — presbíteros, diáconos e provavelmente também diáconas (cf. 1Tm 3,11). Há, portanto, uma diversidade de ministérios, portanto, que já não se situam lado a lado, mas são colocados em relação por meio de uma ordem estruturada de ministérios. Ao mesmo tempo, desencadeou-se uma evolução que acabará no mono-episcopado.

2.3 – Linhas teológicas de fundamentação do ministério no Novo Testamento

A ordem das igrejas do Novo Testamento não existe preestabelecida como estrutura uniforme, mas se constitui de diferentes formas a partir das demandas para a vivência autêntica da Igreja em vista da proclamação, doutrina e direção. Alguns dos serviços necessários são atendidos no bojo de estruturas mais sólidas, sem perder seus parâmetros na e para a igreja. Independentemente de como são chamados, os detentores de ministérios estão a serviço da Igreja, respectivamente da congregação local. Multiformidade orientada segundo as igrejas

Esse vínculo com a igreja e o compromisso de servir à igreja não é equivalente à derivação dos ministérios a partir da igreja. Paulo, por exemplo, inscreve seu serviço em um movimento que parte de Deus, no contexto do qual ele realiza enfaticamente seu serviço como envio em nome e na autoridade de Jesus Cristo, ou na autoridade de Deus. Isso significa para Paulo, sem dúvida também, que ele intervém na igreja quando ela diverge do evangelho na doutrina e na conduta. Fundamentação cristológica

Também muito além da época dos apóstolos os (numerosos) ministérios na igreja são fundamentados cristologicamente. Por exemplo, Efésios 4,11 deriva as tarefas na igreja do Cristo exaltado ("concedeu a alguns o ministério de apóstolo..."). Na primeira carta de Pedro, os pastores na Igreja são vistos em relação com os primeiros pastores e bispos (1Pd 2,25; 5,1-4).

Contudo, para Paulo, a autoridade cristologicamente justificada não constitui uma carta branca para influir irrestritamente sobre as igrejas, mas possui como parâmetro o evangelho. Significativo Vínculo com o evangelho é o intróito da carta em Romanos 1,1, em que Paulo se declara apóstolo "separado para o evangelho". Também no conteúdo vigora que: "Não, não é a nós mesmos, mas a Jesus Cristo Senhor que anunciamos. Quanto a nós, nos proclamamos como vossos servos por causa de Jesus" (2Cor 4,5). Nesse sentido, Paulo frisa enfaticamente o caráter de serviço do ministério (cf. Rm 11,13; 2Cor 3,7-9 etc.).

Instalação no ministério

A instalação no ministério se torna um tema em Atos dos Apóstolos e nas cartas pastorais. O envio de pessoas a serviço da Igreja é acompanhado de oração (cf. At 1,24-28; 6,6; 9,11; 13,3; 14,23; 22,17) e jejum (cf. At 9,9.19; 13,2s; 14,23). Uma investidura no ministério pela imposição de mãos é atestada em Atos 6,1-6 e 13,1-3, e provavelmente também em Atos 14,23. Como modelo para essa prática devem ser citados Números 27,15-23 e Deuteronômio 34,9, relatos aos quais se remete também a ordenação judaica de escribas, que se desenvolve concomitantemente. Nas cartas pastorais ocorrem diferentes informações sobre quem impõe as mãos: Paulo ou os anciãos (cf. 1Tm 4,14; 2Tm 1,6).

O que acontece na imposição de mãos é referido a Deus, uma vez que é ele quem dá o impulso (At 9,11-16 na visão de Ananias; At 1,24s; 13,2 na fala do Espírito à igreja; em At 20,28 a instituição dos anciãos é atribuída diretamente ao *pneuma*). Paralelamente, fala-se da instalação pelos Doze (At 6,6), e por Paulo (At 14,23). A atuação divina e o agir humano-eclesial estão entrelaçados, de sorte que a atuação divina seja seguida pelo agir eclesial, ou a prática da Igreja represente uma expressão concreta da vocação divina. Diante desse pano de fundo pode-se atribuir à imposição de mãos a transmissão da graça (2Tm 1,6).

Por meio da *ordenação*, conforme é pressuposta como compromissiva na tradição pós-paulina, a Igreja é certificada de que o Senhor exaltado infunde constantemente nela aqueles serviços que são necessários à sua preservação. Ao mesmo tempo, os detentores de ministérios obtêm pela ordenação a certeza de sua incumbência permanente para com a Igreja, e do apoio do Espírito Santo (ROLOFF/120, p. 87).

Categorias não-sacerdotais

Na incipiente teologia cristã se adotam categorias sacerdotais na carta aos Hebreus, a fim de descrever cristologicamente a mediação de Jesus Cristo como fim do sumo sacerdócio israelita. Por conseqüência, empregam-se categorias sacerdotais não mais para ministérios eclesiásticos, mas somente ainda para o povo sacerdotal de Deus (cf. 1Pd 2,5.9).

A época do Novo Testamento não possui nem uma teologia elaborada dos ministérios nem estruturas uniformes de ministérios. As igrejas do Novo Testamento não são construídas de forma meramente carismática e sem estrutura, mas as estruturas não são uniformes.

Fixações maiores ocorrem somente na transição para o século II. O refluxo da expectativa imediata e — mais ainda — o desprendimento da comunidade judaica tornam necessárias cada vez mais estruturas próprias. A isso se soma com o passar do tempo a pergunta pela continuidade doutrinária. Como pode ser preservada a identidade do evangelho ao longo dos tempos?

3 – Desenvolvimentos histórico-teológicos

3.1 – *A Igreja antiga*

3.1.1 – A época da institucionalização

O desenvolvimento, anunciado nas cartas pastorais, do mono-episcopado mediante integração da ordem dos anciãos prossegue nas cartas de Inácio de Antioquia. Ele enfatiza a unidade da igreja no bispo, ao qual estão relacionados o presbitério (o grêmio que junto com o bispo dirige a Igreja e assume a presidência da eucaristia) e os diáconos (encarregados da doutrina e da proclamação).

> Mono-episcopado e ordem ministerial em três níveis

A diferenciação dos ministérios em três níveis também se nota em outras fontes dos séculos II e III, vindo a se consolidar. No limiar do diaconato perfilam-se outras funções ministeriais (subdiácono, acólito, exorcista, leitor). Os que são ordenados pela imposição de mãos formam o clero, que já naquela época é diferenciado dos leigos de acordo com uma categoria própria. Ao mesmo tempo acontece uma profissionalização, no sentido de que os detentores de ministérios são sustentados pela Igreja. Desde o final do século IV a hierarquia eclesiástica se desenvolve cada vez mais em correspondência com estruturas e cargos mundanos.

O primeiro testemunho de uma liturgia de ordenação aparece na *Traditio Apostolica* (por volta do ano 210). Situa o bispo em uma

> Ordenação

linha de tradição com o ministério apostólico (n. 3, FC 1.216-220), os presbíteros são vistos a partir dos anciãos escolhidos por Moisés (n. 7, FC 1.230-232), e por fim o diácono é subordinado diretamente ao bispo (n. 8, FC 1.232-234). Na terminologia da Igreja antiga o conceito mais importante para designar a ação da ordenação é o *cheirotonein*: a instalação no ministério pela imposição de mãos. No latim se emprega o verbo *ordinare* (ao lado de *consecrare, benedicere, sanctificare*).

Ministério episcopal

Na ordenação do bispo, a *Traditio Apostolica* prevê que bispos se reúnam para impor as mãos sobre o candidato. Esse exercício de uma responsabilidade supralocal dos bispos expressa determinada estrutura de Igreja, pela qual cada bispo está inserido em um colégio episcopal (como defende sobretudo Cipriano de Cartago, † 258). De forma análoga o Concílio de Nicéia define, em 325, que pelo menos três bispos devem atuar conjuntamente na ordenação.

3.1.2 – Desenvolvimentos teológicos

Apostolicidade

Em meados do século II se impõe cada vez mais a pergunta de como a presença da Igreja está ligada à sua origem: a diferença temporal leva a buscar maneiras de acoplamento com o começo. O problema eclode na controvérsia com as correntes gnósticas, para as quais o evento originário perde relevância porque reivindicam um acesso direto à redenção pela gnose libertadora. Em vista disso, são irrelevantes para elas a tradição de uma revelação histórica e o recurso a testemunhas. Visto que aqui está em jogo o cerne da fé cristã, a importância irretocável do evento Cristo, a teologia da Igreja magna se vê forçada a frisar o vínculo com as origens, sem com isso ficar voltada para trás como se tivéssemos tudo apenas de segunda mão. Esse tema descoberto em uma controvérsia específica é igualmente significativo para além da constelação original da questão: "A época dos apóstolos passou. Mas ela não pode nem deve tornar-se passado"[3]. Os apóstolos, portanto, não constituem apenas um fenômeno histórico, mas uma grandeza teológica: os

---

3. Friedrich Mildenberger, verbete *Apostel/Apostolat/Apostolizität*. III. Systematisch-theologisch. In: TRE 3 (1978) 466-477, aqui 468.

apóstolos são a Igreja contemporânea a Jesus Cristo. Sob a perspectiva histórica, essa concomitância passou; mas sob o enfoque teológico ela não deve tornar-se passado.

Para solucionar esse problema, surge no século II a idéia da apostolicidade da Igreja. Tenta-se fundamentá-la pelo recurso de remeter importantes elementos da vida eclesial (como as Escrituras do Novo Testamento ou a confissão de fé) aos apóstolos. Dessa maneira, também a fundação de igrejas é atribuída a um apóstolo que instituiu pessoalmente sucessores. Essa idéia da sucessão, já encontrada em Irineu de Leão († por volta do ano 200), prende a tradição a um elemento pessoal: o acervo da tradição da doutrina apostólica também está representado por pessoas, porque a tradição viva é mais que a transmissão de uma fórmula imutável. A autenticidade da tradição depende do carisma da verdade, que precisa de um portador pessoal, que Irineu considera assegurado na pessoa do bispo (cf. *Adversus haereses* 4,26,2: FC 8/4, 206).

Na teologia da patrística são descritas as tarefas e os deveres dos detentores de ministérios. A fim de garantir sua autoridade, manifesta-se ocasionalmente a idéia de uma ordem estruturada. Assim, o ministério eclesiástico é inserido simultaneamente em um ideário neoplatônico, na medida em que os ministérios eclesiásticos, hierarquicamente estruturados, são interpretados como réplica da ordem celestial (Clemente de Alexandria, † 215?). Enquanto o mono-episcopado se desenvolve originalmente por causa da atribuição prática de responsabilidade e em Inácio de Antioquia ainda não possui uma configuração nitidamente hierárquica, a gradação hierárquica, determinada pelo pensamento neoplatônico, se torna autônoma na época subseqüente. Aqui ocorre uma forma problemática de inculturação, que distorce o sentido dos ministérios eclesiásticos. Em primeiro plano, aparece agora a estrutura interna da ordem de ministérios e, em menor grau, a ligação dos ministérios com a Igreja. *Idéia da ordem*

Contra um processo desses, de crescente autonomia dos ministérios, introduzem-se corretivos já na Igreja antiga. Não apenas se ouvem vozes isoladas que enfatizam o caráter de serviço; determinações de direito eclesiástico vedam qualquer ordenação que não esteja associada à incumbência de uma função de cuidado pastoral (ordenações absolutas). *Caráter de serviço*

Categorias sacerdotais

Enquanto nos textos do Novo Testamento permanece completamente descartada a idéia do sacerdócio para os detentores de ministérios cristãos, aparecem na Igreja antiga, no princípio de forma esporádica, depois mais disseminada, categorias sacerdotais (como, por exemplo, na *Traditio Apostolica* e em Cipriano de Cartago, referindo-se ao bispo). O pensamento sacerdotal, no entanto, não se impõe sem resistências: a oração de ordenação nos *Canones Hippolyti* (século IV), que no mais seguem a *Traditio Apostólica*, elimina os termos de sumo sacerdote ali utilizados, e ainda Agostinho († 430) evita o termo *sacerdos*.

Com a incipiente sacerdotalização do ministério, acontece a transferência de concepções de pureza cultual para os detentores de ministérios. Raízes para uma abstinência apostólica no Novo Testamento transitam cada vez mais para determinações que exigem, por causa da pureza demandada dos sacerdotes, a renúncia ao contato sexual ou ao matrimônio.

3.2 – O desenvolvimento na Idade Média: sacerdotalização

O pensamento sacerdotal representado em caráter rudimentar na Igreja antiga ganha mais peso na transição para o contexto germânico.

Em primeiro plano do serviço dos sacerdotes aparece agora a celebração da eucaristia, tida como especificamente sacerdotal. A ordenação vale unilateralmente como capacitação para celebrá-la, se bem que ainda para o bem da Igreja, porém não mais necessária na Igreja e como serviço de liderança de uma congregação. Na proporção em que recua a ligação direta com a Igreja o sacerdócio se torna um itinerário da santidade e perfeição pessoal. Isso pode ser ilustrado particularmente no âmbito monástico. Enquanto no começo do século VI a *Regula Magistri* prevê que monges devem continuar sendo leigos e celebrar a eucaristia junto com o povo comum da Igreja, pouco tempo depois a *Regula Benedicti* permite a ordenação de monges, ou seja, admite sacerdotes no mosteiro. Até o começo do século IX cresce rapidamente o número de monges sacerdotes; na abadia parisiense St. Germain-des-Près, em meados do século VIII, a metade dos monges é ordenada; cem anos mais tarde, três quartos deles (cf. ANGENENDT/49, 442s).

O sacerdócio torna-se então o centro de sentido da ordem estruturada. O ministério episcopal, segundo essa concepção, não é em termos sacramentais nenhum degrau superior de ordenação que a sagração sacerdotal. A maioria dos ministérios inferiores (inclusive o diaconato), na prática, caiu fora, de modo que restam tão-somente as consagrações pertinentes, percorridas como estágio de transição ao presbiterato. Diante do fundo da mudança de ênfase teológica altera-se a liturgia da ordenação. Acontece a complementação por diversos ritos interpretativos como unções de ordenação e a entrega das insígnias ministeriais: anel e báculo na sagração episcopal, pátena e cálice na sagração sacerdotal. Desse modo, o cerne original da cerimônia de ordenação, a imposição de mãos e a oração de sagração, é rodeado por outros ritos, a ponto de que no final já não se sabe qual é, afinal, o rito essencial de ordenação. Em lugar da imposição de mãos passa para primeiro plano a entrega das insígnias ministeriais (cf. o Decreto aos Armênios 1439, DH 1326). A determinação do que realmente perfaz o ato sacramental ainda é tão controvertida no Concílio de Trento que ali se desiste de citá-lo (cf. DH 1766).

3.3 – A controvérsia em torno do ministério ordenado sacramental na época da Reforma

3.3.1 – A crítica de Martinho Lutero à Igreja Católica Romana e seus ministérios

Martinho Lutero († 1546) se dá conta de que muitos bispos e sacerdotes fazem de tudo, menos aquilo que é sua incumbência. Não por último, são essas mazelas práticas que motivam uma verificação crítica das estruturas eclesiásticas. Por causa da falta de fundamento nas Escrituras para os ministérios concretamente existentes, Lutero questiona sua sacramentalidade. Acarretou grandes conseqüências o deslocamento de ênfase que ele realiza em relação ao significado dos atos salvíficos. Primordial para ele é a palavra, ou seja, a pregação. Em decorrência da rejeição do sacrifício da missa, fica excluída uma interpretação sacerdotal do ministério. Além disso, a doutrina da justificação leva a uma nova visão da condição imediata de cada pessoa perante Deus. Mediante apelação ao sacerdócio de todos os crentes, rejeitam-se mediações eclesiásticas. Por isso a estrutura contemporânea da Igreja romana, com sua marcante contraposição de detentores de ministérios e leigos, tem de parecer inadequada, tornando-se alvo de ataques radicais e polêmicos por parte de Lutero.

A concepção de Lutero acerca dos serviços eclesiásticos

A crítica daqueles, contudo, não significa que ele não admitisse serviços especiais. Suas declarações oscilam acerca da questão se tais serviços se baseiam em uma delegação por intermédio da igreja (de modo que o sacramento da sagração "não passa de certo rito com que alguém é chamado para dentro do ministério de serviço eclesiástico": *De captivitate babylonica*, 1520, WA 6,566,31s) ou se a ordenação constitui uma expressão de que a instalação no ministério remonta à vocação por Deus e à autoridade de Cristo. A atual pesquisa de Lutero parte do princípio de que a fundamentação do ministério a partir de Cristo e a vocação por meio da igreja são imaginados por Lutero como mutuamente mediadas.

A ordem ministerial de Calvino

Por seu interesse na edificação de uma Igreja reformada de acordo com a palavra de Deus, a Reforma suíça dedica uma atenção maior aos ministérios. Para João Calvino († 1564), os ministérios de serviço eclesiástico são a maneira determinada por Deus como a atuação de Jesus Cristo se transmite em sua Igreja. Por essa razão, a ordenação é constitutiva para assumir um ministério e até mesmo pode ser considerada um sacramento (*Institutio* IV,19,25-31; cf. FABER/52, 335-340). No entanto, Calvino ataca a visão romana dos graus das ordens, à qual contrapõe uma ordem ministerial com quatro ministérios (pastores, mestres, anciãos, diáconos)[4].

3.3.2 – O Concílio de Trento

Sacramentalidade do ministério

Na discussão provocada pela Reforma em torno da sacramentalidade do ministério e de seu significado, o Concílio de Trento é confrontado em sua plenária com perguntas que também se evidenciam como controvertidas. Durante as deliberações constata-se que para esclarecer a relação entre os diversos graus ministeriais é preciso discutir o ministério episcopal. Essa reflexão, porém, está onerada por questões políticas e de política eclesiástica (conciliaris-

---

4. A esse respeito veja a ordem eclesiástica (*Ordonnances ecclésiastiques*) de 1561: CO 10/1, 93-103.

mo!). Para evitar quaisquer afirmações jurisdicionais, o decreto dos ministérios finalmente fala como se as ordenações absolutas fossem a regra, embora não tenha sido essa a intenção. Dessa maneira, negligencia-se o vínculo eclesial dos ministérios.

Na busca por uma justificativa da ordem sacramental, a discussão torna relativa a derivação inicial unilateral do sacrifício, de modo que também ocupem mais o centro a finalidade da proclamação e, no bispo, o serviço como pastor. Isso possui efeito norteador nos decretos reformatórios (FREITAG/186, 290s, 352-359, 370s).

3.4 – *Transformações no século XX*

3.4.1 – O CONCÍLIO VATICANO II

Enquanto no Concílio Vaticano I ainda se falou, em um anteprojeto não aprovado, da Igreja como uma sociedade de desiguais, o Concílio Vaticano II parte da igualdade de todos os que crêem. Base da vida eclesial é o sacerdócio comum de todos crentes fundamentado no batismo e na confirmação, os quais têm responsabilidade conjunta pela edificação da Igreja como também por seu envio (cf. LG 7; 9-17). O "sacerdócio especial (de serviço)" serve ao povo sacerdotal de Deus e de sua missão (cf. LG 10; 18 etc.). Ponto de partida no povo sacerdotal de Deus

Ponto de partida da reflexão sobre o ministério ordenado sacramental é o ministério episcopal: "O santo sínodo ensina [...] que pela ordenação episcopal é transmitida a plenitude do sacramento da ordenação" (LG 21). À relevância eclesial dos bispos corresponde uma nova valorização da igreja local, como foi expressa singularmente no decreto *Christus Dominus*. As tarefas dos bispos, bem como, na seqüência deles, as dos presbíteros, são descritas regularmente sob o tríplice direcionamento para a proclamação, santificação e direção (cf. LG 21; 25-27; CD 11). Ministério episcopal

O serviço dos presbíteros (os textos conciliares evitam o termo latino *sacerdos*), em posição bastante secundária na própria constituição da Igreja, é abordado em um decreto próprio. Digno de nota nesse decreto é como a tradicional devoção sacerdotal segmentada é reformulada pelo direcionamento ao serviço (cf., por exemplo, PO 12s). Serviço dos presbíteros

Finalmente, o Concílio impele para uma nova configuração de um diaconato próprio e permanente (cf. LG 29).

Liturgia

LG 21 define como centro do ato da ordenação a imposição de mãos com a oração de sagração (como já a Constituição Apostólica de Pio XII, *Sacramentum Ordinis*, de 1947: DH 3858-3860). O *Pontificale Romanum* (1968/²1989) adota predominantemente nos textos o direcionamento de todos os níveis de ministérios para o serviço descrito de maneira diferenciada.

3.4.2 – Entendimentos ecumênicos

Ordenação

Graças às transformações na compreensão católica romana de Igreja e a uma nova valorização de serviços com ordenação no âmbito das Igrejas evangélicas, aconteceu uma aproximação mútua na questão dos ministérios, sem que fosse possível um acordo em todos os pontos. Uma base comum para o diálogo existe pelo fato de que ambos os lados começam eclesiologicamente com o sacerdócio geral de todos os que crêem, mas admitindo nesses parâmetros um ministério especial no serviço da Igreja. Na maioria das Igrejas as pessoas são ordenadas para esse ministério. No diálogo ecumênico se tenta chegar a um consenso também na qualificação da ordenação. "'Sempre que é preciso exercer o ministério da Igreja demanda-se a ordenação'. Nessa constatação não reside mera ponderação disciplinar. Pelo contrário, ela possui relevância essencial para a unidade da Igreja que se apresenta publicamente" (*Das geistliche Amt in der Kirche* 30/15, p. 340). Por isso a ordenação não é apenas a modalidade de um emprego eclesiástico e da atribuição de um ministério (*Das geistliche Amt in der Kirche* 33/15, p. 341). No entanto existem diferenças na questão, considerada importante pelo lado católico romano, quanto a quem realiza a ordenação.

Incumbências

Conjuntamente, mantém-se que constitui incumbência do ministério especial na Igreja assumir o serviço da pregação (serviço à palavra) e o serviço dos sacramentos. Ainda que no lado evangélico às vezes se imagine bastante pragmático o vínculo do ministério ordenado à palavra e ao sacramento, não deixam de ocorrer vozes que exortam por princípio que "o anúncio público independente da palavra e a administração dos sacramentos sejam condicionados a uma ordenação previamente realizada"[5]. A controvérsia tradicio-

---

5. Wolfhart Pannenberg, *Systematische Theologie*, Göttingen 1993, 440, v. III.

nal acerca da interpretação sacerdotal do ministério ordenado foi superada por princípio por causa da nova valorização do serviço de direção e proclamação na Igreja Católica Romana e do amplo entendimento sobre o caráter sacrifical da eucaristia (veja acima Seção II, II.4.2), ainda que nem todas as diferenças tenham sido dirimidas em vista de persistentes concepções sacerdotais na prática, liturgia e espiritualidade católicas romanas.

A maioria dos problemas no entendimento ecumênico é causada pela configuração concreta do ministério segmentado, particularmente o significado do ministério episcopal e a preservação da sucessão apostólica. Acontece que a questão dos ministérios está estreitamente ligada à compreensão de Igreja: que valor específico possui a Igreja e como sua unidade deverá ganhar forma histórica concreta? De fato, é aqui que são encontradas as maiores diferenças, que no entanto devem ser preferencialmente tratadas no âmbito da eclesiologia.

Níveis de ordenação e sucessão

3.4.3 – Perspectiva de novos desdobramentos

Os desenvolvimentos mais recentes na teologia do ministério ordenado sacramental foram em grande medida marcados pelas transformações eclesiológicas desencadeadas com o Concílio Vaticano II. Especialmente no nível do ministério presbiteral, surgem inseguranças. A desatenção para com a tarefa dos presbíteros no Concílio suscita a pergunta por seu lugar eclesiológico. Isso vale tanto mais quando, em razão do desenvolvimento de serviços pastorais de tempo integral exercidos por leigos, se torna necessária uma visão diferenciada das tarefas de cuidado pastoral. Nesse questionamento os desdobramentos mais recentes caminham em diferentes direções. Enquanto o Concílio havia tornado relativas as tarefas sacramentais, tradicionalmente vistas como especificidade sacerdotal (particularmente a celebração da eucaristia) por meio da nova valorização do serviço de proclamação e de liderança entendido como cuidado pastoral, a falta de sacerdotes torna a situar mais intensamente no centro o serviço sacramental. A insegurança dos presbíteros é finalmente nutrida pela discussão em torno do celibato, que – com freqüência desencadeada pelos fracassos — pouco contribui para que seja (re)descoberto como forma de vida espiritual.

Especialmente dois questionamentos teológicos ocupam o centro da teologia dos ministérios após o Concílio Vaticano II: a pergunta pela fundamentação do ministério ordenado sacramental e a pergunta pelo seu sentido axial.

Fundamentação do ministério ordenado

Superando uma distorção eclesiológica de séculos pela diferenciação entre a categoria própria de clérigos que se situam "acima da Igreja" e a dos leigos que lhes são inferiores, o Concílio Vaticano II volta a integrar na Igreja os detentores ordenados de ministérios. O ministério ordenado não é uma categoria superior na Igreja, mas serviço à Igreja. Na teologia pós-conciliar discute-se, em conseqüência, o que isso significa para a fundamentação do ministério. Com exceção de vozes isoladas, que se negam a acolher a proposta conciliar, podem ser detectadas duas correntes. O direcionamento conseqüente para o serviço à igreja torna plausível, segundo opinião de teólogos como Edward Schillebeeckx (cf. 215) e Herbert Haag[6], fundamentar o ministério com base na prerrogativa da Igreja a partir das necessidades dela, considerando-o um carisma entre outros. À fundamentação tradicional do ministério "de acima", isto é, pela concessão da autoridade de Jesus Cristo, é contraposta unilateralmente uma fundamentação "de baixo", isto é, por meio da Igreja. O ministério ordenado representa uma função da vida da Igreja e como tal se insere, para sua fundamentação e configuração, totalmente na responsabilidade dela.

Nesse caso, porém, resta a pergunta sobre o porquê, afinal, de se ordenarem pessoas para esse ministério, ou seja, por que ele, ao contrário de outras vocações, é entendido na Igreja como sacramento próprio. Por isso, uma linha diferente parte também da vida da Igreja e da dignidade comum de todos os batizados. No entanto, atribui ao ministério ordenado um valor específico na Igreja, o qual pode ser mais bem descrito com termos-chave como representação de Cristo ou serviço constitutivo. Pelo fato de que cabe ao ministro ordenado na Igreja defender aquilo que a Igreja não possui a partir

---

6. Herbert HAAG, *Nur wer sich ändert, bleibt sich treu* [Somente quem muda continua fiel a si mesmo]. Freiburg i. Br., 2000.

de si mesma, atribui-se-lhe certa contraposição à Igreja. Contudo, é preciso observar bem: não se visa uma fundamentação unilateral da Igreja a partir desse ministério. Porque a qualificação cristológica e espiritual da Igreja não se dá exclusivamente pela via do ministério (como defende sobretudo POTTMEYER/209s), motivo pelo qual o ministério também não se situa no confronto com a Igreja, mas igualmente é órgão dela (é também *repraesentatio ecclesiae*): "Ministério não é apenas representação sacramental de Cristo, mas também representação sacramental da Igreja" (GRESHAKE/196, p. 122).

Outro tema de que a teologia pós-conciliar foi incumbida é definir a(s) tarefa(s) específica(s) da pessoa ordenada, especialmente do ministério presbiteral (cf. GRESHAKE/196, p. 192-201). Enquanto de acordo com a autocompreensão anterior, primordialmente sacerdotal, o serviço do sacerdote se concentra em primeira linha na oferenda do sacrifício eucarístico, o Concílio cita, em conformidade com o ministério tríplice de Cristo como Sacerdote, Profeta e Rei, as três esferas de tarefas da proclamação (serviço à palavra), santificação (celebração dos sacramentos) e direção. Para evitar mera adição dessas tarefas, a teologia ministerial pós-conciliar pergunta pelo centro do serviço sacerdotal, sendo que cada vez uma função é descrita como exercício primordial e como integradora dos demais aspectos. A decisão prévia para a pergunta, que exercício deve ser visto como central, já é tomada na concepção de Igreja.

Tarefas do ministério presbiteral

Walter Kasper começa definindo a Igreja como comunhão de envio. Nela, a multiplicidade dos carismas serve ao alvo comum de levar adiante a obra de reconciliação de Jesus Cristo. Nessa comunhão de envio, que é sustentada pelo sacerdócio comum de todos os fiéis, há necessidade de um ministério que cuide da unidade na multiplicidade de dons e vocações: é serviço à integração eclesiástica dos carismas. No serviço ao cumprimento da missão eclesial, o ministério ordenado sacramental possui como centro a direção da Igreja (ou seja, no serviço do pastor), executado pela proclamação da palavra e na celebração dos sacramentos.

— Serviço de direção

Segundo Karl Rahner († 1984) a Igreja é sacramento da salvação e, por conseqüência, a presença e eficácia da palavra da promessa de Deus, a qual sucede historicamente e é escatologicamente vitoriosa. Essa palavra tem de ser entregue para dentro de cada situação histórica. No entanto, trata-se de muito mais que simples

— Proclamação da palavra

notícia (informação). Pelo contrário, ela mesma concede de maneira criadora o que ela diz. A partir desse enfoque eclesiológico, Rahner entende o serviço sacerdotal com base na proclamação: o sacerdote é aquele que está autorizado para o serviço à palavra. Por meio da proclamação da palavra, cujo adensamento é o sacramento (veja acima p. 97) acontece a direção da igreja.

— Serviço de santificação

Distinguindo-se da idéia tradicional do sacerdote, a teologia mais recente descreve a celebração da eucaristia somente de forma discreta como centro do serviço sacerdotal. Uma exceção representa a teologia ministerial de Heinrich Schlier. Ao contrário da concepção sacerdotal tradicional do serviço presbiteral de santificação, porém, seu ponto de partida é decididamente cristológico. Schlier descreve a entrega de Jesus ao Pai como centro do envio de Jesus. O ministério ordenado sacramental está a serviço desse envio sacerdotal de Jesus, sendo que sua entrega radical é atualizada principalmente na eucaristia. Aqui reside o alvo da proclamação, bem como do serviço de direção. À medida que a própria eclesiologia é fundamentada pela eucaristia, certamente seria apropriado um retorno a um peso maior da eucaristia no âmbito do serviço sacerdotal.

Condições de admissão

Por causa dos números decrescentes de vocações sacerdotais na Igreja do Ocidente europeu torna a ser a levantada, principalmente por razões eclesiológicas, a pergunta pelas condições de admissão ao ministério ordenado. A observação de que em muitos âmbitos pessoas não-ordenadas assumem serviços que na realidade pressupõem a ordenação, de que elas assumem cada vez mais sobretudo o serviço de direção para congregações, mas que não a podem exercer por meio da celebração da eucaristia, suscita a preocupação de que a constituição sacramental da Igreja seja diluída. Impõe-se a pergunta se a Igreja não está se apegando às condições de admissão — menos relevantes — à custa da constituição sacramental da Igreja (cf. Koch/73, p. 229-253).

Ordenação de mulheres

No contexto da discussão sobre as condições de admissão ao ministério ordenado, dois temas se colocam para o debate: o compromisso do celibato (sobre isso, veja abaixo p. 248s) e a ordenação de mulheres. Em uma época de ampla igualdade de direitos, a exclusão da mulher do clero gera incompreensão em muitos lugares. Na história da teologia, a prática eclesiástica de ordenar somente homens foi respaldada por teorias de gênero e apreciações sociológicas, que hoje já não são sustentáveis. Em contraposição, o escrito doutrinário apostólico *Inter insigniores* (1976) fundamenta a não-admissão de mulheres ao clero com a prática de Jesus, que não poderia ser explicada apenas a partir de condicionamentos socio-culturais. O escrito apostólico *Ordinatio sacerdotalis* (1994) voltou a reforçar essa declaração doutrinária. A Igreja não teria poderes para conceder a mulheres a sagração sacerdotal, e todos os fiéis têm de se ater definitivamente a essa decisão. Diante do escrito eclodiu uma nova discussão, que gira especialmente em torno de seu caráter compromissivo.

Estreitamente ligada à questão da ordenação está a localização teológica dos mais recentes serviços pastorais dos leigos. Uma vez que leigos assumem tarefas que antigamente eram contadas entre os serviços presbiterais, diversas vozes diagnosticam um déficit de ordenações e pleiteiam para que seja solucionado. Nesse sentido, os coordenadores e coordenadoras pastorais devem ser ordenados presbíteros ou integrados no clero mediante uma nova forma de serviço com ordenação (cf. RAHNER/212; HÜNERMANN/200; BAUSENHART/189, p. 323). Isso é correto em vista de numerosas formas de engajamento de coordenadores e coordenadoras de pastoral. No entanto, quanto à criação de uma nova categoria de clero, cabe indagar pelo perfil específico que diferenciaria essa categoria do serviço presbiteral. Correto é que a Igreja, do mesmo modo como foi capaz de permitir que no curso da história diversas formas de serviço ministeriais não fossem continuadas, igualmente pode instalar novos degraus do ministério ordenado e que também deveria fazê-lo, quando isso se impõe a partir da vida eclesial.

Novas vocações pastorais

Apesar disso, a busca por um perfil profissional para os novos serviços pastorais já criados de *leigos* não deveria sofrer solução de continuidade. Para tanto, poderia ser útil um ponto de partida da teologia da graça na eclesiologia. Nele se deverá enfatizar, por um lado, o aspecto de dádiva da nova vida, pela qual responde o serviço com ordenação. A nova dimensão divina da vida, por outro lado, é *presenteada* à Igreja como conteúdo e realidade de vida. Por força do Espírito a Igreja foi incumbida de *acolher* e *realizar* aquilo que lhe foi presenteado. Para isso são convocados todos os membros da Igreja. Para favorecer o cumprimento dessa incumbência, ajudando e capacitando, é possível incumbir pessoas individuais sem que para isso careçam de uma ordenação sacramental (cf. FABER/193).

4 – Desdobramento teológico-sistemático

4.1 – A relevância do ministério sacramental para a Igreja (LG 10)

Povo sacerdotal de Deus como ponto de partida

A discussão atual em torno do ministério sacramental sofre com o fardo da história, na qual a localização desse ministério na Igreja e como serviço à Igreja foi obscurecida por meio de uma ênfase unilateral, à custa da dignidade e do envio conjunto de todos os cristãos. Em contraposição, importa buscar uma localização teológico-eclesiológica do ministério ordenado. É o que acontecerá a seguir para concretizar o que foi dito acima no item 1, com base em LG 10 (cf. HINTZEN/199).

O texto conciliar trata do povo sacerdotal de Deus e nesse contexto analisa como se relacionam o sacerdócio geral de todos os fiéis e o sacerdócio especial (sacerdócio de serviço, de ministério). O raciocínio começa com o olhar para a raiz de todo o sacerdócio cristão, o sumo sacerdote Jesus Cristo, levando diretamente ao sacerdócio conjunto: "Cristo o Senhor, tomado como sumo sacerdote dentre os seres humanos, [...] transformou o novo povo 'em reino e em sacerdotes para Deus e seu Pai'". Com o sacerdócio de Jesus Cristo, todo sacerdócio religioso encontrou um novo conteúdo e principalmente uma nova base. Porque a dignidade sacerdotal de cristãos se fundamenta no sacerdócio de Jesus Cristo, cuja entrega ao mesmo tempo redefine o que significa a execução caracteristicamente sacerdotal do sacrifício: a auto-entrega da própria existência, da qual se fala em LG 10 no final do primeiro parágrafo e no final.

Dimensão sacramental da vida cristã

Como forma expressa da maneira pela qual o vínculo do sacerdócio conjunto ao sacerdócio e à auto-entrega de Jesus Cristo se torna concreto, LG 10 introduz a dimensão litúrgica, sacramental: "Os fiéis, no entanto, atuam por força de seu sacerdócio real na oferenda eucarística e exercem seu ministério sacerdotal ao receber os sacramentos". O sacrifício sacerdotal de Jesus Cristo assume uma forma sacramental, porque ele simboliza aquilo que constitui o cerne de seu sacrifício, a saber, sua afetuosa auto-entrega: distribui pão e vinho como seu corpo e seu sangue. A acolhida sacramental dessa forma simbólica da autodoação é o caminho pelo qual a entrega da vida dos cristãos busca vincular-se à auto-entrega de Jesus Cristo, porque e para que seja não uma obra a ser realizada, mas um ser arrastado pela graça.

Inseridas nessas reflexões estão as elaborações sobre o ministério de serviço do detentor ordenado do ministério (*sacerdos ministerialis*).

<small>Serviço do detentor ordenado do ministério</small>

Aqui como em muitas outras passagens lhe é atribuído um serviço tríplice: proclamação, direção e santificação, sendo expressamente citada a eucaristia: "Pois o detentor do ministério educa, em virtude do poder sagrado (*sacra potestas*) de que dispõe, o povo sacerdotal, e o conduz; na pessoa de Cristo realiza o sacrifício eucarístico e o oferta em nome de todo o povo de Deus". Dessa maneira, ocorreu uma localização muito precisa. Razão da existência dos detentores ordenados de ministérios é o sacerdócio comum. Estão a serviço daqueles atos pelos quais a autodoação sacerdotal do povo de Deus permanece enraizada na entrega de Jesus Cristo. Esse modo de ver o sacerdócio ministerial constitui a razão por que ambas as modalidades do sacerdócio não estão em concorrência, mas estão positivamente relacionadas.

É nesse sentido que se deve entender uma passagem dúbia e muitas vezes mal-entendida de LG 10: "Porém, o sacerdócio conjunto dos fiéis e o sacerdócio do serviço, ou seja, o sacerdócio hierárquico, na verdade se distinguem segundo a essência, e não meramente segundo o grau. Apesar disso se coordenam um em relação ao outro: pois um como o outro participa a seu modo peculiar do sacerdócio de Cristo". A formulação "segundo a essência, e não meramente segundo o grau" não é inequívoca, e está onerada pela origem, porque tradicionalmente serve para distinguir o verdadeiro sacerdócio de outro apenas impróprio (cf. MÜLLER/207, p. 154-157). No contexto de LG 10, contudo, a formulação anterior sofre uma reinterpretação, que se confirma pela história de sua acolhida. Em um diálogo ecumênico oficial, a interpretação normativa é rendida assim: "O ministério eclesiástico não pode ser derivado da igreja; mas tampouco é uma potenciação do sacerdócio geral, o detentor do ministério como tal não é cristão

<small>Segundo a essência, e não meramente segundo o grau</small>

em grau maior. Pelo contrário, o ministério se situa em outro nível; possui o sacerdócio do serviço, que se coaduna com o sacerdócio geral servindo" (*Das geistliche Amt in der Kirche*, 20/15, p. 336). Uma diferença essencial exclui uma hierarquização entre sacerdócio geral e especial, ao passo que uma diferença gradual em relação a um padrão conjunto constataria diversos níveis. A singularidade do sacerdócio fundamentado pela ordenação, porém, não é uma intensificação do ser batizado e da vocação cristã, mas uma tarefa intrinsecamente outra na vida eclesial.

Sacerdócio geral

Por essa razão, o sacerdócio geral de todos os fiéis não é, como primeiro ponto, um sacerdócio geral provido da conotação de "impróprio" e, como segundo ponto, ele precisa decididamente ser entendido como *geral*, cuja dignidade e cujo compromisso também são próprios do ministro com ordenação sacramental. Dessa forma fica esclarecido por princípio que no ministério ordenado sacramental se trata de uma estrutura da Igreja, não de uma categoria ministerial. Pois o que essa estrutura assegura fundamentalmente é a ancoragem na vida de Deus, da qual dependem todos os membros da Igreja, sejam ordenados ou não. Isso deveria ter conseqüências para a apreciação da prática da concelebração, que tende a distorcer a referida estrutura (sobre isso, cf. GRESHAKE/195).

Cabe acrescentar expressamente que a atuação de Jesus Cristo em sua Igreja não se comunica unicamente por meio do ministério ordenado (da mesma forma como a Igreja não está ancorada em Cristo somente por palavra e sacramento: veja acima p. 78s). Na vida eclesial a graça de Jesus Cristo e a atuação de seu Espírito se configuram de múltiplas maneiras. No entanto, de forma complementar a isso, existe na Igreja e no arcabouço de seus serviços aquele serviço de fundamento sacramental no qual a atuação de Jesus Cristo ganha expressão objetiva em sua Igreja. A presença de Deus não está prometida apenas onde os carismas avivam a Igreja e a atuação do Espírito se torna tangível, mas também de forma mais fundamental, ainda que simultaneamente talvez de forma mais cotidiana e precária, na estrutura da Igreja. Onde se realizam publicamente aqueles atos que constituem a Igreja não existe uma dependência única do carisma de indivíduos para que a atuação de Deus possa acontecer. Aqui a constituição sacramental da Igreja, da qual faz parte o ministério sacramental, assegura um enraizamento fundamental, já não dependente de humanos, da Igreja no agir salvador de Deus.

4.2 – O sentido da ordenação

A eclesiologia da *communio* do Concílio Vaticano II parte da dignidade, vocação e envio cristão de todos os membros da Igreja. Somente de modo secundário devem ser distinguidos serviços e vocações específicas, bem como os respectivos carismas. Isso vale também para o ministério ordenado, que igualmente possui um significado de cunho diferente no conjunto dos diversos serviços. Sem depreciar outras vocações na Igreja, cabe ao ministério ordenado um valor eclesial específico, que já se manifesta no fato de que esse serviço pressupõe uma autorização sacramental, enquanto para outros ministérios e tarefas não se realiza a ordenação.

Valor eclesial específico

Que sentido possui a ordenação? Por que pessoas são ordenadas para essa tarefa e não apenas simplesmente incumbidas? Por que a ordenação é um sacramento?

A Igreja vive do agir de Jesus Cristo. Essa dependência se espelha *estruturalmente* no ministério ordenado sacramental, que é um serviço que corresponde à natureza da Igreja, sem que por isso possa dela ser derivado. O ministério ordenado é exigido em virtude da essência da Igreja, porque somente na abertura em direção a Deus ela pode ser o que é. Apesar disso, esse ministério não pode ser fundamentado exclusivamente a partir da Igreja, porque nesse serviço não somente se atualiza o que Igreja sempre já é. Em vista da congregação, Peter Hünermann formula[7]: A igreja reconhece "que o serviço de que carece precisa ser um serviço que é exercido na autoridade do Senhor, não simplesmente em nome da igreja". Em outras palavras: a Igreja carece desse ministério; trata-se, porém, de uma carência tal que a Igreja não consegue suprir para si mesma.

Por isso a transmissão desse ministério não acontece por incumbência, mas pela ordenação, que, como ato sacramental, constitui um revestimento de poder que recorre expressamente a Deus. Aqui a Igreja não está delegando a indivíduos o que lhe é

Recurso à atuação de Deus

---

7. Peter Hünermann, *Ekklesiologie im Präsens*. Perspektiven, Münster 1995, 243.

próprio, mas ela ordena para que exista na Igreja o serviço que ela própria não é capaz de fundamentar. A autorização sacramental "destaca de modo tangível e em forma de sinal que a própria dádiva é presente e praticamente não depende da graça e do poder da Igreja. A Igreja não possui, nem em seu conjunto nem em seus competentes detentores de ministérios, o direito de dispor sobre a mensagem de Jesus Cristo" (KARRER/201, p. 263). A autoridade dos ordenados é caracterizada, portanto, como autoridade "alheia", que não é exercida em nome pessoal, mas em nome de Jesus Cristo, permanecendo continuamente vinculado a ele.

Essa também é a razão por que os serviços pastorais de leigos não deveriam se basear na delegação dos atos que na realidade pressupõem a ordenação. Os ordenados não *possuem* uma autoridade, a qual pudessem passar adiante, mas agem a partir de uma autoridade permanentemente concedida.

Estrutura sacramental do serviço com ordenação

O sentido da ordenação precisa ser detectado de modo singular nos atos em virtude dos quais se realiza a ordenação: palavra e sacramento, bem como a direção da Igreja que se executa por meio deles. Trata-se daqueles atos que possuem um nível especial na vida da Igreja, por serem adensamentos da dádiva prévia de que vivem a Igreja e os indivíduos. O engajamento sacramental de pessoas caracteriza o serviço dos ordenados como um serviço em que a humana mediação não é questão decisiva, mas a proximidade salvadora de Deus concretizada por meio dela. De forma peculiar, portanto, reflete-se no ministério sacramental a tensão que perfaz o ser Igreja: a autorização sacramental fundamenta um ministério de serviço marcado por uma ruptura fundamental e radical, porque deve ser realizado por meio do serviço humano o que Deus deseja efetuar na Igreja e em seres humanos. A autorização sacramental confere, pois, ao serviço da pessoa ordenada novamente, a estrutura básica da sacramentalidade: no sinal visível, a saber, no serviço de um ser humano, acontece mais que mera ação humana, porque ela foi colocada a serviço da atuação de Jesus Cristo em sua igreja.

Character indelebilis

Para expressar que nesse engajamento no serviço se trata de um envolvimento objetivo de um ser humano, a tradição católica fala do *character indelebilis*, conferido pela ordenação, da marca inextinguível (veja na Seção I, IV.6.2). "É inextinguível por se alicerçar sobre a promessa inquebrantável e na vontade imutável de Cristo, de comunicar adiante, por meio do serviço da pessoa consagrada, sua obra de salvação. Pelo fato de que a capacitação para o serviço ministerial vem do próprio Deus, [...] nem pecado nem fracasso do ser humano podem apagar ou aniquilá-la" (GRESHAKE/196, p. 282s). Portanto, por meio de categorias ontológicas visa-se expressar "a prerrogativa da eficácia divina no ser humano sobre todo o agir humano" (*Lehrverurteilungen — kirchentrennend*/17, p. 162). Além do mais, está subjacente a essa forma de expressão a convicção de que a pessoa ordenada foi irrevogavelmente requisitada para seu serviço.

4.3 – *Indicação significante do Cristo*

O próprio Jesus Cristo é fundamento vital de sua Igreja, pastor de seu povo. Anuncia-lhe a palavra redentora e santificadora, convocando para dentro de seu envio. Ele não entrega a pessoas essa atuação dele; contudo, ela é representada por meio de pessoas. A incumbência do ministério ordenado de apontar em forma de sinal para a antecedência de Jesus Cristo é explicitada pelo bispo Kurt Koch na configuração simbólica da liturgia do sacramento. *Sujeito primário dela é*, conforme a constituição de liturgia do Concílio Vaticano II, Jesus Cristo (cf. SC 7). No entanto, ele não é o sujeito exclusivo da liturgia, porque a Igreja se insere no agir cultual dele: ela é o *sujeito secundário*. Os ministros ordenados são chamados por Koch de *sujeito terciário*.

<small>Representação de Jesus Cristo como o primeiro sujeito</small>

> Porque, para que apareça explicitamente perante a Igreja, o sujeito secundário da liturgia, que o culto não é simplesmente um evento eclesiástico, e que por conseqüência não ela, mas o Cristo ressuscitado e exaltado, é o sujeito primário da celebração litúrgica, ela depende do sacerdote como sujeito terciário da liturgia. Pois ele não é apenas representante da igreja, a qual ele preside em nome de Cristo e por incumbência da Igreja, mas é também representante de Cristo, que como tal também é confrontação para a igreja[8].

---

8. Kurt KOCH, Die Kirche und ihre Gottesdienstliche Feier. Ekklesiologische Anmerkungen zum Subjekt der Liturgie, in: *StZ* 121 (1996) 75-89, aqui 78.

Em outras palavras, no simbolismo do serviço com ordenação deve tornar-se palpável que cada ser humano e a Igreja não apenas encontram a si mesmos, mas que os indivíduos, bem como a Igreja, vivem do favor de Jesus Cristo.

No entanto, cabe definir melhor o que significa (e o que não significa) "representação de Cristo", indicação significante de Jesus Cristo.

Representação, não vicariedade

A diferenciação de três sujeitos na liturgia, ou na vida eclesiástica em geral, ajuda a avançar, porque explicita que o ministro ordenado não se coloca no lugar de Jesus Cristo, como que o substituindo. Continua sendo sujeito terciário e não ocupa o lugar do primeiro sujeito. Ou seja, está em jogo uma forma de representação que mantém aberta para o primeiro sujeito da vida eclesial o lugar que lhe compete. "Logo, o ministério de quem preside realiza a *representação* significante *de Cristo* justamente *não como identificação, mas como diferenciação*. Conserva aberta a diferença entre Cristo e povo de Deus, servindo assim à crescente realidade de Cristo na Igreja" (POTTMEYER/209, p. 46). Por essa razão, tal representação de Cristo tampouco é a substituição de um ausente, que somente conseguiria agir por meio de substitutos. Os detentores de ministérios são um indicativo para o Senhor presente e diretamente atuante; por conseqüência, como explicita Rahner na execução do sacramento, devem ser localizados no nível figurativo do sacramento (algo semelhante deve valer para a configuração do sacramento Igreja).

> O ato do ministrante sacramental, humano, autorizado, na verdade faz parte da constituição do sinal da presença de Cristo; o ministrante do sacramento na realidade substitui, na dimensão do sinal, do "*signum*" eficaz, o lugar de Cristo. Uma vez, porém, que ele não desencadeia pessoalmente de forma causativa a graça sacramental, a "*res sacramenti*" propriamente dita, ele não substitui a presença do próprio Cristo. Em outras palavras: o ministrante humano do sacramento não substitui o Cristo presente, mas representa, na dimensão do sinal (eficaz), o Cristo presente, que por si mesmo efetua a graça por meio de seu Espírito (RAHNER/211, p. 403).

A indicação significante para Jesus Cristo acontece em densidades distintas. Em sentido amplo, a questão como tal tampouco é prerrogativa do ministério ordenado. Todos os cristãos e cristãs são, em virtude do batismo, "cristos", incumbidos de representar a Cristo uns para os outros. Aquela representação de Cristo, para a qual há necessidade da ordenação, refere-se ao âmbito público da Igreja, ou mais precisamente: ao âmbito dos atos públicos constitutivos da Igreja. Quando alguém é constante e publicamente responsável para confrontar a Igreja com sua dependência de Cristo, torna-se necessária a ordenação, em benefício da configuração simbólica autêntica da Igreja.

> Para cumprir seu envio, a Igreja precisa de pessoas que sejam pública e constantemente responsáveis para apontar a dependência fundamental dela de Jesus Cristo, e que dessa forma representam, no concerto das múltiplas dádivas, um ponto de referência para sua unidade. O ministério de tais pessoas, que foram ordenadas desde tempos muito remotos, é constitutivo para a vida e o testemunho da Igreja (Documento de Lima, Ministério 8/16, p. 569).

O próprio contexto específico assim referido, a saber, o contexto público-eclesiástico, para o qual a ordenação autoriza a indicação significante de Cristo, precisa ser novamente considerado de forma diferenciada. Para superar uma "mística ontológica da representação", o Concílio Vaticano II frisa a característica da representação, de ligação com a ação. É preciso caracterizar de maneira diferenciada a defesa da anterioridade de Cristo, da qual foi incumbido o ministério ordenado, dependendo de se tratar da celebração dos sacramentos, da proclamação da palavra, de diversos outros atos diretivos ou do testemunho de vida. Por princípio, a ordenação daqueles ministros que na Igreja assumem o serviço de direção é relevante para a configuração simbólica do sacramento Igreja. A dimensão objetiva do ministério, porém, segundo o qual o ministro ordenado age "na pessoa de Cristo", se torna eficaz sobretudo na execução dos sacramentos.

Não é por acaso que da crise donatista, relativa à prática sacramental, resultam impulsos decisivos para a teologia dos ministérios (veja acima p. 54-57). Genericamente, a pergunta foi se a mediação da graça acontece de modo carismático ou se existe uma mediação institucional da graça que seja válida e eficaz também fora da

Igreja oficial em comunidades cismáticas, válida e eficaz também em caso de indignidade do ministrante do sacramento (isso foi repetidamente enfatizado em épocas posteriores: cf. DH 580, 793s etc.). Para a celebração dos sacramentos é certamente necessário um ministro ordenado, mas precisa-se dele não por causa de sua santidade pessoal. Ele representa algo que não é idêntico com ele; nele se transmite o evento da graça que, afinal, é independente dele. Nesses contextos da teologia sacramental surge a idéia da representação de Cristo objetivamente assegurada. Pelo fato de que nessas correlações Jesus Cristo é aquele que age fielmente, cumpre-se a verdade do sinal, até mesmo quando a configuração significante do lado do "ministrante" for deficiente. Visto positivamente, isso significa uma libertação. Quem recebe um sacramento não é remetido ao carisma do ministrante, mas à atuação de Deus. Significativamente, Agostinho se volta contra o entendimento donatista do detentor do ministério como mediador: sem razão, o donatista Parmeniano posicionaria "o bispo como mediador entre Deus e o povo" (*Contra epistulam Parmeniani* 2,8,15: CSEL 51,61). O ministro não anula, como um mediador, a ligação direta entre Deus e povo, mas conduz para dentro dela.

4.4 – Carisma e ministério

Ministério e exigência subjetiva

A partir desse ponto, porém, torna-se necessário um esclarecimento contrário. Quando em determinados contextos a autoridade propiciada pelo sacramento é enfatizada independentemente do carisma pessoal, isso ocorre para assegurar que os atos significativos para a Igreja, vinculados ao ministro sacramentalmente ordenado, não dependem da agraciação dele. Quem recebe um sacramento ou ouve a palavra não deve ser amarrado à pessoa ou à santidade pessoal dela, mas unicamente ao próprio Deus. Do contrário, os ministros com ordenação sacramental certamente seriam mediadores ao lado do Mediador Jesus Cristo.

Apesar disso, não é irrelevante a dimensão subjetiva e carismática do ministério, isto é, a maneira como um detentor de ministério preenche seu serviço e corresponde a sua incumbência por meio de uma vivência pessoal no discipulado de Jesus. O engajamento de um ser humano para a atuação de Jesus Cristo é considerado na

Igreja algo tão profundo que ele é entendido como envolvimento vitalício e integral.

Duas observações de cunho histórico-teológico elucidarão o significado da correspondência subjetiva com o serviço objetivamente incumbido.

Significado relativo do carisma

Apesar da clarificação trazida pela crise donatista, encontram-se na Idade Média tendências de procurar para os sacramentos um ministrante agraciado, ou seja, de esperar da santidade dele nos sacramentos algo mais da graça. Na biografia do santo bispo Faro de Meaux, a política bem-sucedida de um rei merovíngio é creditada ao fato de ter ele sido batizado por esse mesmo bispo santo (cf. ANGENENDT/49, p. 451). Será que existem batismos que valem mais, dependendo de quem os realizou? O recurso ao Cristo que de fato age no batismo e, por conseguinte, a objetivação da incumbência dada ao ministro liberta de tais avaliações.

Algo análogo poderia ser dito sobre a absolvição na confissão, proferida com a autoridade conferida. Nesse contexto, porém, cabe recordar ao mesmo tempo o fenômeno da confissão monástica. Na Igreja oriental, penitentes procuram monges, ao quais atribuem o carisma do perdão. Nesse costume, desenvolve-se claramente uma concorrência com a prática penitencial ministerial. Novamente se impõe a pergunta do que vale mais: o anúncio de perdão do monge carismático ou a do ministro autorizado. Como se explicita nesse contexto, é preciso equilibrar a defesa em favor do recurso ao anúncio objetivo da graça com outro aspecto do acontecimento sacramental. O valor da absolvição não depende do carisma do ministro, mas certamente da maneira como o evento da penitência se torna para o penitente, porque, nessa prática de penitência, ao mesmo tempo está em jogo o acompanhamento espiritual do acontecimento mais abrangente do arrependimento. A esse respeito, não é indiferente como estão o carisma e a santidade do detentor do ministério. A redução à autoridade conferida pelo sacramento representa uma definição limítrofe que, em primeiro lugar, vigora somente para os atos sacramentais centrais, e que, em segundo lugar, não descreve o caso ideal.

A distinção de ministério e carisma tem valor em relação à Igreja e aos fiéis, a fim de assegurar a liberdade e independência deles do carisma do ministro. Em relação ao ministro, porém, deve-se cuidar da ligação entre ministério e carisma.

Celibato — Um caminho para assegurar isso é o compromisso do celibato para todos os ministros ordenados, vigente na Igreja católica ocidental. Ainda que a raiz do surgimento do celibato seja determinada compreensão de pureza cultual, seu significado não pode ser reduzido a ela. Na realidade, o celibato significa hoje que se busca no carisma da condição de não-casado a garantia para o vínculo da autoridade ministerial ao carisma. Ocorre que o compromisso do celibato não é uma regra canônica imutável. Porque o carisma do presbítero não é idêntico ao carisma de não casar, assim como o carisma de permanecer solteiro não é idêntico ao carisma do presbítero. Contudo, uma relativização dessas não dispensa de que se indague pelo sentido dessa forma de vida espiritual.

Conselhos evangélicos — Com o celibato se acolhe um dos conselhos evangélicos que na realidade são interligados. Por exemplo, a condição de não-casado não aparece sozinha no ministério sacerdotal, mas se associa ao voto de obediência. Embora não se fale expressamente da pobreza, ela igualmente faz parte dos votos. Isso vale ainda mais quando em uma sociedade de pessoas sozinhas o matrimônio e o não-casamento sofrem uma avaliação completamente alterada. Hoje, a renúncia ao matrimônio somente pode reivindicar relevância significante em combinação com uma configuração pessoal de vida que seja digna de crédito.

Os conselhos evangélicos motivam para renunciar à auto-afirmação pela propriedade, à autodeterminação e à satisfação de uma dimensão íntima da própria necessidade de amor. Visam pois, conjuntamente, uma atitude que espera tudo de Deus. Por que faz sentido prever um projeto de vida desses para aqueles que assumem o serviço de ministros com ordenação sacramental?

Sendo a peculiaridade desse ministério que ele serve para representar a atuação do próprio Jesus Cristo — motivo pelo qual, afinal, está vinculado à ordenação sacramental —, demanda-se da pessoa que detém esse ministério a prontidão para se restringir pessoalmente. O dirigente que assume a liderança de uma igreja não deve aproveitar essa função para impor suas próprias idéias, não deve prender pessoas a si, mas deve ligá-las a Deus e capacitá-las para o respectivo discipulado pessoal. Quem proclama a palavra deve verbalizar precisamente essa palavra, não as próprias intuições espertas e inteligentes. Quem preside a celebração da eucaristia — analogamente nos demais sacramentos — não deve exibir sua devoção pessoal. O êxito disso depende no mínimo também da circunstância de alguém apostar pessoalmente tudo em Deus. Nas execuções litúrgicas se refletirá se elas são sustentadas pela confiança de que o próprio Deus tem algo a dizer e deseja agir pessoalmente. Com freqüência, não apenas se desgasta pela falação o efeito de um símbolo — dessa maneira apenas se violariam leis da encenação. Igualmente se pode desgastar o encontro com Deus, que como tal tem algo a comunicar que por princípio não pode ser encenado.

Quem vive celibatário, pobre e obediente precisa — para que essa renúncia seja vivida de modo saudável — crer e confirmar existencialmente que Deus é uma realidade tão viva que por amor a ele se pode abrir mão daquilo que em si é bom e belo. Quem aposta nisso também é capaz de considerar o serviço pessoal como puro serviço indicativo, na convicção de não ser capaz de dar nem de longe tanto como Deus está disposto a dar.

Sob esse enfoque seria superficial apoiar o celibato unicamente por causa da disponibilidade. Pelo contrário, se ele for vivido apenas nesse sentido, justamente poderá ser pervertido aquilo que realmente está em jogo. Porque quem deseja estar disponível unicamente para outras pessoas corre perigo de querer dispor somente das próprias capacidades e devotá-las a outros, como se esse fosse o dom que a tudo determina. O carisma do celibato tem primordialmente a ver com o relacionamento pessoal com Deus.

Sem dúvida, uma rendição dessas a Deus não é prerrogativa de uma vida celibatária (veja o capítulo VI desta seção, sobre a teologia do matrimônio!). Pelo contrário, pode valer que o vínculo do ministério ordenado sacramental ao celibato representa uma tentativa sensata de assegurar a dimensão carismática do ministério. No momento em que o compromisso do celibato fosse dispensado seria necessário refletir de forma nova de que maneira se pode examinar o carisma pressuposto em vista de uma incumbência com o ministério — como, aliás, já é necessário hoje para o candidato e a candidata ao diaconato permanente e para o serviço do coordenador de pastoral, nos quais igualmente se precisa manter coesos ministério e carisma.

Sugestões de leitura

Uma exposição bíblica equilibrada é trazida por Walter Kirchschläger (182); elucidativas são também as passagens correspondentes em Jürgen Roloff (184). Uma apresentação engajada é oferecida pela monografia de Gisbert Greshake (194 ou 196). Impulsos espirituais e vivenciais são dados por Klaus Demmer (192) e Hubertus Brantzen (190).

capítulo VI
MATRIMÔNIO

1. Introdução: O matrimônio na perspectiva antropológica

Pelo sacramento do matrimônio é santificada a realidade humana do matrimônio. Por essa razão, uma teologia do matrimônio precisa levar em conta sua realidade antropológica e seu condicionamento cultural.

Em um primeiro nível, o matrimônio serve para regular a sexualidade humana, não por último pelo fato de que o ser humano vem ao mundo como prematuro e, em comparação com outros seres vivos, precisa de um espaço de proteção durante um tempo maior para poder crescer. Ademais, a sexualidade humana não representa um fenômeno biológico natural, dirigido pelo instinto, mas está submetida à responsabilidade ética do ser humano.

Na perspectiva sociológica, o matrimônio constitui a menor unidade da sociedade. Justamente nesse âmbito podem ser constatadas mudanças marcantes ao longo da história. Configurações sociais anteriores do matrimônio não por último foram determinadas e mantidas coesas por aspectos de cunho econômico, uma vez que a família representava uma comunhão de produção e, depois da industrialização, pelo menos ainda uma comunhão

Configuração social

de abastecimento. Em contraposição, os fatores econômicos hoje perderam relevância a partir de transformações estruturais no mundo do trabalho, bem como, sobretudo, pela mudança da posição social da mulher.

Comunhão pessoal de vida

Contos e mitos dão testemunho do anseio humano pelo sucesso do matrimônio como comunhão plena pessoal de vidas e de amor. Enquanto em tempos passados um matrimônio tinha condições de vir a sê-lo, o amor de parceria representa hoje um alvo almejado. Não será exagero qualificar de religiosas as elevadas expectativas assim dirigidas ao matrimônio (cf. U. BECK, *Die irdische Religion der Liebe*. In: 221, p. 231). Simultaneamente, o sucesso dessa comunhão de vida sofre tribulações. Visto que dificilmente experimenta estabilidade por outros fatores (dependências econômicas, laços familiares), a coesão precisa ser realizada pelos próprios parceiros. Isso constitui um desafio ainda mais intenso, porque também a configuração concreta da vida matrimonial e familiar (distribuição de papéis etc.) é abandonada ou confiada a eles, sobretudo isso em decorrência de uma duração matrimonial muito prolongada em fases familiares e de vida muito diferentes.

Dimensão religiosa

Na maioria das culturas as núpcias são festejadas por meio de ritos, a fim de marcar a transição entre diversas fases da vida e diversos clãs. Por conciliar o que é estranho e unir contrastes, fundamenta-se nelas a imagem do que é perfeito: são o reflexo das núpcias sagradas no mundo dos deuses, ou entre deuses e humanos. Ainda que se busquem ritos religiosos para o matrimônio sob prefixos mais secularizados, isso se deve — justamente em uma época de elevados números de separação — à intuição de que o sucesso do relacionamento pessoal no matrimônio corre perigo.

Que é que uma teologia do matrimônio sacramental aporta para essa realidade? Que impulsos ela traz para um matrimônio cristão vivido como comunhão de vida e fé?

2 – Fundamentação bíblica

2.1 – *Matrimônio em Israel: entre direito humano, instrução divina e interpretação teológica*

Em Israel, o matrimônio é entendido primordialmente como ato legal. Em todos os casos a iniciativa para a concretização de um matrimônio é do homem, ou da família dele. O pai da noiva recebe um dinheiro pelo casamento, depois de cuja entrega o noivo possui uma reivindicação legal sobre sua futura esposa. Após o casamento, a mulher passa a morar na família do marido e entra para o serviço dele. A estrutura patriarcal do matrimônio no Antigo Testamento também se evidencia na prática do divórcio, bem como na definição da quebra do matrimônio. Contudo, a mulher não é totalmente destituída de direitos.

Dentro dos parâmetros legais, o relacionamento de homem e mulher não deixa de ser descrito como pessoal, em termos de relação de reciprocidade. De acordo com a história da criação em Gênesis 2, é somente na mulher que Adão encontra a companheira de vida que lhe corresponde: "Eis, desta vez, o osso dos meus ossos e a carne da minha carne!" (Gn 2,23). Curiosamente Gênesis 2,24 tem por base, contra a prática contemporânea, que o marido deixa a família por causa de sua mulher, para formar com ela uma só carne. A elevada valorização do relacionamento pessoal e da relação de amor entre homem e mulher, não por último, é espelhada no Cântico dos Cânticos.

Em Israel, não parece estar associada ao matrimônio a aplicação de um sentido religioso. Ele é uma questão de direito particular e acontece sem a atuação conjunta de instâncias do Estado ou da religião. É verdade que as determinações legais concernentes ao matrimônio são apresentadas como instruções e mandamentos do Deus da aliança. O matrimônio é constitutivo da ordem de vida concedida por Deus. Apesar disso, o matrimônio não é interpretado nem celebrado como evento religioso: diante dos cultos de fertilidade no espaço sírio-cananeu, a sexualidade é enfaticamente mantida fora do espaço sacro nos primeiros tempos de Israel.

Essa reserva muda na proclamação profética, que apresenta a aliança de Deus com seu povo mediante as metáforas do matrimônio e do relacionamento amoroso matrimonial. Nesse sentido, Oséias 2,21 estigmatiza a infidelidade de Israel como rompimento do matrimônio. Possivelmente a fórmula da aliança: "Eu serei para vós Deus – vós sereis para mim povo" (Ex 6,7; Lv 26,12; Os 1,9) vem da formulação do contrato matrimonial: "Eu serei para ti marido – tu serás para mim mulher". A comparação da aliança com o matrimônio por sua vez repercute de volta sobre o entendimento do próprio matrimônio, que se precisa deixar medir pelos parâmetros da fidelidade e do amor divinos (cf. Ml 2,14-16).

2.2 – Palavras de Jesus sobre a separação matrimonial e sua acolhida no Novo Testamento

Instruções de Jesus

Jesus contempla a comunhão de vida do matrimônio à luz da intenção original do Criador, aguçando a partir dela a prática do divórcio no Antigo Testamento (cf. Mc 10,2-12; Mt 5,27-32; 19,3-9; Lc 16,18). O marido rompe o matrimônio com a esposa quando pratica algo permitido segundo a lei judaica e demite a esposa. Da mesma forma, constitui ruptura do matrimônio casar com uma mulher despedida pelo marido. As conseqüências dessa proibição devem ter piorado consideravelmente a situação das mulheres envolvidas: para elas, casar novamente representava a única possibilidade de encontrar uma nova base segura de vida.

Mensagem do reinado de Deus

O radicalismo das exigências de Jesus precisa ser analisado no contexto da proclamação de Jesus. Sua atuação é perpassada da convicção de que Deus começou a implantar definitiva e irrevogavelmente seu reinado em Israel. Quando, porém, a vontade do Criador torna a vigorar de modo irrestrito, a criação é sarada e novamente pode ser vista e experimentada como boa criação de Deus. A palavra de Jesus sobre o divórcio corresponde a essa sua expectativa da soberania escatológica de Deus. No *kairós* do iminente Reino de Deus não há espaço para separação e discórdia; importa a reconciliação mútua. A mensagem disso é convite e desafio, de se deixar curar em todas as dimensões da existência humana e também nas relações inter-humanas. Nesse horizonte também fica altamente valorizada a condição de não-casado (cf. Lc 14,26), que, porém, conforme Mateus 9,10-12, não representam o caminho comum.

Acolhida nas igrejas

Enquanto Paulo, em 1 Coríntios 7,10s, mantém em vigor a severa linha de Jesus – prioridade têm a convivência e a reconciliação –, a palavra de Jesus sobre o divórcio se situa, pelo esmaecimento da expectativa da vinda imediata de Jesus, no contexto de premissas alteradas, o que se evidencia sobretudo no evangelho de Mateus. É preciso encontrar regulamentos que precisam ser sustentados na realidade factual das igrejas (veja a cláusula da impureza em Mt 5,31; 19,9).

Como se deve lidar com a tensão entre radicalidade e prática abrandada já no Novo Testamento? Quando se entende a posição de Jesus no contexto de sua proclamação, fica claro que ele faz surgir novas possibilidades e não formula preceitos legais. Combinar a atitude rigorosa de Jesus com sua expectativa do reino vindouro de Deus, porém, não significa torná-las relativas, como se ele tivesse sido um fanático religioso que com base em uma expectativa ilusória assume posições radicais que não são praticáveis para pessoas sóbrias. Quando os cristãos se reportam a Jesus, eles confessam que com ele e por meio dele acontece uma nova proximidade de Deus também na atualidade. Disso resultam conseqüências para a concepção cristã do matrimônio.

> Com a proclamação do Reino de Deus que irrompe com a pessoa dele, Jesus posiciona o ser humano na tensão da concretização existencial iniciada aqui e a esperança pela consumação no final dos tempos. [...] Seria precipitado e fatídico – porque distorceria e reduziria decisivamente a mensagem de Jesus! – tentar derivar disso uma relatividade da reivindicação de Jesus para a era presente e para nossa vida neste mundo. Mais cabível é considerar que sob a reivindicação da concretização do Reino de Deus o matrimônio evidentemente traz outras exigências do que separado dessa realidade inaugurada pelo evento Jesus (Kirchschläger/217, p. 46s).

2.3 – Matrimônio e celibato no Novo Testamento

A pergunta pelo valor do matrimônio se desenvolve no Novo Testamento diante do pano de fundo da alternativa de um celibato livremente escolhido (cf. Mt 19,10-12; 1Cor 7).

Contra a desvalorização gnosticista de tudo que é corporal – "É bom para o homem abster-se de mulher" (1Cor 7,1) –, Paulo preserva o valor do matrimônio. É verdade que recomenda o celibato, que para ele próprio trouxe resultados em seu serviço apostólico. Visto que para isso não existe mandamento do Senhor, é decisivo ater-se à vocação: cada um deve viver assim como o chamado de Deus o atingiu (cf. 1Cor 7,17).

Valor do matrimônio

Permanece contida a valorização do matrimônio em Paulo. Não obstante, também conforme 1 Coríntios 7,7, ele é um dom da graça. Quando Paulo supõe que no casamento entre um parceiro cristão e outro não-cristão esse último seria santificado por meio do parceiro cristão (cf. 1Cor 7,14), abre-se uma perspectiva para entender o matrimônio como forma de vida para aprofundar reciprocamente a graça do batismo e para a santificação mútua (veja abaixo p. 266s).

<small>Matrimônio no mistério de Cristo e em sua Igreja</small>

Uma passagem relevante para a teologia do matrimônio no Novo Testamento consta, por fim, na Carta aos Efésios, ainda que nem mesmo nela se possa constatar, como se pensou por muito tempo, uma fundamentação para a sacramentalidade do matrimônio. Na Carta aos Efésios se espelha a nova situação do cristianismo após a perda da expectativa imediata do fim. Os cristãos deparam com o desafio de viver a vida cristã no cotidiano. Faz parte da realidade do cotidiano, evidentemente, o matrimônio. A fim de expor um etos cristão do matrimônio, Efésios 5,21-6,9 elabora uma chamada tábua de normas domésticas, que contém exortações para os membros de uma comunhão familiar. Modelos antigos desse tipo são cristianizados quando se submete à luz da fé o relacionamento entre homem e mulher.

> Marido e esposa devem viver em submissão recíproca (Ef 5,21), uma situação em que ainda assim persiste uma gradação entre homem e mulher (cf. Ef 5,22-24 com Ef 5,25-27). O autor tenta, pois, projetar nos moldes das concepções correntes da época uma imagem cristã do relacionamento de homem e mulher. Sem romper inteiramente com a concepção de que a esposa precisa ser submissa ao marido, o marido é compromissado de tal forma que a subordinação está integrada em uma relação de doação mútua.

As instruções éticas para o matrimônio são acompanhadas, na Carta aos Efésios, pela definição da correlação teológica entre o matrimônio e a relação entre Cristo e a Igreja. O matrimônio é inserido no mistério cristão da salvação e na perspectiva salvífica assim franqueada. O cuidado de Cristo por sua Igreja envolve também o matrimônio cristão (cf. Ef 5,30).

O fundo sociocultural de Efésios 5 é determinado pela posição contemporânea da mulher na sociedade. A comparação do matrimônio com o relacionamento entre Cristo e a Igreja pressupõe uma gradação no relacionamento entre marido e esposa. O encadeamento da argumentação não aborda primeiro o relacionamento entre

Cristo e Igreja, para dele derivar o tipo de relacionamento entre marido e mulher. Pelo contrário, é a estrutura culturalmente pre-existente do relacionamento entre marido e mulher que se presta para a comparação com o relacionamento entre Cristo e Igreja, não sem obter dela novos impulsos. Com base em uma configuração diferente, de parceria, do relacionamento entre marido e mulher, o autor da Carta aos Efésios não teria podido realizar a comparação dessa maneira.

O conceito de *mystérion* em Efésios 5,32 constituiu tradicionalmente um ponto de referência para a doutrina da sacramentalidade do matrimônio. É verdade que nessa passagem o conceito se refere ao relacionamento entre Cristo e Igreja, não ao matrimônio (veja acima p. 41). A maneira, porém, como a Carta aos Efésios coloca o matrimônio sob a luz do evento de Cristo é definitivamente apropriada para render uma fundamentação do sacramento do matrimônio em Jesus Cristo, quando não se mantém a fixação na instituição histórica. "Em relação ao matrimônio, a instituição não pode ser entendida como fundação histórica formal, mas como inspiração e condicionamento interiores *do matrimônio por meio do evento Cristo como realidade reconhecida pelos cristãos e confessada pela fé*" (Miggelbrink/235, p. 195). É disso que Efésios 5 dá testemunho.

3 – Desenvolvimentos histórico-teológicos

3.1 – *A evolução do matrimônio na Igreja latina até o século XII*

Nos primeiros tempos da Igreja, a valorização do matrimônio não é algo natural. A expectativa imediata admite pouco interesse em uma instituição direcionada ao futuro. Completam o quadro as influências do mundo contemporâneo da Antiguidade, que em decorrência de uma visão de mundo dualizada consideram a existência material terrena e corpórea como inferior. Não obstante, a Igreja preservou o valor do matrimônio contra tendências ascéticas extremas, embora tivesse em alto apreço o celibato. Devemos clarificações bastante positivas a esse respeito justamente a Agostinho († 430), muitas vezes tido como hostil ao corpo. Em seu escrito *De bono coniugali* (401) ele defende o bem do matrimônio contra o desprezo por parte dos maniqueístas, atribuindo-lhe um valor

Matrimônio e celibato

especificamente cristão: "Em todos os povos e pessoas o bem do matrimônio consiste na procriação e na fidelidade casta; para o povo de Deus, porém, ele consiste adicionalmente na santidade de um sacramento" (*De bono coniugali* 24,32: CSEL 41, 226). Como os três bens do matrimônio ele arrola *proles, fides* e *sacramentum*: descendência, fidelidade e sacramento.

Forma do matrimônio e questões legais

Inicialmente, não há comprovação de uma forma especificamente cristã do matrimônio. Os cristãos se associam aos costumes do contexto, sem evidentemente adotar práticas religiosas gentílicas. Um matrimônio firmado segundo a lei secular vale como desejado e confirmado por Deus, sem que houvesse necessidade de adicionar práticas eclesiásticas próprias. Provavelmente, porém, os representantes da direção local da Igreja são convivas bem-vindos nas bodas de famílias cristãs. Quando comparecem, são solicitados a abençoar os noivos com uma oração de bênção. No Ocidente evolui disso um ato de bênção litúrgica que em breve é considerado imprescindível.

Embora a Igreja se atenha por princípio à proibição do divórcio, admitem-se regras de exceção, por exemplo, nos casos de matrimônios mistos e de adultério. Há consciência de que se fica em débito com o rigoroso preceito de Jesus, que como tal é mantido. Contudo, por razões pastorais, assume-se o ônus de fazer exceções.

Na Idade Média, não por último por motivo da segurança legal, o matrimônio é transferido cada vez mais do âmbito da família para o espaço público eclesiástico (cf. DH 817). Dessa maneira se produz mais um desenvolvimento litúrgico. Atribui-se cada vez mais importância à atuação da Igreja, a ponto de que por ocasião do enlace um voto ("*Deus vos coniungat*") passa a ser uma declaração ministerial: "*Ego vos coniungo*" (cf. Kleinheyer/36, p. 105). Naquela época, porém, a validade do matrimônio ainda não depende da cerimônia oficial.

São dadas diferentes respostas à pergunta de como se constitui o matrimônio. Influenciada pelo direito romano, a teoria consensual predominantemente defendida na Igreja antiga considera que o matrimônio se concretiza pela troca do consenso matrimonial. No entanto, conforme a chamada teoria da cópula, que remonta a tradições germânicas, o matrimônio se realiza pelo acordo de famílias. Não é o consenso que constitui o matrimônio, mas a consumação da primeira relação sexual.

Visto que as diferentes teorias jurídicas levam a uma prática divergente, o papa Alexandre III († 1181) empenha-se em desenvolver uma teoria única que representa uma síntese de ambas as escolas. Segundo ele, o matrimônio se formaliza pelo consenso entre noivo e noiva (*matrimonium ratum*). Como tal ele é indissolúvel por princípio, porém é somente pela consumação da comunhão sexual que ele se torna definitivamente indissolúvel.

Diante da disseminada tutela matrimonial, à qual estava subordinada particularmente a mulher, as clarificações jurídicas em favor do matrimônio consensual precisam ser aplaudidas como conquistas para a autodeterminação e a livre parceria. Ao mesmo tempo se impõe desse modo o etos cristão do matrimônio contra a prática do amasio (relacionamento paralelo ao próprio matrimônio), que ainda perdurava no início da Idade Média (veja sobre isso Angenendt/49, p. 269-290). Nesse esforço, porém, o interesse se fixa fortemente na validade legal do matrimônio, enquanto o caráter do mistério e, por conseqüência, da graça do matrimônio não recebe suficiente atenção. Nem mesmo a definição teológica do matrimônio como sacramento constitui um contrapeso satisfatório para essa situação.

3.2 – A sacramentalidade do matrimônio: esclarecimentos e controvérsias

No século XI, o movimento dos cátaros e albigenses — que rejeitam o matrimônio com base em concepções hostis ao corpo — representou um desafio para a reflexão teológica. Em contraposição a isso surge a necessidade de aclarar teologicamente a razão de o matrimônio dever ser valorizado positivamente. Diante desse contexto, em 1184, por intermédio de um documento eclesiástico oficial, designa-se o matrimônio como sacramento (DH 761). Em 1274, o Concílio de Lyon enumera o matrimônio com toda a naturalidade entre os sete sacramentos (DH 860). É verdade que se abre mão de uma valoração maior da liturgia para a concretização do matrimônio. Permanece em aberto que efeitos da graça são propiciados pelo sacramento do matrimônio. É notório que o Decreto para os Armênios não cita nenhum efeito (somente) no caso do matrimônio!

> Doutrina escolástica

Lutero: matrimônio como parte da ordem da criação

A teologia escolástica, portanto, confirma a sacramentalidade do matrimônio, sem contudo esclarecer satisfatoriamente o significado dessa declaração. Entretanto, na prática a qualificação do matrimônio como sacramento implica que a Igreja faça valer de muitas maneiras sua competência. Martinho Lutero († 1546) se volta contra esse aprisionamento eclesiástico do matrimônio ao rejeitar sua sacramentalidade como em desacordo com a Escritura. O matrimônio é um fenômeno do âmbito secular, no qual a Igreja não se deve intrometer.

Esse argumento, porém, não faz com que para Lutero o matrimônio seja mera atribuição secular que não tem nada a ver com Deus. Segundo sua opinião, porém, o matrimônio não faz parte do segundo artigo da fé (ordem da redenção), mas do primeiro, ou seja, da fé na criação. Dessa forma o matrimônio se situa sob o mandamento de Deus e até mesmo constitui um mandamento do Criador. Os fiéis devem submetê-lo à luz da graça cristã, como faz a bênção matrimonial sugerida no livreto matrimonial de Lutero:

> Senhor Deus, que criaste homem e mulher e os determinaste para o estado matrimonial, e ainda os abençoaste com frutos do corpo e com isto caracterizaste o sacramento do teu querido filho, Jesus Cristo, e da Igreja, sua noiva, rogamos por tua infinita bondade, não queiras permitir que esta tua instituição, ordem e bênção seja deturpada nem corrompida, mas a guardes misericordiosamente dentro de nós, por Jesus Cristo, nosso Senhor. Amém (BSLK 534, 6-16 [Edição brasileira: *Pelo Evangelho de Cristo*, S. Leopoldo, 1984, 252]).

Concílio de Trento: matrimônio como realidade da graça

Contra o questionamento da sacramentalidade do matrimônio, o Concílio de Trento reage com uma afirmação da doutrina do matrimônio como sacramento. No decreto matrimonial (DH 1797-1816) reforça-se a indissolubilidade do matrimônio mediante recurso à ordem da criação *e* mediante recurso à graça de Jesus Cristo. A questão, deixada em aberto no Concílio de Florença, sobre qual seria o efeito do sacramento é respondida com a referência à graça merecida por intermédio de Cristo, "que deveria aperfeiçoar aquele amor natural, firmar a unidade indissolúvel e santificar os cônjuges" (DH 1799). Em conjunto com o decreto do matrimônio é publicado em 1563 o decreto *Tametsi*, que prescreve o matrimônio eclesiástico como constitutivo para a validade do casamento.

3.3 – A concepção cristã do matrimônio no mundo moderno

Em vista de uma compreensão alterada do matrimônio no mundo moderno, a teologia do matrimônio depara com novos desafios no século XX. A nova avaliação do relacionamento pessoal entre parceiros matrimoniais se espelha na encíclica *Casti connubii* (1930) de Pio XI. Ela define o matrimônio como uma "unificação, confiança e parceria da vida inteira" (DH 3707), entendendo-o como comunhão de vida espiritual no discipulado de Cristo, em que os cônjuges se ajudam e aperfeiçoam mutuamente.

Casti connubii

O Concílio Vaticano II acolhe o entendimento do matrimônio como entrega pessoal recíproca (cf. GS 48). Em decorrência, constitui alvo do matrimônio não mais apenas a descendência, mas de forma mais abrangente o bem dos cônjuges *e* dos descendentes, bem como o bem da sociedade. A graça do sacramento é descrita com múltiplas formulações como inserção do amor matrimonial no amor divino (veja abaixo p. 267). Na visão eclesial o matrimônio é valorizado como "dádiva" específica "dentro do povo de Deus" (LG 11).

Concílio Vaticano II: matrimônio como comunhão pessoal de amor

Essa visão do matrimônio que, vivido a partir do Espírito de Cristo, possui relevância eclesial e constitui uma vocação no sentido estrito foi mantida também em documentos pós-conciliares (veja o escrito apostólico de João Paulo II. *Familiaris consortio*, 1981).

A teologia mais recente do matrimônio persegue adiante a visão pessoal do matrimônio, buscando, em uma visão histórica, levar cada vez mais em conta as circunstâncias culturais (acerca de dois importantes questionamentos recentes, veja abaixo p. 271ss). Note-se aqui apenas, à margem, o desiderato de aprofundar, diante da atual realidade social, uma teologia do matrimônio natural. Como já se reflete no Ritual, o matrimônio de católicos romanos com não-batizados que crêem em Deus ou com não-crentes não constitui uma raridade.

Motivos para diálogos ecumênicos são dados, em primeiro lugar, predominantemente por aspectos práticos: o posicionamento diante dos perigos que corre o matrimônio (Declaração da Comissão ecumênica conjunta "Sim ao matrimônio", 1981) bem como o convívio com casamentos denominacionalmente mistos.

Entendimentos ecumênicos

Além disso, são trabalhadas diferenças teológicas, situadas na teologia do matrimônio, sobretudo na correlação entre realidade da criação e ordem da redenção. Para o campo luterano, o matrimônio como instituição da ordem da criação não tem o significado de mediar a salvação. Não é um meio pelo qual é proporcionada a graça, mas uma forma de vida em que os parceiros matrimoniais podem se abrir para esta. No campo católico romano se visualiza tradicionalmente uma continuidade maior entre ordem da criação e ordem da redenção. O âmbito do mundo criado é englobado na ordem da redenção, podendo ser arregimentado para comunicar a graça. No documento elaborado pelo diálogo entre luteranos, reformados e católicos romanos "A teologia do matrimônio e o problema do casamento misto" (1976), busca-se um entendimento nessa questão no âmbito da teologia da aliança sobre o conceito da promessa, que é muito importante para a teologia evangélica.

> Constitui um fato que todos nós estamos convictos de que o matrimônio se encontra estreitamente ligado à promessa de Deus. Essa promessa, afinal, não é nada mais que o próprio Cristo em sua condescendência para com os cônjuges, para que também o amor deles venha a se tornar uma verdadeira e duradoura comunhão. Essa promessa não é mera idéia. Ela é a realidade do próprio Jesus Cristo (n. 19/11, p. 367).

O conceito da promessa serve ao acordo, uma vez que acolhe a preocupação da posição evangélica de não entender essa graça como que inerente ao matrimônio, mas que, no entanto, relacionada com o próprio matrimônio, aponta para seu caráter de graça – a preocupação do lado católico romano. Ademais, a graça obtida no matrimônio não é referida apenas às pessoas que vivem nele, mas à própria realidade do matrimônio: "Na aliança... se manifesta que o próprio Deus dá a certeza por meio de Jesus Cristo de que conduzirá todo o amor à sua verdade perfeita" (n. 16/11, p. 366).

4 – Desdobramento teológico-sistemático

4.1 – *Amor e matrimônio na perspectiva da antropologia teológica*

Dimensões de amor

O "fenômeno amor" tem diversas facetas, como outras línguas assinalam por meio de termos diferentes, por exemplo, na distinção de *éros* e *agápë* (sobre isso, veja Knapp/230, p. 120-125). Ocorre que uma concretização autêntica do amor depende da integração bem-sucedida de suas diversas dimensões. Por exemplo, o *amor próprio* não deve ser contraposto ao amor autêntico como egoísmo; pelo contrário, o amor inter-humano pressupõe o amor próprio, sem o qual um ser humano não pode nem oferecer nem aceitar amor. O amor humano também se situa na tensão — de cunho positivo — entre anseio por aceitação, por enriquecimento por meio do outro, e entrega desinteressada. O *eros*, como inclinação predominantemente sentimental e dos desejos, constitui parte essencial do amor humano, que não é um amor que somente se doa, mas que inclui o ser presenteado. O *éros* se torna negativo somente quando transforma a outra pessoa em objeto; sob uma visão positiva, o amor erótico tem por base a ditosa experiência de ser fascinado por outro ser humano e ser pessoalmente desejável.

Justamente a aceitação buscada no amor, porém, não pode ser alcançada por um amor meramente erótico. Porque deixa em aberto a pergunta extrema da aceitação pessoal. Somente o amor disposto à doação não faz depender a aceitação do outro de sua força de atração, mas chega a um sim incondicional que acolhe fundamentalmente a outra pessoa. A reivindicação aqui formulada se torna manifesta pela concretização: a aceitação fundamental valoriza a outra pessoa pelo que ela é, não por causa do dinheiro, não por causa da aparência, não por causa do humor... Na progressiva adaptação aos traços da personalidade torna-se perceptível como a exigência cresce: como nos posicionamos diante de uma pessoa que se torna amargurada ao longo da vida? Vemos a personalidade de um ser humano sempre através de suas qualidades, e, não obstante, ela é mais que a mera soma dessas qualidades. Apesar de larga mudança, um ser humano continua sendo ele próprio. Aceitação incondicional significa: apoiar a um ser humano independentemente de suas transformações (M. Frisch).

<small>Aceitação incondicional</small>

O reconhecimento incondicional no amor recíproco constitui a razão pela qual o matrimônio reveste a dimensão da doação pessoal de um arcabouço institucional. A instituição é a configuração solidificada do vínculo pessoal; ela é expressão da confiabilidade que a aceitação pessoal recíproca confere a si mesma. Em outras palavras, o compromisso expresso no matrimônio é tal que a si mesmo se entende como incondicional, motivo pelo qual busca

<small>Instituição</small>

uma forma institucional: não para desse modo ser dispensado do cumprimento pessoal da promessa, porém certamente no sentido de abrir mão da possibilidade de revogar esse compromisso. O arcabouço institucional é buscado e desejado como não-dependente de oscilações do sentimento pessoal. Inversamente, ele pode tornar-se uma ajuda para sustentar o vínculo e conduzir de volta ao amor quando este corre o risco de arrefecer como sentimento.

Abertura em direção da dimensão teológica

A perspectiva teológica não sobrepõe um segundo patamar a essa visão antropológica do matrimônio. Pelo contrário, é capaz de estabelecer uma ligação com o fato de que o próprio amor humano aponta para além de si próprio.

Admiração

A primeira ampliação do relacionamento humano de amor acontece na admiração. A intensidade com que se experimenta o amor como dádiva sugere que seja interpretada como experiência da graça. A dádiva de receber a outra pessoa é algo inesperável: faz com que se atente para aquele que presenteia, que não é idêntico à pessoa amada. Amantes não se admiram pelo fato de que a outra pessoa doe a si e a seu amor. Nessa admiração brota a indagação: quem me presenteou com esse ser humano, com o amor dele? Quem nos presenteou um ao outro?

O amor humano, porém, também aponta para além de si, pelo fato de que vive com base em premissas que ele próprio não é capaz de garantir.

Anseio pelo absoluto

No anseio pelo tu amado e pela aceitação incondicional se manifesta a busca, inerente ao ser humano, do absoluto. Enquanto um ser humano buscar esse absoluto no amor da outra pessoa, esse amor correrá o risco de fracassar por excesso de exigências. O amor somente fará justiça ao outro quando não demandar dele mais do que é capaz de dar: amor humano e as limitadas possibilidades da vida humana. No ser humano vive o anseio por aquele que o conhece por dentro e por fora — um anseio que, no entanto, sobrecarrega um parceiro humano. Não é por acaso que as terapias matrimoniais instruem a expressar desejos e não imputar como culpa do parceiro o fato de não os adivinhar todos de antemão (cf. Liss/234, p. 100-104).

Aprovação do finito

A crítica à absolutização do amor humano não significa que religião e fé incutem de maneira *pessimista* a finitude do ser humano. Justamente a fé na criação constitui a razão para se considerar a condição humana de modo tão elevado que a auto-aceitação se torna tão viável como a aceitação de outra pessoa. Pelo fato de que, em última análise, o finito, em sua finitude, é declarado bom por Deus, também o ser humano *pode*, baseado nisso, aceitar um parceiro finito com um compromisso máximo.

O alcance de um engajamento desses, porém, aponta por sua vez a um horizonte mais amplo. A palavra sim, proferida no matrimônio, é um sim atribulado. Por meio dele as pessoas são levadas aos limites de suas possibilidades. Isso vale não somente no caso do conflito e do fracasso. O amor deseja dizer um sim ao outro que contenha mais do que aquilo de que dispõe. No amor, um ser humano deseja se doar incondicionalmente ao outro. Essa doação pode na verdade ser antecipada por meio de um sim, que precisa ser dito de uma vez por todas, mas que deve contudo ser trocado em miúdos no dia-a-dia. Por conseguinte, o sim implica uma fidelidade que um ser humano de qualquer modo nunca controla inteiramente. Fidelidade

Até que ponto a fidelidade pode ser incondicional? No desafio para ser fiel o amor humano se defronta, segundo o entendimento cristão, com o convite de imitar o amor divino que é descrito em 1 João como ágape que se doa integralmente. Como imagem de Deus, o ser humano está colocado sob o sinal e o desafio dessa ágape.

Desse modo, já foram estabelecidos pontos de conexão para que o matrimônio seja entendido como sacramento, os quais porém carecem de maiores desdobramentos.

4.2 – O matrimônio como sacramento

4.2.1 – Matrimônio sacramental como entrelaçamento de amor divino e humano

A ágape de Deus constitui o horizonte de *todo* matrimônio, também da união natural. Também ela é chamada à fidelidade ao longo de todos os dias da vida. Apesar disso, nem *todo* matrimônio é sacramental. O específico do matrimônio sacramental reside em que homem e mulher se certificam expressamente do favor de Deus e, confiantes nele, contraem seu matrimônio (a esse respeito, veja também abaixo p. 270s). Uma vez que a graça de Deus é presentea- Redefinição pelo amor divino da como passível de aceitação e visa incluir a liberdade humana, a aceitação dessa graça também transforma a própria realidade.

Tal redefinição do matrimônio não anula o nível antropológico e religioso em geral. Pois as próprias palavras de Jesus recorrem à criação: "No começo não era assim" [Mt 19,8]. Restitui a vigência da ordem da criação, posicionando-a no horizonte do reino vindouro de Deus. Em virtude da proximidade de Deus nele concedida, volta a ser possível vivenciar o amor matrimonial como havia sido concebido originalmente: como vínculo incondicional entre marido e esposa. Porque a própria proximidade de Deus em Jesus Cristo se evidencia como amor irrestrito, que é tão incondicional a ponto de pagar o preço da própria morte. No horizonte dessa fidelidade divina à aliança, a doação entre marido e mulher pode ser vivenciada de forma nova, porque experimentaram de maneira inédita o que a entrega significa. A radicalização da ágape em Jesus Cristo determina o matrimônio cristão.

O novo indicativo De que espécie é essa determinação? Conceitualmente, sacramento designa uma realidade que transmite graça. A pergunta exata da teologia matrimonial católica romana por isso não é apenas: como se recebe graça *no* matrimônio, como é transmitida graça *no* matrimônio, mas: que graça é transmitida *por meio* do matrimônio? O próprio matrimônio, por ser sacramento, é uma asserção do encontro com Cristo: graça.

Na carta aos Efésios a entrega de Jesus por sua Igreja é descrita pela metáfora do matrimônio, em decorrência do que o matrimônio, por isso, não deve, mas pode, ser vivido de outro modo. O matrimônio não é mera comparação figurada para descrever a entrega de Jesus Cristo; pelo contrário, ele próprio é requalificado a partir da auto-entrega dele, da nova realidade da aliança. Porque o próprio matrimônio pertence à Igreja, da qual Efésios 5,27.29s afirma que Cristo cuida dela e a santifica como seu corpo. Por conseqüência, ela participa da realidade, cujo sinal ela é.

> O nexo de fundamentação das relações de Cristo e Igreja — e do matrimônio (marido/esposa) — ultrapassa a relação moral de exemplo e imitação, devendo ser classificado como relação ontológica de protótipo e réplica determinada pela graça. Essa caracterização visa corresponder à estrutura de indicativo e imperativo da existência cristã apresentada nas cartas de Paulo (*Lehrverurteilungen — kirchentrennend*/17, 150).

Para preencher de conteúdo o indicativo, GS 49 descreve o amor vivenciado no sacramento do matrimônio como um amor "que unifica em si elementos humanos e divinos". Pela acolhida do amor humano no divino

Unidade de amor divino e humano

> [...] o ser humano como criatura é libertado para novas possibilidades de sua existência humana. [...] Com certeza, trata-se de possibilidades que ele não consegue concretizar apenas por força própria. Mas, por meio do espectro de possibilidades do ser humano entregue a si próprio, justamente as possibilidades que Deus possui em relação ao ser humano não são restritas também como tais. Em formulação extremada: as possibilidades de Deus não devem ser definidas a partir do ser humano, mas as possibilidades do ser humano a partir de Deus. [...] Trata-se... de que seja franqueado ao ser humano um novo horizonte de possibilidades, que ele, na medida do possível, pode e deve preencher confiando na assistência de Deus (KNAPP/230, p. 140s).

Por causa do nexo entre amor humano e divino, os parceiros são sinal de salvação um para o outro: transmitem-se mutuamente o amor de Deus. Para o matrimônio de um cristão com um não-cristão, Paulo formula: "O marido não-cristão é santificado por sua mulher, e a mulher não-cristã é santificada por seu marido crente" (1Cor 7,14; veja acima p. ...). Ampliando essa afirmação para um matrimônio em que ambos os parceiros são batizados, delineia-se uma dinâmica de santificação mútua. Portanto, a tentativa de uma definição mais precisa de como se concede graça não apenas *no* matrimônio, mas igualmente *por meio* do matrimônio, poderia valer-se de 1 Coríntios 7,14: os próprios parceiros do matrimônio se tornam mediação da graça um para o outro, na medida em que se tornam transparentes para o outro em relação ao amor e à fidelidade de Deus para com os humanos.

Sinal de salvação

> A promessa incondicional dos parceiros é, sob essa perspectiva, réplica da auto-entrega afetuosa e cuidadora de Deus ao ser humano. A fidelidade matrimonial aparece resguardada na irrevogável fidelidade de Deus em sua aliança. Parceiros matrimoniais são sinal de salvação um para o outro, recordação vívida e flagrante da presença remidora de Deus em sua histórica conjuntura de vida, que se reveste de uma singular qualidade em decorrência de sua estrutura teofânica (DEMMER/225, p. 52).

Nesse sentido, consta na bênção matrimonial (Forma II): "Concede-lhes, Senhor, que sejam um só coração e uma só alma na comunhão do matrimônio, e um para o outro sinal de tua presença" (*Die Feier der Trauung*, Anhang n. 4/31, p. 121).

Sinal de salvação, porém, as pessoas casadas não se tornam somente um para o outro, mas com seu matrimônio também para a Igreja. O casal se compromete em sua comunhão matrimonial para concretizar da melhor maneira possível o irrevogável amor e fidelidade de Cristo para com os humanos, testemunhando-o desse modo para si e também para os outros. Por decorrência é apresentado à Igreja, nas pessoas do casal, o que ela própria é: "O casal concretiza em sua comunhão de vida justamente aquilo que também constitui a natureza da Igreja em seu todo" (LEHMANN/233, p. 389).

Sacramento da fidelidade

A ligação de amor humano e divino acarreta conseqüências para a fiel ágape vivida, para a qual o casal cristão é desafiado e capacitado: a Igreja considera o matrimônio sacramental como absolutamente indissolúvel. Bem compreendida, a indissolubilidade estrita não é uma exigência a ser considerada à parte, mas conseqüência do novo horizonte de possibilidades concedido e demandado por meio do sacramento. O matrimônio sacramental é celebrado pela confiança nas possibilidades maiores de Deus e pela fé no engajamento incondicional de Deus em favor de nós humanos, passando pela cruz. Essa fé estimula a aceitar o desafio à fidelidade na confiança crente de que Deus acompanha em trajetórias de cruz e é capaz de conduzir da morte para a vida, bem como na certeza de que a fidelidade, que custa renúncia e superação de si próprio, em última análise promete uma realização maior que a tentativa de buscar a felicidade pessoal por caminhos próprios. Esse *de*safio *é* uma sobrecarga, porém a existência cristã é por princípio uma sobrecarga. Será que um desafio desses ao matrimônio cristão parece totalmente deslocado, talvez apenas porque nós cristãos em geral temos predileção em nos desviar da sobrecarga?

Possibilidade do fracasso

Apesar disso, não se pode omitir a possibilidade de fracasso diante da sobrecarga. A mais recente teologia matrimonial chega, mais que a tradição, a um entendimento profundo do matrimônio como forma e vocação de vida determinada pela fé cristã. Isso seduz para que diante do ideal fascinante se descarte a possibilidade do fracasso. Contudo, se a dádiva da salvação da parte de Deus depende da aceitação subjetiva pelas pessoas sob as condições da história, tampouco se exclui o fracasso de um matrimônio sacramental. Pode haver situações em que se torna impossível para um ser humano sustentar o compromisso, uma vez assumido, de aceitar a outra pessoa de forma incondicional e irrevogável. Isso também pode ocorrer no matrimônio sacramental. O limiar para considerar um matrimônio como fracassado e dissolvê-lo aqui na realidade teria de ser muito mais alto. Apesar disso, podem surgir situações em que não existe outra saída possível de ser vivida. Isso vale ainda mais considerando que, afinal, são necessárias duas pessoas para cumprir a determinação de continuar tentando o acerto de um matrimônio. Ademais, a fidelidade no matrimônio não apenas constitui um assunto das duas pessoas casadas, mas é igualmente uma questão para o contexto.

O que se demanda da prática pastoral em vista dessas situações não é minimizar os laços que são assumidos de uma vez por todas. Tampouco se deve encobrir que o fracasso de um matrimônio também tem a ver com culpa. Porém, cabe buscar uma forma apropriada de lidar pastoralmente com a incapacidade de manter o compromisso.

Discute-se sobretudo a situação daqueles divorciados que contraíram um novo matrimônio civil. Como ele não é reconhecido pela Igreja, os "divorciados recasados" estão oficialmente excluídos de obter a comunhão. Críticos desse procedimento fundamentalmente rigoroso aduzem a visão da Igreja oriental, segundo a qual um segundo matrimônio na verdade não deve ser entendido como sacramento, porém é admitido de acordo com a *oikonomia*, o cuidado misericordioso da Igreja. Quando um ser humano não tem vocação para o celibato, quando a educação dos filhos demanda um segundo pai ou uma segunda mãe, será que a realização de um novo casamento somente pode ser visto como contrariedade com um compromisso anteriormente assumido, e não também como lugar de vivência do amor e da fidelidade? Quem persiste somente na depuração da situação ignora que existe neste mundo uma falta de reconciliação que provavelmente poderá ser superada apenas no fim dos tempos (veja acima p. 202). Existem caminhos que não se deixam inverter, reverter. A Igreja é

<small>Divorciados recasados</small>

uma instância que ainda levanta o tema do pecado, que se opõe à quimera da inocência e abre caminhos à penitência. Nesse caso, pois, tem igualmente a incumbência de ser lugar para pessoas com biografias rompidas.

4.2.2 – SACRAMENTO DO MATRIMÔNIO E FÉ

Questionabilidade da fé

Para construir o matrimônio pessoal sobre o fundamento de vida da fidelidade da aliança é necessária a fé (veja acima p. 265), que hoje não pode ser simplesmente pressuposta em pessoas batizadas. Isso é fatal, particularmente no que diz respeito aos compromissos que são assumidos em um matrimônio sacramental – no horizonte da nova proximidade de Deus em Jesus Cristo. "Somente o discípulo que pertence a Jesus Cristo pela fé e pelo discipulado, confessando-se como tal, pode ser suficientemente liberto da 'dureza de coração' e se deixa chamar de volta à origem autêntica" (LEHMANN/232, p. 72).

Na visão do direito canônico, até hoje se pressupõe, em batizados que solicitam o sacramento do matrimônio, a fé como algo dado. Como isso não corresponde à realidade, torna-se imperioso um diálogo entre o direito canônico e a dogmática, a fim de romper com a compreensão tradicional da identidade de contrato matrimonial e sacramento do matrimônio, e assegurar melhor que a fé seja premissa do sacramento. Nessa linha se buscam formas de como a fé pode ser assegurada positivamente como premissa constitutiva do matrimônio cristão. "Sem dificuldade, parece concebível que no contexto da liturgia matrimonial na Igreja o casal de noivos testemunhe sua fé, e sobretudo não de forma genérica, mas certamente também especificamente a fé na condescendência eficaz e absolutamente confiável de Deus no matrimônio" (KNAPP/230, p. 175).

Que conseqüências são aplicadas quando essa confissão não é partilhada?

Adiamento do matrimônio?

Às vezes se cogita, em paralelo ao adiamento do batismo, em adiar a cerimônia matrimonial. Isso é problemático – na conjuntura atual – pelo fato de que um matrimônio não-sacramental de pessoas batizadas é classificado pela Igreja como ilegítimo, não sendo reconhecido. Favorecer o adiamento do sacramento matrimonial significaria, portanto, negar o matrimônio como tal e, portanto, negar um direito natural.

Em contrapartida, o não-reconhecimento do matrimônio não-sacramental de pessoas batizadas como matrimônio legítimo tem a ver com a compreensão e a valorização do batismo, do qual decorre por princípio o direito a uma existência cristã completa. Quem pertence a Cristo pelo batismo não pode desejar manter o casamento longe desse direcionamento para Cristo. Apesar disso, é inegável que não são casos isolados ou exceções quando uma pessoa batizada não assume pessoalmente a fé, e isso precisa ser levado em conta também no contexto do matrimônio cristão. Cabe superar a alternativa entre não-matrimônio ou matrimônio sacramental, desenvolvendo-se uma opção para pessoas batizadas com crença não-cristã. Nesse sentido, a jurista eclesiástica Sabine Demel propõe falar de uma sacramentalidade escalonada. Segundo ela, um matrimônio entre pessoas batizadas celebrado somente no civil contém um germe de sacramentalidade – de modo que o batismo é levado a sério – sem, contudo, ser sacramento em sentido pleno, por inexistir a fé (DEMEL/224).

4.2.3 – A RELAÇÃO ENTRE LITURGIA, CONSENSO MATRIMONIAL E MATRIMÔNIO

Na teologia matrimonial mais recente se discutem dois blocos temáticos que têm a ver com a definição da relação entre a liturgia da cerimônia matrimonial, o consenso matrimonial e o matrimônio.

Conforme o direito e a teologia atuais, o matrimônio sacramental se concretiza por meio do consenso entre os noivos. Em contraposição, August Jilek defende a tese de que o consenso na verdade perfaz a premissa imprescindível do matrimônio, sem contudo constituir o próprio sacramento.

A grande oração de bênção

> "Ministrar" um sacramento significa: uma situação concreta da vida é interpretada à luz da fé e proclamada como agir salvador de Deus em tom de exaltação e prece, ou seja, em oração anamnética e epiclética. Isso acontece na grande oração doxológica da celebração dos sacramentos, que é articulada com palavras (oração de consagração) e de forma corpórea significante... (JILEK/228, p. 23).

Jilek compara o enlace matrimonial com a sagração episcopal. Também ali se criam, pela eleição ou nomeação de um bispo, as premissas para que o candidato possa ser consagrado. Apesar disso, ele ainda não *é* bispo por meio da eleição e nomeação, mas somente com base na ordenação. De modo correspondente, é plausível considerar o matrimônio constituído por meio da grande oração de bênção, não por meio do consenso matrimonial.

No âmbito da liturgia pré-conciliar, a oração da bênção não podia valer como momento constitutivo do matrimônio, visto que a *benedictio nuptiarum* era somente uma oração pela noiva, que ademais não ocorria obrigatoriamente na liturgia. Ainda hoje o sacramento é consumado sem liturgia no caso da dispensa da obrigatoriedade formal. Não obstante, o novo rito valoriza a oração de bênção: é preferida *sempre*, vale para *noiva e noivo*, e no Ritual alemão aparece na mais estreita conexão com o *cerne do rito matrimonial*. Por isso, vários liturgistas e dogmáticos consideram que está na hora de tirar também conseqüências jurídicas das descobertas das orações litúrgicas.

A questão do ministrante

Essa visão teria conseqüências para a pergunta pelo ministrante do sacramento matrimonial. De acordo com a compreensão tradicional, decorre da relevância constitutiva do consenso para o matrimônio que os noivos ministram o sacramento um ao outro. Contudo, se o sacramento é concretizado por meio da oração de bênção, não são os noivos que ministram um ao outro o sacramento, que, pelo contrário, é estabelecido pela oração doxológica da Igreja. Subjacente está a convicção de que em última análise não são pessoas que ministram o sacramento, mas que por meio da celebração do sacramento, por meio da oração da Igreja e por meio do agir do ministro se comunica o agir do próprio Deus. Colocar uma situação de vida sob o sacramento e interpretá-la por meio de um sacramento significa fazer uso do próprio favor de Deus para ela. Por conseqüência, em última análise, é também no matrimônio o próprio Deus que une os noivos (cf. o convite à oração de benção na forma III: "Ele [Deus] esteja com seu auxílio sempre com eles, os quais *ele* une hoje na sagrada aliança matrimonial" – *Feier der Trauung*, Anhang n. 4/31, p. 125; grifos da autora).

Esse tipo de questionamentos à concepção tradicional ocidental do matrimônio corresponde à prática oriental. De acordo com a visão ortodoxa, o consenso dos noivos fundamenta o matrimônio natural, que no entanto se torna sacramento apenas mediante a bênção anamnética e epiclética, proferida pelo sacerdote.

> Do lado oposto, no entanto, se contrapõe a isso que a qualificação de Deus como sujeito no sacramento também é preservada na visão tradicional dos noivos como ministrantes. "Que, afinal, depõe contra a possibilidade de que marido e mulher representem Cristo um para o outro e para a Igreja, de que, portanto, possam anunciar ou invocar eficazmente com autoridade eclesial o presente divino de salvação, o Espírito Santo 'fundador' do matrimônio?" (KOCH/37, p. 513). No entanto, no âmbito dessa concepção também seria obrigatório reformular liturgicamente o consenso mútuo.

Em favor da ampliação do olhar para além do matrimônio, são pleiteados esboços de teologia matrimonial que visam definir como sacramento não apenas o enlace matrimonial, mas de modo mais abrangente o caminho conjunto do casal. Sob esse enfoque, o matrimônio possui caráter sacramental "como um acontecimento processual dinâmico, no qual está incluída toda a vida matrimonial" (KNAPP/230, p. 142). O impulso para o debate, de compreender o matrimônio como "sacramento para a vida", foi acolhido oficialmente pela Igreja na 1ª edição da Introdução Pastoral ao Ritual Alemão do Matrimônio. "O matrimônio cristão é um sacramento perene. Inicia na promessa do amor e da fidelidade permanentes por parte da noiva e do noivo. Pela celebração do matrimônio na Igreja ele é testemunhado perante Deus e a comunhão eclesial, e sancionado. Por meio da comunhão de vida matrimonial ele se torna realidade plena"[1]. Outras vozes rejeitam uma visão dessas, pleiteando que o matrimônio eclesiástico seja entendido como um

Sacramento para a vida?

---

1. A celebração do matrimônio nas dioceses católicas romanas do âmbito da língua alemã. Editada por incumbência da conferência episcopal da Alemanha, Áustria e Suíça, bem como dos bispos de Luxemburgo, Bozen-Brixen e Lüttich. Freiburg i. Br. etc., 1975, n. 4,10. No n. 12 da 2ª edição falta o conceito "sacramento perene"; o dinamismo rumo à "realidade plena" não é relacionado com o sacramento, mas de modo mais diferenciado com a aliança sacramental: "Na celebração do enlace, noiva e noivo se aceitam como marido e esposa por meio de seu consentimento irrevogável. Por meio da comunhão de vida matrimonial a aliança se torna realidade plena" (*Die Feier der Trauung*/31, p. 24).

ato sacramental concluso em si. Como no batismo, na verdade a vida toda se encontra sob a luz desse sacramento, sem que com isso a vida toda se transforme em sacramento (BAUMANN/220, p. 330).

Realmente, será necessário diferenciar. Se, conforme o entendimento católico romano, for a realidade vivencial do matrimônio que transmite a graça, isso dificilmente poderá ser reduzido à cerimônia nupcial. No entanto, é característica dos sacramentos a forma expressiva pela qual comunicam a atuação de Deus, criando, portanto, uma realidade nova. Por conseqüência, ajuda a avançar, segundo a encíclica *Familiaris consortio*, a diferenciação mais precisa entre sacramento e dádiva. "A dádiva de Jesus Cristo de forma alguma consiste totalmente na celebração do sacramento do matrimônio, mas fortalece os cônjuges em toda a vida" (DH 4713).

Sugestões de leitura

Quanto à teologia do matrimônio sob perspectiva bíblica, histórico-teológica e sistemática há uma excelente monografia de Markus Knapp (230). Especificamente para a visão bíblica ela deve ser complementada pelo ensaio de Walter Kirchschläger (217). Estimulantes são as contribuições de Klaus Demmer (225) e Ralf Miggelbrink (235).

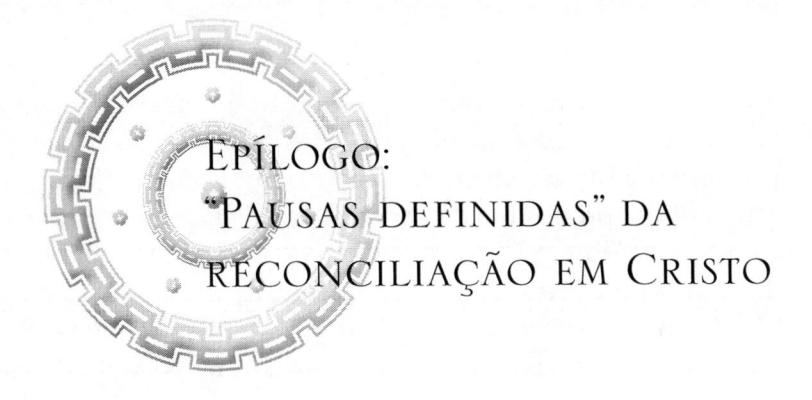

Epílogo: "Pausas definidas" da reconciliação em Cristo

Na cantata de Johann Sebastian Bach intitulada "Gottes Zeit ist die allerbeste Zeit" [O tempo de Deus é o melhor de todos os tempos] (BWV 106) ocorre um diálogo que, ouvido com atenção, parece curioso e que consiste em duas citações da Escritura: Salmo 31,6 e Lucas 23,43.

O tema da cantata é a morte, que inexoravelmente ocorrerá. Na acepção bíblica ela é o supra-sumo da decorrência do pecado: a morte corta todos os relacionamentos que até então sustentavam o ser humano, revelando assim o cerne destrutivo da existência irreconciliada e levando-o à conseqüência extrema. Em alusão a *Sirácida* 14,17 ("Toda carne envelhece como um vestido; é a lei eterna: 'Deves morrer'"), a cantata verbaliza o destino esperado em uma interpelação direta: "Humano, *tu* tens de morrer". Essa ameaça pela morte somente é eliminada pela ansiada e ardentemente suplicada vinda de Jesus: "Sim, vem, Senhor Jesus!" (Ap 22,20). Por isso o crente pode orar confiantemente com uma palavra do salmo (Sl 31,6): "Em tua mão entrego o meu sopro. Tu me resgataste, Senhor, o Deus verdadeiro". Muito em breve ressoa-lhe a promissora resposta: "[...] hoje, estarás comigo no paraíso".

Conforme Lucas 23,43, essa promessa é uma das últimas palavras de Jesus na cruz. No entanto, prosseguindo-se na leitura dessa passagem de Lucas, encontra-se ali – o que confere ao diálogo da cantata uma profundidade inesperada – igualmente a citação do Salmo 31,6: "Então o véu do santuário se rasgou pelo meio; Jesus deu um grande grito; ele disse: '*Pai, em tuas mãos entrego o meu espírito*'. E, com essas palavras, expirou" (Lc 23,45-46). Chama atenção que a cantata utiliza justamente essas duas palavras da Escritura, que ocorrem muito próximas no contexto do evangelho de Lucas, como palavras de Jesus, para um *diálogo* entre Jesus e o fiel. Assim como a oração das horas todas as noites na Completa (Responsório), também a cantata de Bach coloca as palavras do Salmo 31, oradas por Jesus na cruz, nos lábios da pessoa crente.

Ao se contemplar, pois, o encadeamento textual da cantata, de fato se poderá estranhar. Porque nela a prece "Sim, vem, Senhor Jesus" é seguida pela oração de confiança: "Em tuas mãos entrego o meu espírito". Somente então se ouve a promessa: "Hoje estarás comigo no paraíso". Porventura não se negligenciou aqui que a iniciativa da reconciliação parte de Deus? Ou seja, o ser humano não precisa se render a Deus em confiança, para com base nisso ser salvo?

Contudo, nesse ponto cabe notar a linguagem musical. Depois de se dissiparem as palavras: "Sim, vem, Senhor Jesus" ocorre um silêncio marcante. Hans Heinrich Eggebrecht designa a isso uma "pausa definida", na qual se processa aquilo que é pressuposto no que segue: o evento da redenção. "A pausa geral marcada por uma fermata no final da sentença intermediária e antes do fato da redenção é o silêncio no qual acontece o ato da graça."[1] A oração da confiança: "Em tuas mãos..." é resposta a esse ato da graça e lança sobre ele um retrospecto: "Tu me redimiste". Ser redimido é totalmente fruto do evento da redenção, que no entanto é inatingível pelo acesso direto. Transmite-se durante a "pausa como símbolo *daquele* evento religioso que escapa à linguagem"[2].

---

1. Hans Heinrich EGGEBRECHT, *Bach – wer ist das?* Zum Verständnis der Musik Johann Sebastian Bachs, Munique, 1992, 19s.

2. Meinrad WALTER, *Musik – Sprache des Glaubens*. Studien zum geistlichen Vokalwerk Johann Sebastian Bachs, Frankfurt a. M., 1994, 93.

Na cantata de Bach se evidencia uma estrutura fundamental da vida cristã. A dádiva prévia da redenção, tão facilmente ignorada e encoberta pelo agir e organizar humano e eclesiástico, reluz em lugares que se assemelham a tais "pausas definidas". A transformação da existência não-redimida em vida reconciliada carece da interrupção do curso cotidiano do tempo, porque essa transição não acontece por capacidade humana, mas é inaugurada por Deus. A reconciliação presenteada visa tomar conta de pessoas, motivo pelo qual depende de que elas deixem de lado o agir pessoal e se abram para aquilo que elas próprias não conseguem e que o mundo não é capaz de propiciar. Está em jogo uma parada densa, irrenunciável, para vincular a vivência com Deus, uma parada em que os crentes sabem que estão livres da pressão da obrigatoriedade de produzir e permitem que lhes seja anunciado que Deus reconciliou consigo as pessoas em Jesus Cristo.

Na Igreja há tempos e lugares fixos de tal interrupção, nos quais o próprio Deus deseja intervir e criar algo novo: os sacramentos. Eles são na vida cristã e eclesial "pausas definidas da redenção", nas quais os fiéis aguardam o Deus redentor, cuja vinda se presenteia de forma indisponível, mas que "definiu" pessoalmente essas pausas, a fim de viabilizar nelas a sua chegada. Os fiéis têm a incumbência de freqüentar esses lugares de forma altamente ativa na modalidade do receber: recebendo, porque aqui Deus é o primeiro a agir; sendo sumamente ativos, porque a atuação dele demanda prontidão total e convida a levar adiante a vida recebida; e permitindo que ela se torne eficaz.

Referências Bibliográficas

1. Fontes

(Aqui são arroladas somente fontes relevantes da teologia dos sacramentos e especialmente recomendáveis para o estudo continuado. Outras fontes são citadas de acordo com as respectivas edições determinantes).

a) Fontes da história da teologia

1. KOCH, Günther (ed.). *Sakramentenlehre*. Graz, 1991, 2 vols. [TzT Dogmatik 9,1/2].

2. *Didache/Lehre der zwölf Apostel* [Trad. e introd. de Georg Schöllgen]. *Traditio Apostolica*/Apostolische Überlieferung [Trad. e introd. de Wilhelm Geerlings]. Freiburg i. Br., 1991 (FC 1).

3. AMBRÓSIO. *De sacramentis. De mysteriis*/Über die Sakramente. Über die Mysterien [Trad. e introd. de Josef Schmitz]. Freiburg i. Br., 1990 (FC 3).

4. JOÃO CRISÓSTOMO. *Catecheses baptismales*. Taufkatechesen. [Trad. e introd. de Reiner Kaczynski]. Freiburg i. Br., 1992, 2 vols. (FC 6).

5. CIRILO DE JERUSALÉM. *Mystagogicae catecheses*. Mystagogische Katechesen [Trad. e introd. de Georg Röwekamp]. Freiburg i. Br., 1992 (FC 7).

6. TEODORO DE MOPSUÉSTIA. *Katechetische Homilien* [Trad. e introd. de Peter Bruns]. Freiburg i. Br., 1994s, 2 vols. (FC 17).
7. *Die Bekenntnisschriften der evangelisch-lutherischen Kirche.* Göttingen, ¹1986.
8. CASEL, Odo. *Das christliche Kultmysterium.* Regensburg, 1932.
9. *Gemeinsame Synode der Bistümer in der Bundesrepublik Deutschland.* Beschlüsse der Vollversammlung. Offizielle Gesamtausgabe. Freiburg i. Br., 1976, vol. 1.

b) Fontes do ecumenismo (em ordem cronológica)

10. GASSMANN, Günther (ed.). *Um Amt und Herrenmahl.* Dokumente zum evangelisch/römisch-katholischen Gespräch. Frankfurt a. M., 1974 (Ökumenische Dokumentation 1).
11. Die Theologie der Ehe und das Problem der Mischehe. Schlussbericht der Römisch-katholischen/Lutherischen/Reformierten Studienkommission, 1976. In: *DwÜ* 1, 359-387.
12. Die Gegenwart Christi in Kirche und Welt. Schlussbericht des Dialogs zwischen Reformiertem Weltbund und dem Sekretariat für die Einheit der Christen, 1977. In: *DwÜ* 1, 487-518.
13. Das Herrenmahl. Bericht der Gemeinsamen Römisch-katholischen/Evangelisch-lutherischen Kommission, 1978. In: *DwÜ* 1, 271-295.
14. Das Herrenmahl. Arbeitshilfe zum gemeinsamen lutherisch/römisch-katholischen Studiendokument. Hannover, 1979 (Texte aus der VELKD 10).
15. Das geistliche Amt in der Kirche. Bericht der Gemeinsamen Römisch-katholischen/Evangelisch-lutherischen Kommission, 1981. In: *DwÜ* 1, 329-357.
16. Taufe, Eucharistie und Amt. Konvergenzerklärungen der Kommission für Glauben und Kirchenverfassung des Ökumenischen Rates der Kirchen ("Lima-Dokument"), 1982. In: *DwÜ* 1, 545-585.
17. LEHMANN, Karl, PANNENBERG, Wolfhart (eds.). *Lehrverurteilungen – kirchentrennend?* [1: Rechtfertigung, Sakramente und Amt im

Zeitalter der Reformation und heute]. Freiburg i. Br., Göttingen, 1986 (Dialog der Kirchen 4).

18. PANNENBERG, Wolfhart (ed.). *Lehrverurteilungen – kirchentrennend?* [3: Materialien zur Lehre von den Sakramenten und vom kirchlichen Amt]. Freiburg i. Br., Göttingen, 1990 (Dialog der Kirchen 6).

19. Päpstlicher Rat zur Förderung der Einheit der Christen: Direktorium zur Ausführung der Prinzipien und Normen über den Ökumenismus. 25 de Março de 1993. Ed. Secretariado da conferência episcopal alemã. Bonn, 1993 (Verlautbarungen des Apostolischen Stuhls 110).

20. GEMEINSAME RÖMISCH-KATHOLISCHE EVANGELISCH-LUTHERISCHE KOMMISSION (eds.). *Kirche und Rechtfertigung.* Das Verständnis der Kirche im Licht der Rechtfertigungslehre. Paderborn, Frankfurt a. M., 1994.

21. Christ werden: Die ökumenischen Implikationen unserer gemeinsamen Taufe. Konsultation der Kommission für Glauben und Kirchenverfassung. Faverges, França, 17-24 de janeiro de 1997. In: US 53 (1998) 73-96.

22. *Bilaterale Arbeitsgruppe der Deutschen Bischofskonferenz und der Kirchenleitung der Vereinigten Evangelisch-Lutherischen Kirche Deutschlands: Communio Sanctorum.* Die Kirche als Gemeinschaft der Heiligen. Paderborn, Frankturt a. M., 2000.

c) Rituais

23. Die Feier der Kindertaufe in den katholischen Bistümern des deutschen Sprachgebietes. Ed. por incumbência da conferência episcopal da Alemanha, Áustria e Suíça. Einsiedeln e outros, 1971.

24. Die Feier der Eingliederung Erwachsener in die Kirche nach dem neuen Rituale Romanum. Studienausgabe [2ª ed. revisada e corrigida conforme CIC 1983]. Salzburg/Zürich/Trier, Freiburg i. Br., Institutos de liturgia, 1994.

25. Die Feier der Firmung in den katholischen Bistümern des deutschen Sprachgebietes [Ed. por incumbência da conferência episcopal Alemanha, Áustria e Suíça e dos bispos de Bozen-Brixen e Luxemburgo]. Einsiedeln, 1973.

26. Die Feier der heiligen Messe. Missal. Para as dioceses da área de língua alemã [Ed. autêntica para o uso litúrgico]. Einsiedeln, 1975.
27. Die Feier der heiligen Messe. Missal. Para as dioceses da área de língua alemã [Ed. autêntica para o uso litúrgico]. Semana Santa e Páscoa. Solothurn, 1996.
28. Die Feier der Busse nach dem neuen Rituale Romanum. Studienausgabe [Ed. pelos institutos de liturgia de Salzburg – Trier – Zurique]. Einsiedel, 1974.
29. Die Feier der Krankensakramente. Die Krankensalbung und die Ordnung der Krankenpastoral in den katholischen Bistümern des deutschen Sprachgebietes [Ed. por incumbência da conferência episcopal da Alemanha, Áustria e Suíça, bem como dos arcebispados de Bozen-Brixen, Lüttich, Luxemburgo e Strassburg]. Zurique, 1992.
30. Die Weihe des Bischofs, der Priester und der Diakone. Pontifikale 1. Handausgabe mit pastoralliturgischen Hinweisen [Ed. pelos institutos de liturgia Salzburg – Trier – Zurique]. Freiburg i. Br., 1994 (Pastoralliturgische Reihe in Verbindung mit der Zeitschrift "Gottesdienst").
31. Die Feier der Trauung in den katholischen Bistümern des deutschen Sprachgebietes. Zurique, ²1992.
32. Deutsche Bischofskonferenz. Rat der Evangelischen Kirche in Deutschland: Gemeinsame Feier der kirchlichen Trauung. Ordnung der kirchlichen Trauung für konfessionsverschiedene Paare unter Beteiligung der zur Trauung Berechtigten beider Kirchen. Leipzig, Freiburg i. Br., 1995.

2. Bibliografia-padrão sobre a doutrina dos sacramentos

33. COURTH, Franz. *Die Sakramente*. Ein Lehrbuch für Studium und Praxis der Theologie. Freiburg i. Br., 1995.
34. GANOCZY, Alexandre. *Einführung in die katholische Sakramentenlehre*. Darmstadt, 1979, ³1991.
35. KLEINHEYER, Bruno. *Sakramentliche Feiern*. Vol. 1 [/1]. Die Feiern der Eingliederung in die Kirche. Regensburg, 1989 (GDK 7/1).

36. ———., SEVERUS, Emmanuel von, KACZYNSKI, Reiner. *Sakramentliche Feiern 2* [Ordinationen und Beauftragungen; Riten um Ehe und Familie...]. Regensburg, 1984 (GDK 8).
37. KOCH, Günther. Sakramentenlehre – Das Heil aus den Sakramenten. In: BEINERT, Wolfgang (ed.). *Glaubenszugänge. Lehrbuch der katholischen Dogmatik*. Paderborn, 1995, 307-523, vol. 3.
38. ———. *Sakramente – Hilfen zum Leben*. Regensburg, 2001 (Topos plus Taschenbücher 380).
39. KÜHN, Ulrich. *Sakramente*. Gütersloh, 1985, ^{2}1990 (HST 11).
40. LIES, Lothar. *Sakramententheologie. Eine personale Sicht*. Graz, 1990.
41. MESSNER, Reinhard, KACZYNSKI. Reiner. *Sakramentliche Feiern 1/2* [Feiern der Umkehr und Versöhnung / Feier der Krankensalbung]. Regensburg, 1992 (GDK 7/2).
42. MEYER, Hans Bernhard. *Eucharistie. Geschichte, Theologie, Pastoral*. Regensburg, 1989 (GDK 4).
43. NOCKE. Franz-Josef. Sakramentenlehre. In: SCHNEIDER, Theodor (ed.). *Handbuch der Dogmatik*. Düsseldorf, 1992, 188-376, vol. 2.
44. ———. *Sakramententheologie. Ein Handbuch*. Düsseldorf, 1997.
45. SCHNEIDER, Theodor. *Zeichen der Nähe Gottes. Grundriss der Sakramententheologie*. Mainz, 1979 [Edição revisada e ampliada com SATTLER, Dorothea. Mainz, ^{7}1998].
46. TESTA, Benedetto. *Die Sakramente der Kirche*. Paderborn, 1998 (Amateca 9).
47. VORGRIMLER. Herbert. *Sakramententheologie*. Düsseldorf, ^{3}1992 (Leitfaden Theologie 17).
48. WENZ, Gunther. *Einführung in die evangelische Sakramentenlehre*. Darmstadt, 1988.

3. Bibliografia elucidativa no contexto da teologia dos sacramentos

49. ARRGENENDT, Arnold. *Geschichte der Religiosität im Mittelalter*. Darmstadt, 1997.
50. ———. *Liturgik und Historik. Gab es eine organische Liturgie-Entwicklung?* Freiburg i. Br., 2001 (QD 189).

51. ARMBRUSTER, Clemens. *Von der Krise zur Chance.* Wege einer erfolgreichen Gemeindepastoral. Freiburg i. Br., 1999.
52. FABER, Eva-Maria. *Symphonie von Gott und Mensch.* Die responsorische Struktur von Vermittlung in der Theologie Johannes Calvins. Neukirchen-Vluyn, 1999.
53. KESSLER, Hans. Der Begriff des Handelns Gottes. Überlegungen zu einer unverzichtbaren theologischen Kategorie. In: BRACHEL, Hans-Ulrich, METTE, Norbert (eds.). *Kommunikation und Solidarität.* Beiträge zur Diskussion des handlungstheoretishen Ansatzes von Helmut Peukert in Theologie und Sozialwissenschaften. Freiburg/Suíça, 1985, 117-130.
54. MENKE, Karl-Heinz. *Handelt Gott, wenn ich ihn bitte?* Regensburg, 2000 (Topos plus Taschenbücher 331).
55. SCHULTE, Raphael. Wie ist Gottes Wirken in Welt und Geschichte theologisch zu verstehen? In: SCHNEIDER, Theodor, ULLRICH, Lothar (eds.). *Vorsehung und Handeln Gottes.* Freiburg i. Br., 1988 (QD 115) 116-167.
56. WERBICK, Jürgen. *Den Glauben verantworten.* Eine Fundamentaltheologie. Freiburg i. Br., 2000.

Referências bibliográficas para a Seção I: Doutrina geral dos sacramentos

1. História da Teologia

57. FINKENZELLER, Josef. *Die Lehre von den Sakramenten im allgemeinen*: Von der Schrift bis zur Scholastik. Freiburg i. Br., 1980 (HDG IV/1a).
58. ———. *Die Lehre von den Sakramenten im allgemeinen*: Von der Reformation bis zur Gegenwart. Freiburg i. Br., 1981 (HDG IV/1b).
59. LIES, Lothar. Neue Elemente in der deutschsprachigen Sakramententheologie. In: ZKTh 119 (1997) 296-322, 415-433.
60. SCHILSON, Arno. *Theologie als Sakramententheologie.* Die Mysterientheologie Odo Casels. Mainz, 1982 (TTS 18).

2. Contribuições mais recentes

61. AMMICHT-QUINN, Regina, SPENDEL, Stefanie (eds.). *Kraftfelder*. Sakramente in der Lebenswirklichkeit von Frauen. Regensburg, 1998.
62. BOFF, Leonardo. *Kleine Sakramentenlehre*. Düsseldorf, 1976.
63. CHAUVET. Louis-Marie. *Symbole et sacrement*. Une relecture sacramentelle de l'existence chrétienne. Paris, 1988.
64. ———. *Les sacrements*. Parole de Dieu au risque du corps. Paris, 1997.
65. ENGLERT, Rudolf. Sakramente und Postmoderne – ein chancenreiches Verhältnis. In: *Katechetische Blätter* 121 (1996) 155-163.
66. FREYER, Thomas. *Sakrament – Transitus – Zeit - Transzendenz*. Überlegungen im Vorfeld einer liturgisch-ästhetischen Erschließung und Grundlegung der Sakramente. Würzburg, 1995 (Bonner dogmatische Studien 20).
67. ———. "Sakrament" – was ist das? In: *ThQ* 178 (1998) 39-51.
68. HÄUSSLING, Angelus A. Liturgie: Gedächtnis eines Vergangenen und doch Befreiung in der Gegenwart. In: Id. (ed.). *Vom Sinn der Liturgie*. Gedächtnis unserer Frlösung und Lobpreis Gottes. Düsseldorf, 1991, p. 118-130 (Schriften der Kath. Akademie in Bayern 140).
69. HEMPELMANN, Reinhard. Sakrament als Ort der Vermittlung des Heils. Sakramententheologie im evangelisch-katholischen Dialog. Göttingen, 1992 (Kirche und Konfession 32).
70. HÜNERMANN, Peter, SCHAEFFLER, Richard (eds.). *Theorie der Sprachhandlungen und heutige Ekklesiologie*. Ein philosophisch-theologisches Gespräch. Freiburg i. Br., 1987 (QD 109).
71. KASPER, Walter. Wort und Sakrament. In: ID. *Glaube und Geschichte*. Mainz, 1970, 285-310.
72. KLEINSCHWÄRZER-MEISTER, Birgitta. *Gnade im Zeichen*. Katholische Perspektiven zur allgemeinen Sakramentenlehre in ökumenischer Verständigung auf der Grundlage der Theologie Karl Rahners. Münster, 2000 (Studien zur systematischen Theologie und Ethik 26).

73. KOCH, Kurt. *Leben erspüren – Glauben feiern*. Sakramente und Liturgie in unserer Zeit. Freiburg i. Br., 1999.
74. MEUFFELS, Otmar. *Kommunikative Sakramententheologie*. Freiburg i. Br., 1995.
75. MOOS, Alois. *Das Verhältnis von Wort und Sakrament in der deutschsprachigen Theologie des 20.Jahrhunderts*. Paderborn, 1993.
76. ———. Sakrament und/oder Magie? Anfrage an die postmoderne Sakramenten-theologie. In: *ThdG* 41 (1998) 185-195.
77. NEUMANN, Burkhard. *Sakrament und Ökumene*. Studien zur deutschsprachigen evangelischen Sakramententheologie der Gegenwart. Paderborn, 1997 (Konfessionskundliche und kontroverstheologische Studien 64).
78. NOCKE, Franz-Josef. *Wort und Geste*. Zum Verständnis der Sakramente. Munique, 1985.
79. RAHNER, Karl. Personale und sakramentale Frömmigkeit. In: ID. *Schriften zur Theologie*. Einsiedeln, 1955, 115-141, vol. 2.
80. ———. *Kirche und Sakramente*. Freiburg i. Br., 1960 (QD 10).
81. ———. Zur Theologie des Symbols. In: ID. *Schriften zur Theologie*. Neuere Schriften. Einsiedeln, 1960, 275-311, vol. 4.
82. ———. Was ist ein Sakrament? In: ID. *Schriften zur Theologie*. Einsiedeln, 1972, 377-391, vol. 10.
83. ———. Theologie des Gottesdienstes. In: ID. *Schriften zur Theologie*.: In Sorge um die Kirche. Einsiedeln, 1980, 227-237, vol. 14.
84. RATZINGER, Joseph. *Die sakramentale Begründung christlicher Existenz*. Freising, ³1970.
85. SATTLER, Dorothea. Wandeln Worte Wirklichkeit? Nachdenkliches über die Rezeption der Sprechakttheorie in der (Sakramenten-)Theologie. *Catholica* 51 (1991) 125-138.
86. SCHAEFFLER, Richard. "Darum sind wir eingedenk". Die Verknüpfung von Erinnerung und Erwartung in der Gegenwart der gottesdienstlichen Feier. Religionsphilosophische Überlegungen zur religiös verstandenen Zeit. In: HÄUSSLING, Angelus A. (ed.). *Vom Sinn der Liturgie*. Gedächtnis unserer Erlösung und Lobpreis Gottes. Düsseldorf, 1991, 16-44 (Schriften der Katholischen Akademie in Bayern 140).

87. ———. HÜNERMANN, Peter. *Ankunft Gottes und Handeln des Menschen*: Thesen über Kult und Sakrament. Freiburg i. Br., 1977 (QD 77).
88. SCHILSON, Arno. Symbolwirklichkeit und Sakrament. *Li* 40 (1990) 26-52.
89. SCOUARNEC, Michel. *Paur comprendre les sacrements*. Sacrement, événements de communication. Paris, 1991.
90. TABORDA, Francisco. Sakramente: Praxis und Fest. Düsseldorf, 1988 (Bibliothek Theologie der Befreiung. Die Kirche, Sakrament der Befreiung).
91. VERWEYEN, Hansjürgen. Warum Sakramente? Regensburg, 2001.
92. ZULEHNER, Paul M., AUF DER MAUR, Hansjörg, WEUSMAYER, Josef (eds.). *Zeichen des Lebens*. Sakramente im Leben der Kirchen — Rituale im Lehen der Menschen. Ostfildern, 2000.

Referências bibliográficas para a Seção II: Doutrina particular dos sacramentos

I. Batismo e confirmação

1. Bibliografia bíblica

93. BARTH, Gerhard. *Die Taufe in frühhristhicher Zeit*. Neukirchen-Vluyn, 1981 (Biblisch-theologische Studien 4).
94. HARTMAN, Lars. *Auf den Namen des Herrn Jesus*. Die Taufe in den neutestamentlichen Schriften. Stuttgart, 1992 (Stuttgarter Bibelstudien 148).
95. LOHFINK, Gerhard. Der Ursprung der christlichen Taufe. *ThQ* 156 (1976) 35 54.
96. OSTRNEYER, Karl-Heinrich. *Taufe und Typos*. Elemente und Theologie der Tauftypologien in 1. Korinther 10 und 1. Petrus 3. Tübingen. 2000 (Wissenschaftliche Untersuchungen zum Neuen Testament 2,118).
97. SCHNELLE, Udo. *Gerechtigkeit und Christusgegenwart*. Vorpaulinische und paulinische Tauftheologie. Göttingen, ²1986.

2. História da teologia

98. ANGENENDT, Arnold. Bonifatius und das Sacramentum initiationis. Zugleich ein Beitrag zur Geschichte der Firmung. *RQ* 72 (1977) 133-183.

99. ―――. Der Taufexorzismus und seine Kritik in der Theologie des 12. und 13. Jahrhunderts. In: ZIMMERMANN, Albert (ed.). Die Mächte des Guten und Bösen. Vorstellungen im XII und XIII. Jahrhundert über ihr Wirken in der Heilsgeschichte. Berlim. 1977, 388-409 (Miscellanea Mediaevalea 11).

100. HEINZ, Andreas. Die Feier der Firmung nach der römischen Tradition. Etappen in der Geschichte eines abendländischen Sonderwegs. *LJ* 39 (1989) 67-88.

101. HEISER, Lothar. *Die Taufe in der orthodoxen Kirche*. Geschichte, Spendung und Symbolik nach der Lehre der Väter. Trier, 1987 (Sophia 25).

102. KRETSCHMAR, Georg. Die Geschichte des Taufgottesdienstes der Alten Kirche. In: MÜLLER, Karl Ferdinand, BLANKENBURG, Walter (eds.). Leiturgia. Handbuch des evangelischen Gottesdienstes 5. Kassel, 1970, 1-348.

103. NEUNHEUSER, Burkhard. *Taufe und Firmung*. Freiburg i. Br., ²1983 (HDG 4/2). – Neubearb. Aufl.

104. ZERNDH, Josef. *Die Theologie der Firmung in der Vorbereitung und in den Akten des Zweiten Vatikanischen Konzils*. Paderborn, 1986.

3. Contribuições mais recentes

105. AMOUGOU-ATANGANA. Jean. *Ein Sakrament des Geistempfangs? Zum Verhältnis von Taute und Firmung*. Freiburg i. Br. 1974 (Ökumenische Forschungen. Sakr. Abt. 3/1).

106. BOURGEOIS, Henri. *Le baptême et la vie baptismale*. Paris. 1990.

107. BREUNING. Wilhelm. Apostolizität als sakramentale Struktur der Kirche. Heils-ökonomische Überlegungen über das Sakrament der Firmung. In: BÄUMER, Remigius, HÖFER, Josef (eds.). *Volk Gottes. Zum Kirchenverständnis der katholischen, evangelischen und anglikanischen Theologie*. Freiburg, 1967, 132-163.

108. CAMELOT, Pierre Thomas. *Spiritualité du baptême*. Baptisé dans l'eau et l'Esprit. Paris, ²1993.
109. COURTH, Franz. Die Firmung als Sakrament der kirchlichen Sendung. In: ID., WEISER, Alfons (eds.). *Mitverantwortung aller in der Kirche*. Limburg 1985, 134-149.
110. GÄDE, Gerhard. Warum ein zweites Initiationssakrament? Dogmatische Überlegungen zum Verhältnis von Taufe und Firmung aus pastoraltheologischem Anlass. TrThZ 109 (2000) 219-248.
111. HAUKE, Manfred. *Die Firmung*. Geschichtliche Entfaltung und theologischer Sinn. Paderborn, 1999.
112. JILEK, August. *Eintauchen – Handauflegen – Brotbrechen*. Eine Einführung in die Feiern von Taufe, Firmung und Erstkommunion. Regensburg, 1996 (Kleine Liturgische Bibliothek 3).
113. KASPER. Walter (ed.). *Christsein ohne Entscheidung oder soll die Kirche Kinder taufen*. Mainz, 1970.
114. KÜNG, Hans. *Was ist Firmung?* Einsiedeln, 1976 (Theologische Meditationen 40).
115. KUNZLER, Michael. Ist die Praxis der Spätfirmung ein Irrweg? Anmerkungen zum Firmsakrament aus ostkirchlicher Sicht. LJ 40 (1990) 90-108.
116. SCHULTE, Raphael. Die Umkehr (Metanoia) als Anfang und Form christlichen Lebens. In: *Zwischenzeit und Vollendung der Heilsgeschichte*. Zurique, 1976, 117-221 (MySal5).
117. WEGER, Karl-Heinz. *Theologie der Erbsünde*. Freiburg i. Br., 1970 (QD 44).

Eucaristia

1. Bibliografia bíblica

118. KLAUCK, Hans-Josef. *Herrenmahl und hellenistischer Kult*. Eine religionsgeschichtliche Untersuchung zum ersten Korintherbrief. Münster, 1982 (Neutestamentliche Abhandlungen NF 15).
119. LÉON-DUFOUR, Xavier. *Abendmahl und Abschiedsrede im Neuen Testament*. Stuttgart, 1983.

120. ROLOFF, Jürgen. Herrenmahl und Amt im Neuen Testament. *KuD* 47 (2001) 68-89.

121. STUHLMACHER, Peter. *Das neutestamentliche Zeugnis vom Herrenmahl.* ZThK 84 (1987) 1-35.

2. História da teologia

122. BETZ, Johannes. Eucharistie als zentrales Mysterium. *MySal* IV/2, 186-313.

123. ———. *Eucharistie.* In der Schrift und Patristik. Freiburg, 1979 (HDG IV/4a).

124. KELLER, Erwin. *Eucharistie und Parusie.* Liturgie- und theologiegeschichtliche Untersuchungen zur eschatologischen Dimension der Eucharistie anhand ausgewählter Zeugnisse aus frühchristlicher und patristischer Zeit. Freiburg/Suíça, 1989 (Studia Friburgensia NF 70).

3. Contribuições mais recentes

125. BACHL, Gottfried. *Eucharistie — Essen als Symbol?* Zurique, 1983 (Theologische Meditationen 62).

126. GARIJO-GUEMBE, Miguel Ma, ROHLS, Jan, WENZ, Gunther. *Mahl des Herrn.* Ökumenische Studien. Frankfurt a. M., Paderborn, 1988.

127. GERHARDS, Albert, RICHTER, Klemens (eds.). *Das Opfer — Biblischer Anspruch und liturgische Gestalt.* Freiburg i. Br., 2000 (QD 186).

128. GERKEN, Alexander. *Theologie der Eucharistie.* München, 1973.

129. HAUNERHAND, Winfried. *Die Eucharistie und ihre Wirkungen im Spiegel der Euchologie des Missale Romanum.* Münster, 1989 (Liturgiewissenschaftliche Quellen und Forschungen 71).

130. HILBERATH, B. J. "Substanzverwandlung" — "Bedeutungswandel" — "Umstiftung": Zur Diskussion um die eucharistische "Wandlung". *Cath* 39 (1985) 133-150.

131. HINTZEN, Georg. Gedanken zu einem personalen Verständnis der eucharistischen Realpräsenz. *Cath* 39 (1985) 279-310.

132. ———. Personale und sakramentale Gegenwart des Herrn in der Eucharistie. *Cath* 47(1993) 210-237.

133. JANOWSKI, Bernd, WELKER, Michael (eds.). *Opfer. Theologische und kulturelle Kontexte.* Frankfurt a. M., 2000 (suhrkamp taschenbuch wissenschaft 1454).

134. JILEK, August. *Das Brotbrechen.* Eine Einführung in die fucharistiefeier. Regensburg, 1994 (Kleine Liturgische Bibliothek 2).

135. KERTELGE, Karl. Abendmahlsgemeinschaft und Kirchengemeinschaft im Neuen Testament und in der Alten Kirche. In: HAHN, Ferdinand, SCHNACKENBURG, Rudolf (eds.). *Einheit der Kirche.* Grundlegung im Neuen Testament. Freiburg i. Br., 1979 (QD 84).

136. KOCH, Kurt. Eucharistie als Quelle und Höhepunkt des kirchlichen Lebens. Theologische Besinnung auf die vielfältige Gegenwart Jesu Christi im eucharistischen Mysterium. *AniS* 106 (1997) 239-248, 287-292.

137. LEHMANN, Karl, SCHLINK, Edmund (eds.). *Das Opfer Jesu Christi und seine Gegenwart in der Kirche*: Klärungen zum Opfercharakter des Herrenmahles. Freiburg i. Br., Göttingen, 1983 (Dialog der Kirchen 3).

138. LESSING, Eckhard. *Abendmahl.* Göttingen, 1993 (Bensheimer Hefte: Ökumenische Studienhefte 1).

139. LIES, Lothar. *Eucharistie in ökumenischer Verantwortung.* Graz, 1996.

140. RAHNER, Karl. Wort und Eucharistie. In: ID. *Schriften zur Theologie.* Vol. 4: Neuere Schriften. Einsiedeln, 1960, 313-355.

141. RATZINGER, Joseph. Das Problem der Transsubstantiation und die Frage nach dem Sinn der Eucharistie. *ThQ* 147 (1967) 129-158.

142. REMY, Gérard. Christi Gegenwart in der Eucharistie im Blickwinkel der französischen Theologie. *TrThZ* 106(1997) 99-116.

143. SATTLER, Dorothea. Wesensverwandlung. Zur bleibenden Bedeutung der Rede von "Transsubstantiation" in einer ökumenischen Eucharistielehre. *ThG* 42 (1999) 131-142.

144. SLENCZKA, Notker. *Realpräsenz und Ontologie.* Untersuchung der ontologischen Grundlagen der Transsubstantiationslehre. Göttingen, 1993.

145. STUFLESSER, Martin. *Memoria Passionis*. Das Verhältnis von lex orandi und lex credendi am Beispiel des Opferbegriffs in den Eucharistischen Hochgebeten nach dem II. Vatikanischen Konzil. Altenberge, 2000 (Münsteraner Theologische Abhandlungen 51).

146. THALER, Anton. *Gemeinde und Eucharistie*. Grundlegung einer eucharistischen Ekklesiologie. Freiburg/Suíça, 1988 (Praktische Theologie im Dialog 2).

Sacramento da penitência

1. Bibliografia bíblica

147. HOFIUS, Otfried. Jesu Zuspruch der Sündenvergebung. Exegetische Erwägungen zu Mk 2,5h. *Jahrbuch für biblische Theologie* 9 (1994) 125-143.

148. SUNG, C.-H. *Vergebung der Sünden*. Jesu Praxis der Sündenvergehung nach den Synoptikern und ihre Voraussetzungen im Alte Testament und im frühen Judentum. Tübingen, 1993 (WUNT 2,57).

2. História da teologia

149. JILEK, August. Zur Liturgie von Busse und Versöhnung. Beobachtungen zur Geschichte – Perspektiven für die Gegenwart. *LJ* 37(1987) 131-155.

150. RAHNER, Karl. *Schriften zur Theologie*. Vol. XI: Frühe Bußgeschichte in Einzeluntersuchungen. Zurique, 1973.

151. VORGRIMLER, Herbert. *Busse und Krankensalbung*. Freiburg i. Br., ²1978 (HDG IV/3).

3. Contribuições mais recentes

152. Diakonia 32 (2001) fasc. 3. Themenheft Bulse mit Beiträgen von Gerhard Nachtwei, Marlies Mügge, Bruno Bürki, Josef Bommer, Ursula Silber et al.

153. FUCHS, Ottmar. "Man muss den Sinn für die Sünde wiederentdecken". Gedanken zum theologischen Charakter der Sünde. *SLZ* 202 (1984) 167-180.

154. GESTRICH, Christof. *Die Wiederkehr des Glanzes in der Welt. Die christliche Lehre von der Sünde und ihrer Vergebung in gegenwärtiger Verantwortung.* Tübingen, ²1995.

155. ———. Ist die Beichte erneuerungsfähig? *BThZ* 10 (1993) 187-196.

156. GROM, Bernhard, KIRCHSCHLÄGER, Walter, KOCH, Kurt. *Das ungehiehte Sakrament. Grundriss einer neuen Busspraxis.* Freihurg/Suíça, 1995.

157. HAAS, Hanns-Stephan. *"Bekannte Sünde". Eine svstematische Untersuchung zum theologischen Reden von der Sünde in der Gegenwart.* Neukirchen-Vluyn, 1992 (Neukirchener Beiträge zur systematischen Theologie 10).

158. HENRICI, Peter. "... wie auch wir vergeben unsern Schuldiger". Philosophische Überlegungen zum Busssakrament. *IKaZ* 13 (1984) 389-405.

159. JILEK, August. Zur Liturgie von Buße und Versöhnung. Beobachtungen zur Geschichte-Perspektiven für die Gegenwart. *LJ* 37(1987) 131-155.

160. KASPER, Walter. Anthropologische Aspekte der Busse. *ThQ* 163 (1983) 96-109.

161. Idem: Die Kirche als Ort der Sündenvergebung. *IKaZ* 18 (1989) 1-9.

162. KUSCHEL, Karl-Josef. *Im Spiegel der Dichter. Mensch, Gott und Jesus in der Literatur des 20.Jahrhunderts.* Düsseldorf, 1997.

163. MESSNER, Reinhard. *Zur heutigen Problematik von Busse und Beichte vor dem Hintergrund der Bussgeschichte.* Munique, 1992 (Benediktbeurer Hochschulschriften 3).

164. METZ, Johann Baptist. Vergebung der Sünden. Theologische Überlegungen zu einem Abschnitt aus dem Synodendokument "Unsere Hoffnung". *StZ* 195 (1977) 119-128.

165. NÜCHTERN, Michael. Sündenerfahrung und Sündenvergebung. Dogmatische Fragen zu Bussgebet und Sündenlehre. *KuD* 25 (1979) 133-153.

166. SATTLER, Dorothea. *Gelebte Busse. Das menschliche Busswerk (satisfactio) im ökumenischen Gespräch.* Mainz, 1992.

167. SCHNEIDER, Michael. *Umkehr zum neuen Leben.* Wege der Versöhnung und Busse heute. Freiburg i. Br., 1991.
168. WERBICK, Jürgen. Die Hoffnung der Christen angesichts von Schuld und Versagen. *KatBl* 103 (1978) 46-52
169. ———. Schulderfahrung und Busssakrament. Mainz, 1985.
170. ZEHNDER, Joachim. *Das Forum der Vergebung in der Kirche.* Studien zum Verhältnis von Sündenvergebung und Recht. Gütersloh, 1998 (Öffentliche Theologie 10).

Unção dos enfermos

171. BÖTTIGHEIMER, Christoph. Krankensalbung und Spendungsvollmacht. *StZ* 216 (1998) 607-618.
172. DEPOORTERE, Kristiaan. Neue Entwicklungen rund um die Krankensalbung. *Conc* 34 (1998) 553-564.
173. GRESHAKE, Gisbert. Letzte Ölung – Krankensalbung – Tauferneuerung angesichts des Todes? (Un-) Zeitgemässe Bemerkungen zur umstrittenen Sinngehung und Praxis eines Sakraments. In: SCHULTE, Raphael, KÖNIG, Kard. Liturgie, Koinonia, Diakonia. Wien, 1980, 97-126.
174. ———. Letzte Ölung oder Krankensalbung? Plädoyer für eine differenziertere sakramentale Theorie und Praxis. *GuL* 56 (1987) 119-136.
175. HEINZ, Andreas. Aspekte liturgischer Begleitung in Krankheit, Sterben und Tod. *TrThZ* 105 (1996) 250-258.
176. HEINZ, Andreas. Die Krankensalbung im spätantiken Gallien. Das Zeugnis der Martinsschrift des Sulpicius Severus (um 400). *TrThZ* 106 (1997) 271-287.
177. HÜNERMANN, Peter. Das Apostolat für die Kranken und das Sakrament der Krankensalbung. Dogmatische Überlegungen anlässlich der römischen Instruktion vom 13. 11. 1997. *ThQ* 178 (1998) 29-38.
178. JOHANNWERDER, Jutta. Skizzen zur sakramentalen Sprache am Beispiel der Krankensalbung. In: KLÖCKENER, Martin, GLADE, Winfried, RENNINGS, Heinrich (eds.). Die Feier der Sakramente in der Gemeinde. Kevelaer, 1986, 272-289.

179. KNAUBER, Adolf. Sakrament der Kranken. Terminologische Beobachtungen zum Ordo unctionis infirmorum. *LJ* 23(1973) 217-237.

180. MOOS, Alois. "Krankensalbung" oder "letzte Ölung". Stellungnahme in einer Kontroverse. In: BECKER, Hansjakob, EINIG, Bernhard, ULLRICH, Peter-Otto (eds.). *Im Angesicht des Todes*. Ein interdisziplinäres Kompendium. St. Ottilien, 1987, 791-811, vol. 2 (Pietas Liturgica).

181. SCHULZ, Michael. Sakramentale Theodizee: die Krankensalbung. Anthropologie, Theologie und Spiritualität eines Sakramentes. *ThGl* 91(2001) 69-81.

Teologia do ministério ordenado sacramental

1. Bibliografia bíblica

182. KIRCHSCHLÄGER. Walter. Die Entwicklung von Kirche und Kirchenstruktur zur neutestamentlichen Zeit. In: HAASE, Wolfgang, TEMPORINI, Hildegard (eds.). Aufstieg und Niedergang der römischen Welt. Vol. 2 (26/2). Berlim, 1995, 1.277-1.356.

183. KLAUCK, Hans-Josef. *Gemeinde. Amt. Sakrament*. Neutestamentliche Perspektiven. Würzburg, 1989.

184. ROLOFF, Jürgen. *Die Kirche im Neuen Testament*. Göttingen, 1993 (Grundrisse zum NT 10).

2. História da teologia

185. DASSMANN, Ernst. *Ämter und Dienste in den frühchristlichen Gemeinden*. Bonn, 1994 (Hereditas 8).

186. FREITAG, Josef. *Sacramentum ordinis auf dem Konzil von Trient*. Ausgeblendeter Dissens und erreichter Konsens. Innsbruck, 1991 (ITS 32).

187. HEID, Stefan. *Zölibat in der frühen Kirche*. Die Anfänge einer Enthaltsamkeitspflicht für Kleriker in Ost und West. Paderborn, 1997.

188. ZOLLITSCH, Robert. *Amt und Funktion des Priesters*. Eine Untersuchung zum Ursprung und zur Gestalt des Presbyterats in den

ersten zwei Jahrhunderten. Freiburg i. Br., 1974 (Freiburger theologische Studien 97.

3. Contribuições mais recentes

189. BAUSENHART, Guido. *Das Amt in der Kirche*. Eine not-wendende Bestimmung. Freiburg i. Br., 1999.
190. BRANTZEN, Hubertus. *Lebenskultur des Priesters*. Ideale – Enttäuschungen – Neuanfänge. Freiburg i. Br., 1998.
191. CORDES, Paul-Josef. *Sendung zum Dienst*. Exegetisch-historische und systenlatische Studien zum Konzilsdekret "Vom Dienst und Leben der Priester". Frankfurt a. M., 1972 (Frankfurter Theologische Studien 9).
192. DEMMER, Klaus. *Zumutung aus dem Ewigen*. Gedanken zum priesterlichen Zölibat. Freiburg i. Br., 1991.
193. FABER, Eva-Maria. Zur Frage nach dem Berufsprofil der Pastoralreferent(inn)en. *Pastoralblatt* [für die Diözesen Aachen etc.] 51(1999) 110-119.
194. GRESHAKE, Gisbert. *Priestersein*. Freiburg i. Br., 1981.
195. ――――. Konzelebration der Priester. Kritische Andlyse und Vorschläge zu einer problematischen Erneuerung des II. Vatikanischen Konzils. In: KLINGER, Elmar, RAHNER, Karl (eds.). *Glaube und Prozess*. Christsein nach dem II. Vatikanum. Freiburg i. Br., 1984, p. 259-288.
196. ――――. *Priester sein in dieser Zeit*. Theologie – Pastorale Praxis – Spiritualität. Freiburg i. Br., 2000.
197. HERNOGA, Josef. *Das Priestertum*. Zur nachkonziliaren Amtstheologie im deutschen Sprachraum. Frankfurt a. M., 1997 (Europäische Hochschulschriften 23,603).
198. HILBERATH, Bernd Jochen. Das Verhältnis von gemeinsamem und amtlichem Priestertum in der Perspektive von Lumen Gentium 10. *TThZ* 94 (1985) 311-325.
199. HINTZEN, Georg. Das gemeinsame Priesterturn aller Gläubigen und das besondere Priestertum des Dienstes in der ökumenischen Diskussion. *Cath* 45 (1991) 44-77.

200. HÜNERMANN, Peter. Laien nur Helfer? Anmerkungen zur Jüngsten römischen Instruktion. *HerKorr* 52 (1998) 28-31.

201. KARRER, Leo. *Die Stunde der Laien.* Von der Würde eines namenlosen Standes. Freiburg i. Br, 1999.

202. KASPER. Walter. Funktion des Priesters in der Kirche. *GuL* 42 1969) 102-116.

203. KLÖCKENER, Martin, RICHTER, Klemens (eds.). *Wie weit trägt das gemeinsame Priestertum?* Liturgischer Leitungsdienst zwischen Ordination und Beauftragung. Freiburg i. Br., 1998 (QD 171).

204. KOCH, Kurt. *Das Bischofsamt.* Zur Rettung eines kirchlichen Dienstes. Freiburg/Suíça, 1992.

205. ———. Die Gemeinde und ihre gottesdienstliche Feier. Ekklesiologische Anmerkungen zum Subjekt der Liturgie. *StZ* 121 (1996)75-89.

206. MÜLLER, Gerhard Ludwig. *Der Empfänger des Weihesakraments.* Quellen zur Lehre und Praxis der Kirche, nur Männern das Weihesakrament zu spenden. Würzburg, 1999.

207. MÜLLER, Judith. *In der Kirche Priester sein.* Das Priesterbild in der deutschsprachigen katholischen Dogmatik des 20. Jahrhunderts, Würzburg 2001.

208. PLÖGER, Josef G., WEBER, Hermann J. (eds.). *Der Diakon.* Wiederentdeckung und Erneuerung seines Dienstes. Freiburg i. Br., 1980.

209. POTTMEYER, Hermann J. Das Bleibende an Amt und Sendung des Presbyters. Die ekklesiologische Einordnung des Priesteramtes als Anliegen gegenwärtiger Theologie. *IS* 21 (1970) 39-48.

210. ———. Amt als Dienst — Dienst als Amt. *LS* 33 (1982) 153-157.

211. RAHNER, Karl. Die Gegenwart des Herrn in der christlichen Kultgemeinde. In: ID. Schriften zurTheologie. Vol. 8. Einsiedeln, 1967, 395-408.

212. ———. Pastorale Dienste und Gemeindeleitung. *StZ* 195 (1977) 733-743.

213. REININGER, Dorothea. *Diakonat der Frau in der einen Kirche.* Diskussionen, Entscheidungen und pastoralpraktische Erfahrungen

in der Ökumene und ihr Beitrag zur römisch-katholischen Diskussion. Ostfildern, 1999.

214. SATTLER, Dorothea. Zum römisch-katholischen Amtsverständnis. US 54 (1999) 213-228.

215. SCHILLEBEECKX, Edward. *Christliche Identität und kirchliches Amt.* Plädoyer für den Menschen in der Kirche. Düsseldorf, 1985.

216. SIPE, A. W. Richard. *Sexualität und Zölibat.* Paderborn, 1992.

218. RITZER, Korbinian. *Formen, Riten und religiöses Brauchtum der Eheschliessung in den christlichen Kirchen des ersten Jahrtausends.* Münster, ²1981 (Liturgie-wissenschaftliche Quellen und Forschungen 38).

219. STOCKMEIER, Peter. Scheidung und Wiederverheiratung in der alten Kirche. *ThQ* 151 (1971) 39-51.

Teologia do matrimônio

1. Bibliografia bíblica

217. KIRCHSCHLÄGER, Walter. *Ehe und Ehescheidung im Neuen Testament.* Überlegungen und Anfragen zur Praxis der Kirche. Wien, 1987.

2. História da teologia

220. BAUMANN, Urs. *Die Ehe – ein Sakrament?* Zurique, 1988.

221. BECK, Ulrich, BECK-GERNSHEIRN, Elisabeth. *Das ganz normale Chaos der Ehe.* Frankfurt a. M.., 1990.

222. CHRISTEN, Eduard. Ehe als Sakrament – neue Gesichtspunkte aus Exegese und Dogmatik. *Theologische Berichte* 1. Zurique, 1972, 11-68.

223. DEMEL, Sabine. *Kirchliche Trauung – unerläßliche Pflicht für die Ehe des katholischen Christen?* Stuttgart, 1993.

224. ———. Standesamt – Ehe – Kirche. Die Neubewertung der Zivilehe als Versuch einer ökumenischen Annäherung. *StZ* 211 (1993) 131-140.

225. DEMMER, Klaus. Die Ehe als Berufung leben. *IntamsR* 2 (1996) 39-62.120-141.

226. HELL, Silvia. *Die konfessionsverschiedene Ehe*. Vom Problemfall zum verbindenden Modell. Freiburg i. Br., 1998.

227. HERZBERG, Kurt. *Taufe, Glaube und Ehesakrament*. Die nachkonziliare Suche nach einer angemessenen Verhältnisbestimmung. Frankfurt a. M., 1999 (Bamberger Theologische Studien 11).

228. JILEK, August. Das Grosse Segensgebet über Braut und Bräutigam als Konstitutivum der Trauungsliturgie. Ein Plädoyer für die Rezeption der Liturgiereform in Theologie und Verkündigung. In: 237, p. 18-41.

229. KASPER, Walter. *Zur Theologie der christlichen Ehe*. Mainz, 1977 (Grünewald Reihe).

230. KNAPP, Markus. *Glaube – Liebe – Ehe*. Ein theologischer Versuch in schwieriger Zeit. Würzburg, 1999.

231. LAUHNER, Gabriele. *Die Kirchen und die Wiederheirat Geschiedener*. Paderborn, 1991 (Beiträge zur ökumenischen Theologie 21).

232. LEHMANN, Karl. Glaube – Taufe – Ehesakrament. Dogmatische Überlegungen zur Sakramentalität der christlichen Ehe. *Studia Moralia* 16(1978) 71-97.

233. ———. Die christliche Ehe als Sakrament. IKaZ 8 (1979) 385-392.

234. LISS, Bernhard. *Zwischen uns bleibt Raum für die Liebe*. Wie Partnerschaft gelingt. Würzburg, 1993.

235. MIGGELBRINK, Ralf. Ist die Ehe ein Sakrament? Die Sakramentalität der Ehe im Kontext einer zeitgenössischen Sakramententheologie. Gui 74 (2001) 193- 209.

236. RATZINGER, Joseph. ZurTheologie der Ehe. ThQ 149 (1969) 53-74.

237. RICHTER, Klemens (ed.). *Eheschliessung – mehr als ein rechtlich Ding*. Freiburgi.Br., 1989(QD 120).

238. SPLETT, Jörg. Ehe aus der Sicht christlicher Anthropologie. *IntamsR* 1 (1995) 42-49.

239. VORGRIMLER, Herbert. Zur dogmatischen Einschätiung und Neueinschätzung der kirchlichen Trauung. In: 237, 42-61.

Abreviações

Abreviações segundo: SCHWERTNER, Siegfried M. *Internationales Abkürzungsverzeichnis für Theologie und Grenzgebiete*. Berlin, ²1992.

Obras

CO = CALVINO, João. *Opera quae supersunt omnia*. [Eds.: Wilhelm Baum, Eduard Cunitz, Eduard Reuss.] Braunschweig, 1863-1900.

STh = Tomás de Aquino, Summa Theologiae.

Referência de fontes

FC = *Fontes Christiani*. Freiburg i. Br., Herder, 1990ss.

DwÜ = *Dokumente wachsender Übereinstimmung*. Sämtliche Berichte und Konsenstexte interkonfessioneller Gespräche auf Weltebene. 2 vol. (I: 1931-1982; II: 1982-1990). Paderborn, Frankfurt a. M., 1983-1992.

IntamsR = Intams Review. Review of International Academy of Marital Spirituality. Sint-Genesius-Rode.

SChr = Sources Chrétiennes. Paris, 1941ss.

Documentos do Concílio Vaticano II

CD = Christus Dominus

GS = Gaudium et spes

LG = Lumen gentium

PO = Presbyterorum ordinis

SC = Sacrosanctum Concilium

UR = Unitatis Redintegratio

ÍNDICES REMISSIVOS

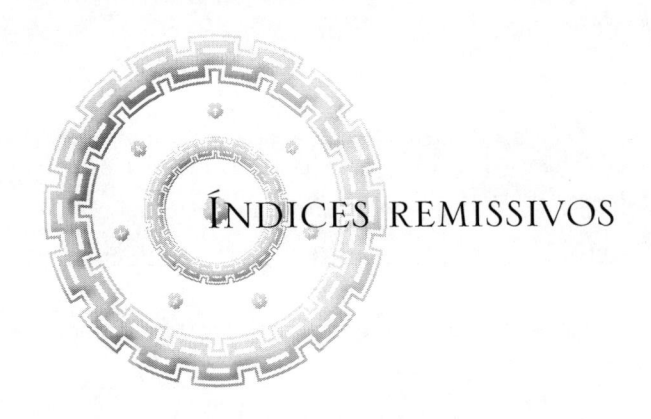

A

Abelardo, Pedro 183
Agostinho 47-52, 69, 121, 147, 148, 224, 242, 253
Alexandre de Hales 158
Alexandre III 255
Ambrósio 46, 47, 97, 126, 147
Angenendt, Arnold 53, 100, 121, 224, 243, 255
Armbruster, Klemens 83

B

Bach, Johann Sebastian 271-273
Bachl, Gottfried 162
Balthasar, Hans Urs Von 163
Barth, Gerhard 136
Basílio Magno 119
Baumann, Urs 270
Bausenhart, Guido 233
Beck, Mathias 200
Beck, Ulrich 248
Berengar 157
Betz, Johannes 147
Bonaventura 69
Brantzen, Hubertus 246
Breuning, Wilhelm 136
Bucer, Martim 124

C

Calvino, João 57, 60, 61, 123, 153, 159, 184, 204, 226
Casel, Odo 62, 80, 124
Chauvet, Louis-Marie 67
Cipriano de Cartago 46, 50-52, 69, 118, 147, 222, 224
Cirilo de Jerusalém 120
Clemente de Alexandria 223, 246
Courth, Franz 99

D

Demel, Sabine 267
Demmer, Klaus 246, 263, 270
Depoortere, Kristiaan 207, 209
Destrich, Christof 172, 173, 197

E

Eggebrecht, Hans Heinrich 272
Englert, Rudolf 24
Estêvão I 50

F

Faber, Eva-Maria 12, 27, 61, 226, 234
Freitag, Josef 29, 227
Freyer, Thomas 25, 75
Fuchs, Ottmar 173

G

Ganoczy, Alexandre 77, 78
Gassmann, Günther 149
Gerhards, Albert 169
Gerken, Alexander 161, 169
Gnilka, Joachim 216
Gregório I 122
Greshake, Gisbert 206, 207, 209, 231, 236, 239, 246
Guardini, Romano 62

H

Haag, Herbert 230
Hartman, Lars 108, 109, 136
Häussling, Angelus 81
Heiser, Lothar 136
Hempelmann, Reinhard 22, 24, 25, 74, 99
Henrici, Peter 195, 198
Hilberath, Bernd Jochen 161, 169
Hintzen, Georg 169, 234
Hünermann, Peter 77, 78, 233, 237

I

Inácio de Antioquia 223
Inocêncio I 202
Ireneu de Lyon 69, 146, 152, 223
Isidoro de Sevilha 53

J

Janowski, Bernd 67, 151
Jilek, August 118, 119, 136, 146, 149, 191, 193, 198, 267, 268
João Crisóstomo 69, 121, 153
João Paulo II 195, 257
Johannwerder, Jutta 209
Justino 44, 116, 157

K

Kant, Immanuel 62
Karrer, Leo 238
Kasper, Walter 75, 81, 82, 193, 198, 231
Kessler, Hans 85, 86
Kirchschläger, Walter 246, 251, 270
Klauck, Hans-Josef 144, 145
Kleinheyer, Bruno 254, 270
Knapp, Marcus 258, 263, 266, 269, 270,
Knauber, Adolf 207, 209
Koch, Günther 23, 99, 103, 269
Koch, Kurt 100, 232, 240
Kretschmar, Georg 118, 119, 136
Kühn, Ulrich 70, 100, 155, 169
Küng, Hans 135, 136
Kunzler, Michael 134, 136
Kuschel, Karl-Josef 173, 198

L

Lacan, Jacques 67, 100
Leão Magno 70, 100
Leão X 184, 198
Lee
Lehmann, Karl 264, 266, 270
Léon-Dufour, Xavier 140, 142, 169
Lévinas, Emanuel 25, 33
Lévi-Strauss, Claude 67, 100
Lies, Lothar 90, 100
Liss, Bernhard 260, 270
Lohfink, Gerhard 109, 136
Loretan, Adrian 214, 246
Lubac, Henri de 71, 100
Lutero, Martinho 57-60, 63, 123, 136, 153, 158, 159, 169, 183, 184, 198, 204, 209, 225, 226, 246, 256, 270

M

Meinrad, Walter 272
Melanchthon, Filipe 159, 169
Menke, Karl-Heinz 14, 17, 76, 100
Messner, Reinhard 180, 193, 198
Metz, Johann Baptist 172, 198
Miggelbrink, Ralf 72, 100, 253, 270
Mildenberger, Friedrich 222, 246
Moos, Alois 93, 100
Müller, Judith 235, 246

N

Nachtwei, Gerhard 187, 198
Neumann, Burkhard 67, 70, 73, 100
Nhardt, Franz J. 160
Nüchtern, Michael 172

O

Optato de Mileve 51, 52
Orígenes 121
Ostmeyer, Karl-Heinrich 44, 107, 129

P

Pannenberg, Wolfhart 228
Paulo VI 149, 160, 205
Pedro Lombardo 54, 55
Pesch, Rudolf 112
Pio XI 257
Pio XII 228
Poschmann, Bernhard 185
Pottmeyer, Hermann J. 231, 240

R

Rahner, Karl 24, 26, 69, 71, 72, 74, 89, 93-97, 131, 185, 231-233, 240
Ratzinger, Joseph 81, 82
Remy, Gérard 161
Roloff, Jürgen 141, 217, 220, 246

S

Sattler, Dorothea 94, 169, 185, 198
Schaeffler, Richard 80
Schillebeeckx, Edward 73, 160, 230
Schlier, Heinrich 232
Schneider, Theodor 24, 165
Schrage, Wolfgang 142

Schulte, Raphael 85, 87, 89
Scouarnec, Michel 67
Semmelroth, Otto 72
Strasser, Peter 72
Stuflesser, Martin 156, 169

T

Teodoro de Mopsuéstia 45
Tertuliano 46, 60, 116-118, 120
Testa, Benedetto 99
Thaler, Anton 169
Tomás de Aquino 55, 78, 122, 126, 148, 183, 193

V

Vorgrimler, Herbert 78, 97

W

Weger, Karl-Heinz 129
Weissmahr, Béla 85

Welker, Michael 67, 151
Wenz, Gunther 22
Werbick, Jürgen 87, 194
Wess, Paul 192
Wolter, Michael 116

Z

Zehnder, Joachim 198
Zulehner, Paul M. 197
Zwinglio, Ulrico 57, 60, 61, 123, 159

Escritos cristãos primitivos

Canones Hippolyti 224
Didaquê 116, 146
Didascalia 116
Pastor de Hermas 178
Traditio Apostolica 116-118, 120, 152, 221, 222, 224

ÍNDICE TEMÁTICO

A

Agir de Deus 6, 14, 15, 51, 85, 90, 91, 155

Arrependimento 83, 93, 173-175, 177-180, 182-188, 191, 193-198, 203, 243

Aspectos antropológicos 23-26, 29, 32, 89, 135, 138, 199, 247, 258-261

Aspectos da teologia da graça 16, 32, 70, 256

B

Batismo 14, 15, 35, 41, 43, 44, 46-48, 50, 51, 52, 54, 58, 60, 68, 75-77, 82, 83, 85, 88-90, 92, 94, 98, 99, 103, 105-136, 176, 177, 180, 184, 186, 196, 208, 212, 227, 241, 243, 252, 266, 267, 270, 283

C

Catecumenato 46, 116-119, 121, 124, 129, 179

Character indelebilis 98, 99, 123, 128, 131, 138

Concílio de Florença 57, 256

Concílio de Latrão 158

Concílio de Lyon 54, 255

Concílio de Trento 57, 61, 123, 124, 154, 159, 162, 184, 185, 204, 205, 225, 226, 256

Concílio Vaticano I 227

Concílio Vaticano II 62, 83, 124, 135, 149, 154, 185, 204-206, 212, 227, 229, 230, 237, 239, 241, 257, 296

Confirmação/crisma 16, 54, 68, 90, 92, 98, 99, 103, 105, 112, 118, 122-125, 130, 134-136, 188, 212, 227

D

Dimensão escatológica 83

E

Eficácia 48, 50-53, 55, 56, 59, 61, 62, 67, 69, 78, 84, 87, 90, 96, 133, 174, 231, 239

Espírito Santo 51, 63, 111, 120, 121, 164, 220, 269

Eucaristia 35, 44, 46, 54, 57, 68, 74, 75, 79, 92, 93, 98, 118, 122, 124, 137, 139, 144-169, 174, 181, 186, 202, 207, 212, 221, 224, 229, 232, 235, 245

F

Fé, resposta humana, dimensão subjetiva 11-17, 21, 23-26, 28, 29, 32, 39, 41, 43, 45, 46, 48, 49, 52, 55, 57, 59-61, 66, 72, 73, 76-78, 81, 85, 89, 91, 92, 97, 99, 105, 106, 109, 114, 117, 118, 123-127, 130-133, 135, 138, 145, 147, 149, 159, 161, 162, 165, 167, 171-173, 175, 177, 178, 184, 186, 199, 200, 204, 207, 218, 222, 223, 242, 248, 252, 253, 256, 260, 264, 266, 267

I

Igreja, dimensão eclesial 17, 62, 72, 73, 75, 76, 113, 129, 131, 135, 168, 187, 191

J

Justificação 23, 59, 65, 114, 123-125, 155, 167, 183, 184, 212, 213, 225

L

Liturgia 14, 15, 31, 32, 62, 63, 68, 74, 76, 77, 83, 85, 93, 94, 98, 110, 113, 118, 119, 122-125, 130, 136, 146, 149, 172, 204, 207, 221, 225, 228, 229, 239, 240, 255, 266-268

M

Matrimônio 54, 57, 69, 75, 76, 81, 82, 98, 99, 179, 224, 244, 245, 247-270

"Ministrante" do sacramento (veja Ordem)

O

Opus operatum (*ex opere operato*) 56, 58, 59, 61, 91

Ordem, ministério sacramental, "ministrante" do sacramento 50, 56, 77, 90, 98, 99, 126, 188, 191, 205, 268

P

Palavra 93

Pecado 49, 60, 98, 108, 109, 111-115, 121, 128-130, 139, 143, 150, 171-193, 195-198, 201-204, 207, 239, 266, 271

Pensamento aristotélico 55, 56

Pensamento platônico (neoplatônico) 47, 49, 223

Pensamento tipológico 44, 120

Perdão (veja também Arrependimento)

Q

Questão ecumênica 165

R

Recordação/memorial, anamnese 39, 56, 63, 78-81, 139, 144, 147, 150-154, 156, 186, 263

S

Símbolo, sinal 38, 47, 63, 94-98, 147, 156

Sínodo de Würzburg 172

U

Unção dos enfermos 68, 93, 98, 199-201, 203-209

Edições Loyola

editoração impressão acabamento
rua 1822 n° 341
04216-000 são paulo sp
T 55 11 3385 8500/8501 • 2063 4275
www.loyola.com.br